本当の戦争の話をしよう

世界の「対立」を仕切る

伊勢崎賢治
東京外国語大学教授

まえがき

2012年1月8日、日曜日。

雪がチラホラ降るなか、初めて訪れた福島県立福島高等学校は、東日本大震災で2つの校舎が使用不可能になっていた。

底冷えのするプレハブ仮設校舎に入り、足を床に付けるたびに周囲の壁、天井が震えるあの独特の感触のなか、休日の誰もいない静まりかえった廊下をしばらくたどると、かすかにざわめきが聞こえて来る。ドアをあけると、総勢18名の高校2年生。

このときの僕は、ガチガチに緊張していたと思う。

相手は多感な年頃である。子供には、理想を思い描き、没頭する特権がある。そうであればこそ、冷たい現実のなかで彼らに知らせなくていいものは、確かに存在する。2人の息子の親として、そう思う。

本書の企画は、僕の講義の相手をずっと探していた。福島高校になった経緯は、あとがきに譲るが、僕の経験のどこまでを知らせていいのか。実は、この初日までまったく焦点が定まっていなかったのである。

僕は国際紛争の現場で、戦闘を止めさせるために、武装勢力の犯罪を反故《ほご》にしたり（なぜなら罰されるとわかっていて銃を下ろすわけがないから）、アメリカが破壊した国を、アメリカの利益になるように作り替えたり、それが上手くいかないとなると、テロリストと呼ばれた人間たちとの和解を模索したり……。つまり、戦闘がない状態を「平和」、悪いことをした人間を裁くことが「正義」だとしたら、両者が必ずしも両立しない現実を経験し、いや、そういう現実をつくる当事者としてやってきた。

僕の経験と知見（そう呼べるとしたら）は、あくまで、彼《か》の地における異邦人としての立ち位置のものである。つまり、国際紛争の当事者たちとは、密接にかかわることがあっても、決定的な壁が存在する。彼らが被《こうむ》る、生存にかかわる「脅威」を理解できても、共有することはない。

しかし、2011年の大震災と東京電力福島第一原発事故では、日本人として僕自身が「脅威」を共有することになった。

「脅威」は、時に人間に、それから逃れるための究極の手段として、戦争を選択させる。「平和」と「正義」の関係は一筋縄ではいかなくても、やはり、何の罪もない一般民衆が、自らがつくったのではない原因で命を落とすことは、何とか最小限にとどめたい。でも、その「脅威」の形成に、実は、罪のない民衆自身も主体的にかかわっているとしたら。

こんな自問自答が、日本に落ち着き、大学に身を置くようになって以来、日増しに強くなっていった。僕自身、当事者としての「脅威」の実態を見つめる機会と仲間がほしかった。

福島高校の彼らは被災者である。さらに、原子力産業というひとつの構造的暴力の被害者側にいる。ヘタなことを言ってガラス細工のように壊れちゃったら……。

杞憂であった。

彼らのほうが冷静で、かつ辛辣《しんらつ》な観察にユーモアを添える余裕も持ち合わせていた。5日間延べ20余時間に及ぶ授業のなか、僕自身が「日本人のありよう」を思い知らされる場面があったのだが、そんなときも、うろたえる僕を慮《おもんぱか》るおおらかささえ感じた。

震災、そして原発事故という非日常のなかにいた彼らと、国際紛争という通常の日本人には非日常な世界を、単に知識・情報の伝達ではなく、どこまで共有できるか。

その試みは、予想以上にスリリングであった。

本書は、出版まで2年余を要している。そのあいだ、彼らとの講義で扱った国際情勢は、残念ながら、悪化の方向に目まぐるしく変化している。彼らとのやり取りの上に加筆させてもらった。

目次

2章　戦争はすべて、セキュリタイゼーションで起きる

3章 もしも自衛隊が海外で民間人を殺してしまったら

4章　戦争が終わっても

5章　対立を仕切る

本書は2012年1月、2月に、福島県立福島高等学校でおこなった5日間の講義、講義後に寄せられた感想文から再構成し、大幅に加筆したものです。なお、国際情勢等については、適宜、講義時以降の動きを加えています。

講義の前に

日本の平和って、何だろう?

「経験者の話」を聞く前提

こんにちは。今日から5日間、みなさんと戦争、そして平和というものを考えていきたいと思います。休日に、こういうテーマの授業に志願して集まってくれた18人のみなさんは、高校生のなかでも、きっとユニークな人たちなんだろうと思う（笑）。今は高校2年生で、春から3年と聞いているけど、というと、何歳かな？

——遅生まれは16歳で、だいたい17歳です。

そうか、若いね。僕の2人の息子よりも。僕が君たちぐらいのときだったら、休日を返上して授業に出るなんて、しなかっただろうな、絶対（笑）。

ふだん、僕は東京外国語大学という、世界で話されている26ヵ国の言語と、その地域の文化や政治を研究する大学で教えています。僕が受けもつ大学院のゼミに集まる学生は、全員外国からの留学生たちです。アフガニスタン、イラク、イラン、ミャンマー、ボスニア・ヘルツェゴビナなど、現在戦争や内戦の問題を抱えている国、もしくは大きな内戦がやっと終わり、再発の不安を抱えながら新しい一歩を踏み出しつつある国からやってくるんだ。そこで彼らと何をやっているかは、おいおい話しますね。

今は大学で働いていますが、その前の仕事場は彼らの側、紛争の現場でした。国連や日本政府の立場で、戦争や内戦で混乱している場所に行き、対立している武装勢力と交渉、説得して武器を捨てさせる――「武装解除」といいますが、そんな仕事をしていました。ずっと紛争を飯のタネにしているわけだから、自嘲気味に、他人の不幸で儲《もう》ける「紛争屋」と名乗っています。

みなさんの高校は、震災で校舎が一部使えなくなって、この授業もプレハブのなかでおこなっていますが、僕はプレハブに入ると、フラッシュバックで、荒れた紛争の現場を思い出します。日本のプレハブって、KOBE HOUSEと呼ばれて、けっこう世界で有名なんですよ。1995年の阪神淡路大震災のときにプレハブがいっぱいつくられましたが、仮の建物だから、復興が進むと役目を終えて取り壊される。それらが、どこかのリサイクル業者に流れて、貧しい国にたどり着いたんでしょうね。

僕が初めてKOBE HOUSEに出会ったのは、国連の一員として東ティモールという国に派遣されたときでした。身一つで送られた現場はまさに焦土《しょうど》。建物という建物はすべて破壊されていて、活動しようにも僕らが雨露《あめつゆ》をしのぐシェルターなどない。道路も寸断されているから物資の補給路もない。そんなとき、国連本部が現場の僕たちにヘリコプターで落としていった建設資材が、KOBE HOUSEだったんです。そのプレハブで、そして震災後の福島で、みなさんに僕が経験したことを話すのは、何か特別なものを感じます。

さて、講義の進め方ですが、ふだんの大学の講義は、カリキュラムといって教師が決めた流れにそっておこないますが、今回は着地点を決めずに、僕が現場で悩み、そして今でも悩んでいる問題を、できるだけ素直にみなさんに投げかけたいと思います。そして、みなさんの反応を受け、一緒に次を考えるようなかたちでやってみたい。みなさんの意見によって、講義の内容も、僕自身の考えも変わってゆくかもしれません。

実は、僕は非常に緊張しているのです。それは、みなさんが高校生だから。加えて、扱うテーマが平和と戦争です。

戦争は、究極の政治決定ですね。戦争と対極の平和も、とくに日本では、その象徴である憲法9条をどうするかということが、まさに政局を二分する政治問題です。正直、そんなこと、みなさんに言いたくない。もし、中高生のときの僕の息子に他の大人がそんなことをしたら、政治を押し付けるなよって思っちゃう。

という僕ですが、新聞やその他のメディアで、けっこう政治的な発言をしています。僕の名前をインターネットで検索すると、いろんな批判をされていますので、よかったら参考に眺めてみてください（笑）。

あらかじめ言っておきますが、この授業で、僕の顔色を見る必要はまったくありません。僕を否定してかまわないし、そうあるべきだと思う。どんなことでも自由に発言してください。

それと、僕が現場で悩んだこと、今でも悩んでいる問題を素直に投げかけると言いましたが、みなさんにとって、僕が言うことは、普通の日本人があまりさらされないような実体験からくる、反論し難《がた》い現場の声のように聞こえるかもしれません。よく日本人は「平和ボケ」

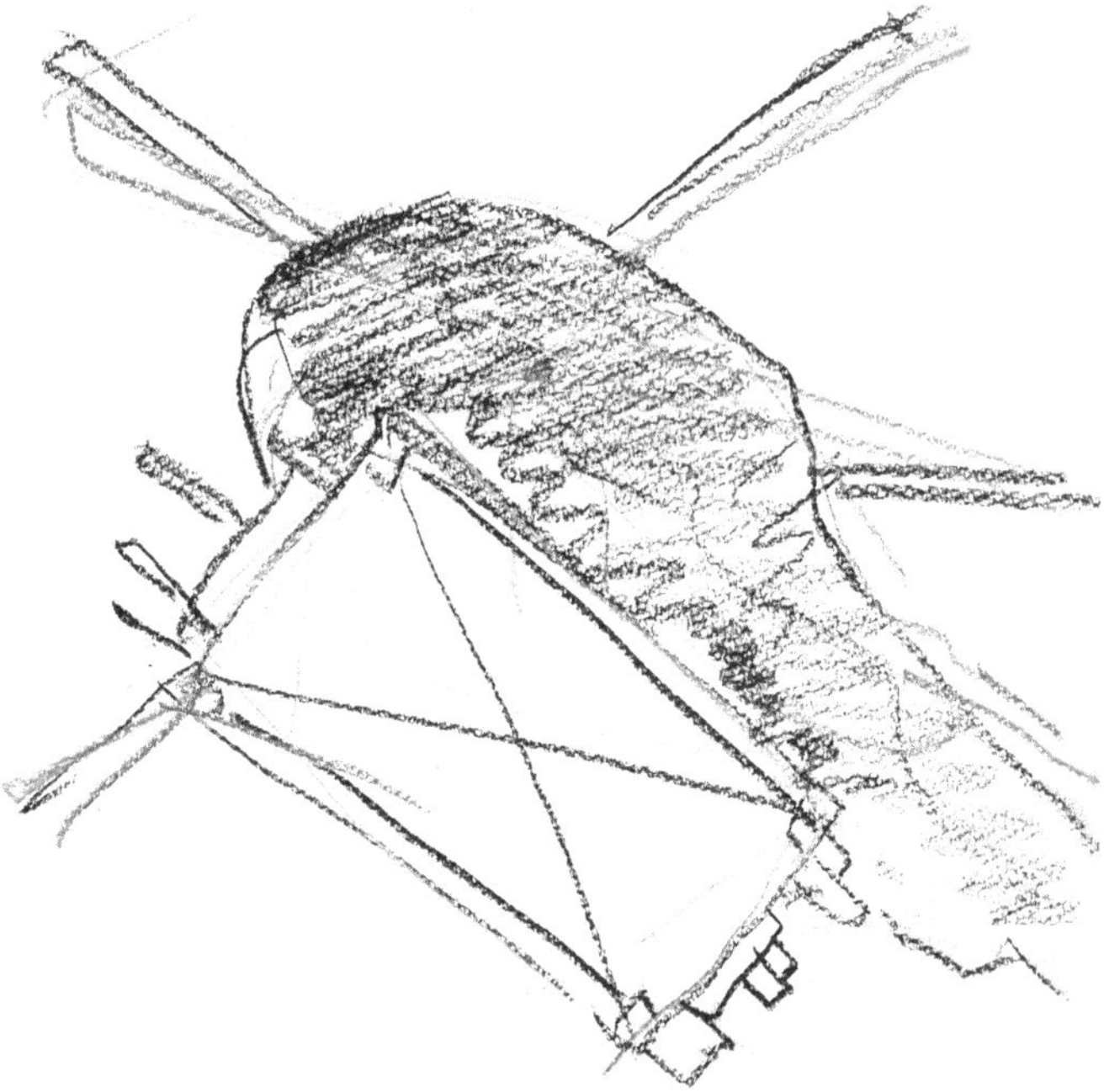

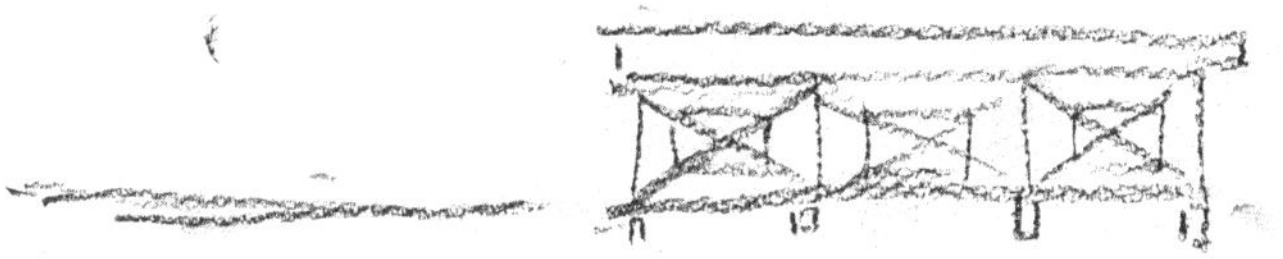

だと自嘲気味に言いますが、とかく海外、それも戦争の現場の経験者なんて言うと、むやみに特別視されがち。そんな人に「俺はこうだったんだ」って言われたら、そうかと引き下がらざるをえないでしょう。

でも、経験者って、実はあまりあてにならないんですよ。だって経験とは、そもそも、その個人の主観というプリズムで見たスナップショットの連続で、それをまた同じ主観のなかで編集したものでしかない。報道だって同じ。カメラで撮影した映像も、まずアングル自体、撮影者が決めたものだし、構図の一部を切り取って強調することもできる。

有名な話ですが、米軍のイラク侵攻のときも、サダム・フセインの像が群衆に引きずりおろされ、小さな子供がフセイン像をスリッパでペンペン叩いている光景が、繰り返し、繰り返し報道されました。靴《くつ》で人を叩くというのはイスラム教の世界では大変な侮辱です。

あの映像だけを観ると、イラクの人が国を挙げて「フセインを倒してくれてありがとう」と言っているかのように受け取ってしまうけれど、カメラを遠くにひくと、数百人がかたまってワイワイ騒いでいるだけで、まわりは静かなんだよね。いちおうそれは米軍に感謝するイラク人がいるという事実を報道してはいますが、同時に、そういう人々はほんの一部でしかないという別の事実を、視界から外せる。

そんなわけで、いわゆる経験者が話す経験値というのは、すべて、その本人に都合がいいように演出したものと思ってください。これが、僕の話を聞いていただく前提です。

日本は平和ですか？

では、手始めに、僕たちをとりまく平和について考えてみましょう。みなさんは、日本は平和だと思いますか。

――世界的に見れば平和だと言えると思いますが、そもそも平和ってどういうことを指すのか、定義がわかりません。

うん、実は僕にとっても、あまりはっきりしていないのです。戦争と平和が対立する概念かどうかということも、そうとも言えるし、そうじゃないとも言える。なぜかというと、ほとんどの戦争が、平和を目的に起こされているからです。平和を乱す敵と戦おうということで戦争が起きる。少なくとも指導者はそう国民を説得するわけですね。

じゃあ、あんまり平和を求め過ぎると戦争になっちゃうのだろうか。このわからないものを、わからないなりに考えていきましょう。平和、もしくは、平和な状況を定義しながら、日本はどうか、思いつくことを挙げてください。

――戦争がなく、治安が比較的良いことを平和と定義するなら、日本はとても平和な国だと思います。夜、外を出歩いても犯罪に巻き込まれることはほとんどないし、福祉も安定しているし、安全な飲み水もある。

そうだよな。僕は、人生の半分ぐらいを海外で暮らしてきましたが、日本ほど治安の良い国にはお目にかかったことがありません。安眠するために、高いお金を払って武装したボディーガードを雇うことが、ある階層以上の人々にとっては、ごくふつうの国もある。日本では、安全は空気みたいなもので、基本的にタダという感覚。別に自腹を切る必要もない。

――僕も平和だと思う。中国や韓国、ロシアと領土問題があるし、北朝鮮問題もあって、緊張が高まっているようには感じるけれど、でも、このようなことは世界中で起きているわけだし。日本も含めて、それぞれが適切な態度をとりつづければ、戦争は起きないと思います。本来の平和とは少し異なるかもしれないけど、現時点ではこの状態でもいいんじゃないか。

それに、リビアとか、内戦を起こした国を見ると、日本が平和じゃないなんて、とても言えません。

少し前に日本のメディアにも登場したリビアでは、ムアマル・カダフィという独裁者が、42年間にわたる圧政を布《し》いていました。それに不満をもつ民衆の反政府運動が２０１１年に大規模なデモに発展し、封じ込めようとする政府治安部隊との衝突が激化、内戦状態になりました。

そして、軍事力で圧倒的に勝る政府側が、民衆を虐殺しているという報道がなされるようになると、欧米を中心に国際社会が反応し、ついに国連が動きます。フランス、イギリス、アメリカを中心としたＮＡＴＯ（北大西洋条約機構）軍による軍事介入を国連安全保障理事会が認めた。反カダフィの人たちに加勢するために、政府軍に対する爆撃を開始したのです。NATOによる空爆は2011年3月から7ヵ月間にわたり、空爆回数は9600回を超えたといいます。

結果的に、この軍事介入は功を奏し、カダフィ政権は倒れ、カダフィも民衆に殺された。これは、内戦、つまりリビアのなかの内輪喧嘩《うちわげんか》に、外の人間が武力で、それも片方に加勢することですが、こういうの、どう思う?

——それがいいかどうかとか、わからないですが……。独裁で、リビアの政治は良くないし、国民は苦しめられていたけれど、経済水準はある程度高くて、医療も整っていたみたいで何とも……。よく調べない限り、下手なことは言えないって思います。

よく報道を追っていますね。確かに独裁下のリビアでは、言論の自由はなかったし、民主主義も否定されていたけど、経済も治安もそれほど悪くはなかった。もちろんカダフィに歯向かう発言をすれば、すぐに逮捕されて拷問《ごうもん》され、殺される人も大勢いた。けれど、独裁を受け入れれば、民衆の生活自体は悪くなかったといわれています。貧困がない、治安が良い、それだけで人々が平和と感じるわけじゃないというケースが、このリビアかな。

——そういう国とくらべると、日本は平和だと思います。テロや国内の暴動が少ない。第二次世界大戦後、戦争をしていませんし。

テロは確かに少ないけれど、みなさんが生まれる前の1995年、オウム真理教という団体が地下鉄サリン事件などを引き起こしました。この事件は、綿密な計画のもと実行されたテロ事件として、僕たちの脳裏《のうり》に深く刻まれています。それ以降、日本では、大きなテロ事件は発生していませんが、この状態がずっと続いてくれる保証はあるのでしょうか。

そして、戦争とのかかわりについていうと、確かに日本単独では戦争していませんね。憲法上、できませんから。でも、戦争には関与してきました。

1991年の湾岸戦争にも日本は1兆円以上のお金を出したし、2003年にアメリカがフセイン政権を倒したイラク戦争では、大規模な戦闘の終結宣言がなされた後でしたが、自衛隊の部隊を派遣しました。自衛隊を送ったのに、戦争したという実感が我々にないのは、どうしてだろう。さらに、お金を払っただけでは、戦争したことにならないのでしょうか。そんなことも議論してゆこう。

小さなもめごとがあるほうが、平和にはちょうどいい？

——平和を戦争や内乱が起こっていない状態や、世界の平均をとった上での安全度をさすとしたら、日本は平和かもしれません。でも、平和とは、そういうものではないと思う。見せかけの平和は、平和じゃないと思います。

どういう部分が見せかけだと思いますか。

――日本は戦争がないかわりに、外交の弱さを抱えています。たとえば北朝鮮の拉致《らち》問題では、相手の言うことにうなずいているだけの外交をしている。

うん、拉致問題はひどい。戦争状態にもない他国の政府が勝手に入ってきて、国と国との政治にはまったく関係のない個人をさらっていくのだからね。日本政府が、これを他国の国家権力による犯罪と認定するのに時間がかかった。拉致被害者家族は当初、日本社会からも奇異な目で見られ、二重の苦しみを味わってきたんですね。

日本政府は北朝鮮に対して、ずっと経済制裁という兵糧攻《ひょうろうぜ》めをしています。兵糧攻めにすれば音《ね》を上げて「降参」って、拉致被害者を返してくれるんじゃないかと続けているわけだけど……。

――中国もロシアもいるし。

うん、日本だけが兵糧攻めをやったって意味がないわけだ。中国とロシアが日本のいうことをすんなり聞いてくれるとは思えない。拉致被害者のご家族はご高齢です。このままグダグダしていると、解決を見ないまま、ご家族の寿命がつきてしまうことにもなりかねない。

――そういう国家間のもめごとがないのが「平和」だと思う。もめごとがあると、緊張関係で戦争に発展することもあるだろうし。

難しいよね。一方、ちょっと不謹慎に聞こえるかもしれないけれど、僕は、少しは衝突があって、緊張が表面化していたほうが平和にとっていいんじゃないかと思うこともあります。

人間、共存するには、何かしらの「はけ口」が必要なのかなって。小規模の衝突があって、これをさらにエスカレートさせたら全面的な戦争になるかもしれないという事態と、その場合の損害を、政治家や国民が現実味をもって予測できる。そんな機会が、小さな事件として、ちょこちょこあるぐらいの環境が、平和が維持されるにはちょうどいいのかもしれない、って。

僕は立川高校という、東京がまだ「府」だったころ2番目にできた、バンカラな雰囲気を残す学校に通っていました。当時の僕は、ちょっとカッコつけて学ランを着て、高下駄《たかげた》を履《は》いて登校していたんだ。かなりとんがった、扱いにくい少年だったと思います。高校では柔道を、大学では極真空手をやっていた。といっても、有段者じゃないから、たいしたことないですよ。基本的に辛抱強くないもので。

極真空手は寸止めしない格闘技ですが、よく先輩や指導者級の人たちが言ってたんだ。「格闘技は野蛮《やばん》じゃない。平和のためにある」って。格闘技をやると、何をすれば相手に致命的なダメージが与えられるかがわかる。だから相手を殺さないケンカができる。これを社会が、国家が学習すれば、平和の役に立つと。僕の「小規模衝突有効論」は、このころの経験から来ているのかな。

でも、武道を嗜《たしな》む国民にしては、日本は過去、その好戦性を縦横無尽《じゅうおうむじん》に発揮して大きな戦争を主導しただけでなく、敗戦が目前に迫っても、精神論が戦略を支配する、みたいなことになってしまったのだから、この論はあまり当てになりませんね。他の意見はあるかな。

――私も表面的には平和だと思います。でも、東北で感じたことはないですが、関西では部落差別とか、そういう問題がいまだに残っているとも聞きます。それに、東日本大震災や原発事故が起きて、いろいろ気になって調べたのですが、下請けの下請けで原発ジプシーと呼ばれている人たちが命の危険のあるところで働いていたりもする。沖縄の基地問題もずっとありつづけているし、完全に平和とは言えないんじゃないか。

表面的には何不自由ない社会で、大多数の平和のために、底辺の特定の人たちに、それも見えないところで、しわ寄せがいってしまうという構図ですね。

日本では「格差」という言葉が定着していますが、これは特定の集団の話だけでなく、迷惑施設としての原発建設を受け入れなければならない「大都市圏」対「地方」という構図にも当てはまる。福島が、まさにこれなのでしょう。

日本の平和は何のおかげ？

日本は平和か否かと問われれば、様々な問題を抱えているけど、どちらかと言えば平和だ、という意見が多いようですね。じゃあ、この日本の平和は何によってもたらされているのでしょう。

――いちばん大きな要因は、日本に、戦争して犠牲を払ってでも守るべき国益がなかったからだと思います。そもそも憲法第9条で戦力、武力を永久に放棄すると定められているから、ほとんどの国民が、外交問題の解決に「戦争」という手段を、まず考えはしない。

それと、日本とアメリカの軍事力に対抗できる勢力がなかったから、結果として平和が保たれている。

日本の平和は何のおかげかと聞くと、9条と日米安全保障条約を挙げる人は多い。日本が米軍の傘の下にいる限り、対抗する国はいないだろう、ということですね。米軍は抑止力になっていると思いますか?

——今はなっていると思います。攻めたほうがデメリットが大きい。

——あとは、自衛隊がけっこう大きい。守ることにおいては強いんじゃないかと思います。

僕は毎年、イラクやアフガニスタンの学生たちを沖縄に連れて行くんです。「迷惑施設」としての米軍基地の実体は、東京にいるだけでは見えない。平和な日本の正体、そして、アメリカが始めた戦争が現在でも進行する彼らの母国で、いつかは訪れるかもしれない「アメリカがつくる〝平和な〟戦後」のひとつのかたちを見せるためです。

第二次世界大戦後、日本が二度と歯向かわないように武装解除し、一切の武力をもたせずに占領統治をしたアメリカですが、朝鮮半島で冷戦という共産圏との新たな対立構造が始まると、手の平を返したように、日本を子分《こぶん》として再武装させます。それが現在の自衛隊であり、占領軍から在日米軍と名称は変わっても日本国内に米軍基地を維持する体制なのですが、当然、そういうアメリカと日本政府の動きに反対する勢力も現れました。それが、日本の社会運動史に燦然《さんぜん》と輝く、大学生やみなさんのような高校生まで加わった六〇年安保闘争です。安保、つまり日米安全保障条約は、米軍の駐留の継続を認める条約ですね。

こういう民衆の動向を察してか、日本本土の米軍基地は縮小、返還され、当時はまだアメリカ統治下だった沖縄で、それらが増強されてゆきます。そして、1972年に沖縄が日本に返還された後でも、それは変わらず、米軍が日本で占用する全面積の75%が沖縄に集中することになりました。

僕が生まれ育った東京の立川は、かつては米軍基地の町だったんです。1977年に返還されましたが、僕が子供のころは米兵がたくさんいました。

——米軍基地が近くにあって、良かったことと悪かったことってありますか。

うーん、個人的な感覚だけで言うと、とりたてて悪い思い出はないかな。かつての立川は、米兵相手の売春を含む夜の産業がさかんで、それらを仕切る裏の危ない組織も一般市民の生活と共存する町でした。文化的にもアメリカナイズされた独特の場所だった。僕らの世代はアメリカ文化に強い憧れがあるんだよね。

米軍の兵士と日本人とのあいだに生まれた二世、ハーフが多くて、遊び仲間に何人もいました。米兵と日本人女性に恋が芽生えて、子供をつくって、米兵は任務が終わると国に帰り、子供とお母さんは残される。今では、ハーフは、ファッション的にカッコいい存在かな。でも、昔は混血児と言われて、差別の対象でした。

僕は母子家庭で育って、小学校2年生くらいまでは、そういう夜の女の人たちや、キャバレーのバンドマン一家なんかが住む安アパートで暮らしていました。僕の母親は、ホステスたちをお客さんとして、裁縫《さいほう》することで生計を立てていたんです。今考えると、よくそれで生活できたと思うけど、貧しいものどうし、みなで助け合っていたんだね。台所とトイレが共同の四畳半でしたが、和気あいあいと暮らしていて、僕は女の人たちにチヤホヤされて育ち（笑）、悪い思い出ってないんだよな。

小学校中学年になると、同じ立川の砂川町という、米軍基地に薄いフェンスひとつで隣接する場所に住みますが、ここは米軍基地の拡張計画に住民が反対した「砂川闘争」で有名なところです。反対派住民と警察隊の大規模な衝突があったのは、僕が生まれる直前までしたが、運動や裁判はずっと続いていました。

僕はというと、クラスメイトも含めて、そんな運動はまったく意識の外で、フェンス越しに友達になった米兵家族の悪ガキたちとツルんで、「米領」に侵入し、無修正のポルノ雑誌を漁《あさ》って「日本領」に持ち帰って小遣い稼ぎしたりしていた。先輩たちは、ベトナム戦争で戦死して空輸されてきた米兵の死体洗い。当時の日本の物価水準では破格のバイト料のおこぼれに与《あずか》って、また悪いことしたり……(笑)。

米軍基地は騒音がひどいし、時々、軍用機がオーバーランして農家に突っ込んだりして危なかったけど、僕にとっては、ちょっと猥雑《わいざつ》な、古き良き思い出しかありません。

そうこうしているうちに、政府は拡張計画を断念、1977年には米軍基地が全面返還となりました。こう見ると、砂川闘争は、住民運動の勝利みたいに映るけれど、結局は、遠く離れた沖縄にしわ寄せがいって、僕らのなかでの米軍基地は終わってしまったんだな。

戦後65年余のあいだ、直接的には、誰も戦争で殺さず、誰も戦争で殺されていない日本は、先進国のなかでは、本当に稀《まれ》な存在です。その意味では、日本は平和と言えそうですが、じゃあ、その平和は何のおかげか、というと、9条のおかげだと言う人もいるし、アメリカの軍事力のおかげと言う人もいる。僕はというと、その両方だろう、としか言えない。自信をもって言えるのは、そのどちらかだけのおかげではない、ということです。

北海道にソ連が上陸してくることを想定して日夜訓練してきた自衛隊ですが、そうはならずに冷戦時代を乗り切った。そして、中国が世界に台頭する現在も、尖閣《せんかく》諸島のような領土問題を抱えながら何とか平和なのは、何があっても戦争をしないと自己主張している9条と、結果、戦争をやらずに今日までやってきた、確固たる実績が醸《かも》し出す、周辺諸国への安心感。そういう面も、確かにあると思う。けれど、やっぱり、世界で突出した軍事力をもつアメリカの庇護《ひご》下にあることも大きい。

アメリカが国外に駐留させる米兵の数では、アフガニスタンのような戦闘地域を除けば、日本は世界一で、約5万5千人です（それに次ぐのがドイツの4万7千。2014年3月時点、米国防総省資料より）。そして米軍駐留のために、その受け入れ国が払う負担でも、日本がダントツの世界一です。日本では「おもいやり予算」と言うよね。

仮想敵国がいるとしても、世界の半分を行動範囲とするアメリカ第七艦隊の司令部を横須賀に置き、「世界の警察アメリカ」の世界戦略に深く組み込まれている日本を攻撃するには、よほどの度胸が必要でしょう。

沖縄の負担のおかげで日本は平和なのだけれど、そのアメリカが戦争している。日本の平和って、ほんと、何なのだろう。こういうことを5日間で考えてゆきましょう。

「ならず者国家」は無軌道？

僕は、今、学者の端《はし》くれで、通称ＰＣＳ（Peace & Conflict Studies）、「平和と紛争」学と訳されるようなものを、世界の紛争地域からやってきた外国人学生たちに教え、研究しています。対象はどちらかというと、イラクやアフガニスタンで今でも続いている現代の戦争に重点を置いている（ＰＣＳは「平和構築学」と訳される場合もあります。でも、平和って紛争を克服するものだろうから、僕は「紛争」のない名称って、ちょっとどうかなと思っているんだ）。

一方、平和学というものもあります。内容は重なる部分が多いのですが、両方とも、第二次世界大戦が終わった後にアメリカを中心にできた、新しい学問領域です。やはり、死者総

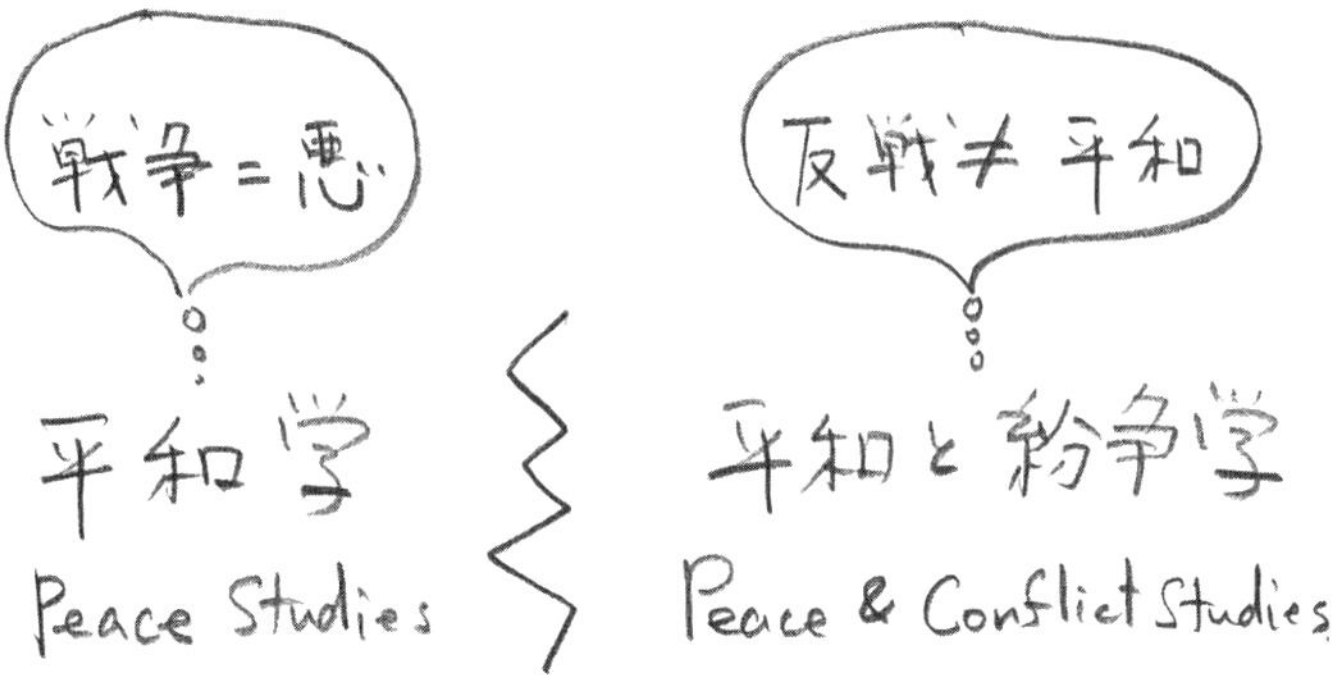

数5千5百万人という途方もない犠牲を出した歴史を二度と繰り返してはならないという気持ちが、このふたつの学問の誕生に作用したのでしょう。

――平和学と「平和と紛争」学って、どう違うんですか?

これも「平和」の概念と同じように、あまりはっきりしません(笑)。どちらも戦争を研究するのだけど、平和学のほうは、あきらかに戦争の予防を目指しているように思える。つまり、かなりはっきりと、戦争を悪として捉えています。政治行為としての戦争に反対するのだから、平和学自身が、すでにひとつの政治行為だともいえる。だから学問として公平・客観的ではない、平和学はひとつの政治思想であって学問ではない、という批判もできます。

「平和と紛争」学は、こういう性格の平和学と一線を画したいようです。もう少し善悪を超えて戦争を捉え、争いを生む国家間、民族間の対立とその因果関係を淡々と冷淡に読み解く。条件Aと条件Bがそろったとき、Xの一押しがあると、人はためらいなく殺し合う……みたいな理論を見つけ出して興に入る。こんな感じかな（笑）。

そういう僕は、実務家として、戦争がもたらす被害の現実をイヤというほど見てきた人間です。気持ちは平和学にある。というより、人文系の学問すべてに対して、もし戦争という人間性に反する行為を、未来に向けて回避しようという動機がなかったら、学問に何の意味があるのか、そう考える自分が常にいます。

でも、その一方で、戦争を悪として糾弾《きゅうだん》し、真正面から対抗することが、本当に戦争の予防につながるのか。それは、もしかしたら戦争に付き物の「武勇」を反動でいきり立たせ、逆に戦争する動機を煽《あお》ってしまうかもしれない……。こんな葛藤が、僕にとっての「平和と紛争」学なのです。

——みなさん、どんなことを研究しているんですか。留学生の方たちは、いろんな国から来ているから、文化や考え方もそれぞれ異なるんですよね。

うん。クラスにはイスラム教徒が多いけど、アメリカ人学生もいるんだ。2001年9月11日の同時多発テロが引き金となり、アメリカが攻め入ったアフガニスタンやイラクのことを話題にすると、やっぱり緊張が走るね。

アメリカ人の彼は、強い反戦主義者です。でも、あのテロが、当時のアメリカ国民にどれだけショックを与え、判断力を失わせ、開戦に向かわせたか。こんなことを彼が言うと、イスラム教徒の学生からは「そんなん理由にならねー」みたいな反応がある。やっぱり「被害者」側の世界からの学生とのやり取りは、教師の僕でも緊張するんだ。

アルゼンチンから来た学生は、ミャンマーを扱っていました。彼は、マイノリティーの権利に敏感な、ほんとにまっすぐな人権運動家です。

ミャンマーは、ノーベル平和賞をとった民主化運動の指導者、アウンサンスーチーさんで有名な国だね。2010年、彼女は自宅軟禁《なんきん》を解放され、選挙に参加しました。ミャンマーは民主化に向けて動き出したようですが、軍事政権が続き、何かと北朝鮮と比較され、「ならず者国家」の仲間に入れる見方もある。アメリカ、ヨーロッパ諸国は経済制裁を課していたけど、中国との外交は緊密だから、あまり効果がないところも対北朝鮮政策に似ています。

また、ミャンマーは多民族国家で、分離独立運動がさかんです。各地でそれぞれの民族が武装ゲリラ化するのに対し、政府は強大な軍事力で徹底的に弾圧してきました。これによって大規模な虐殺、人権侵害、大量の難民が発生し、常に世界の人権団体から批判のターゲットになってきた国です。

彼は、僕のゼミに入る前、そういった人権NGOで働いていました。ミャンマー政府の人権侵害を調査し（多くは国外に避難してきた難民への聞き取りです）、国際社会がミャンマー政府に圧力をかけるよう告発する。ミャンマーにも何度か潜入し、ミャンマー政府から国外退去命令をくらった筋金入りです。

まあ、この国の人権問題をなんとかしたいっていう気持ちは誰にも負けないのだけど、この延長で研究論文を書いても、ミャンマー政府を糾弾する告発記事みたいなものにしかなりません。研究とは、まず「なぜ」があり、その答えを探求するものでないといけない。

「ならず者国家」というのは、何かとその「無軌道性《むきどう》」が強調され、非難される傾向があります。何をしでかすかわからない連中だ。理詰めで話し合ったって埒《らち》があかない。だから強硬手段で懲《こ》らしめるしかない——こんなふうに我々は思い込み、制裁を課し、極端な場合は武力行使ということになります。

ミャンマーのイメージも、このように捉えられてきた。貧困に喘《あえ》ぐ自国民を顧《かえり》みず、無軌道に軍備だけを増強し、国民を弾圧する怪物のような軍事政権。そして、それに虐《いじ》められる可憐《かれん》なアウンサンスーチーさん。そんな構図だよね。

はたしてミャンマー政府は、本当に無軌道なのか。ミャンマー問題に解決策を見い出すとしたら、軍事政権の性質をちゃんと捉えることこそが必要なのではないか。こういう問題意識で、アルゼンチン人の彼は調査を始めました。人権ジャーナリズムのなかにどっぷり浸《つ》かっていた彼にとって、感情を抑えながらの大変な作業だったと思いますが、過去のミャンマー研究の論文を調べるうち、あることがわかってきます。

ミャンマー研究は、やはり全般的に、人権に訴える人たち、つまり軍事政権に反対を唱える勢力の影響をモロに受けていて、その手の論文の本数が圧倒的に多い。その反面、厳しい独立戦争を勝ち抜いた軍人の主導から始まった国づくり（「建国の父」として今でも国民から尊敬を集めるアウンサン将軍は、アウンサンスーチーのお父さんで、彼が率いたビルマ独立義勇軍が、現在の軍事政権のルーツなのです）、その歴史の必然性を冷静に観察した論文は、あんまりない。つまり、ミャンマー研究というテーマ自体が、「軍事政権＝悪」という影響下にある。

そこで彼は、軍事政権による国の運営、なかでも国家予算の運営を分析しようと試みます。先行研究では、やはり、軍事費に場当たり的にほとんどの予算を使ってしまい、国民への福祉・社会開発を犠牲にしているという論調ばかり。はたして実際にそうなのか。

調べていくうちに、ミャンマーの軍事費は、周辺アジア諸国との比較では、その凶暴なイメージほど突出しているわけではないとわかりました。確かに、軍事に国家予算の多くを使う国のひとつではあるけれど、ＧＤＰ比や兵士数の人口比などでは、同じように国民の自由の侵害が問題になりますが、ずっと親しみやすい観光大国であるシンガポールのほうが上をいっている。

そして、彼は次のような実験をします。彼自身が、もし国の予算配分を決定する政府の「運転席」に座ったら、と仮定するのです。独立を血で勝ち取った建国からスタートし、内政の移り変わり、隣国との緊張関係、経済制裁のような外圧など、国家予算配分に影響を与えうるすべての要因を考慮し、自分なりの国家予算計画を、１９４８年の独立から現在まで、年ごとにつくるというシミュレーションをおこないました。そして、実際のミャンマー政府の財政記録とくらべてみた。その結果、彼のシミュレーションと一致しちゃったのです。

軍事政権ですから、軍事費を大事にするのは当たり前ですが、場当たり的じゃない。誰がその運転席に座っても、同じ歴史的要因のなかで政府を運転すれば同じ結果になる。

もちろん、独裁に近い政権ですから、国家予算に乗らない裏のお金はたくさんあるはずですし、政府公表の数字のなかには政府に都合良く誇張されたものもあるはずです。それでも独立以来65年間の厖大《ぼうだい》な記録を俯瞰《ふかん》すると、政策決定の軸が見えてくる。そして、軍事費と、国民の生活に直結する社会開発費のバランスにおいて、前者が後者を無闇に犠牲にする無軌道性は見当たらない、ということを証明しちゃったのです。

この論文の発表会は、ちょっとした波乱の場になりました。なぜかというと、僕の講座に、ひとりのミャンマー人がいたから。軍事政権に追われて日本に亡命した反政府運動家です。アルゼンチン人の彼の学術的結論としては、ミャンマー政府に味方するような意図は全然なく、国家予算配分という限定的なことにおいてのみ無軌道性はない、と証明しただけなのですが、反政府運動家にとっては、たまらない。そんな学術研究に何の意味があるのか？と詰め寄っていた。ほんとに何の意味があるんだろうね。これは僕自身の葛藤でもあります。

でも、現在起こっている人権侵害の問題を、頭から糾弾するのではなく、独裁政権を転覆《てんぷく》させるというような方法でもなく、その政権自体がそれを解決する道筋を模索してゆく。こんなアプローチがあってもいいと思うのです。

ちょっと喩《たと》えが飛ぶかもしれないけど、日常に起こるどんな凶悪犯罪でも、犯罪者を捕まえて裁き、罰する一方で、どうしてそういう犯罪者が生まれたか、何が彼をそうさせたか、我々は議論するよね。しかし、そういう余裕が、国際関係には、どうもあるように思えません。なぜか？　その疑問を真っ正面に据《す》えることこそ、我が「平和と紛争」学の使命だと思っています。

平和と戦争はあいまいだ

はじめに日本の平和について話しましたが、ここで、平和についての平和学での議論をちょっと紹介しましょう。平和学には、「積極的平和」と「消極的平和」という考え方があります。ノルウェー人のヨハン・ガルトゥングさんという学者が考案した概念です。

消極的平和とは、紛争の原因になりそうな問題はいろいろあるけど、武力衝突や戦争がない状態。深刻な貧困、差別、人権の問題など、社会がもっている構造的な問題が人間を犠牲にすることを「構造的暴力」と言うね。

対して積極的平和は、武力衝突や戦争がないのに加えて、紛争の原因になりうる要因もない状態のことを言います。さて、日本はどちらでしょう。

――消極的平和かな。

はい、よくそう言われます。よそで戦争しているアメリカを国内に居候《いそうろう》させている状態は、日本も連帯責任があるから消極的平和にも至らないのでは、とも考えられますが、アメリカが戦争している国々との関係を無視した上での、日本国内に限っての消極的平和と言えるのかな。

構造的暴力は、一国のなかでの社会問題だとわかりやすいですね。日本なら、部落差別とかホームレス問題、非正規雇用問題とか。外国なら、内戦の原因となる少数派部族への弾圧などかな。

しかし、一国の構造的な問題は、その国だけで完結しているかというと、そうじゃない。たとえば石油や天然資源のグローバルな争奪戦。資源は豊富にあるけれど政治的に不安定な国に、先進国が巨大な資本をバックに介入する。金にまみれた外国の利権の追求が、その国の国内の覇権争いをさらに激化させ、内戦を誘発してしまう。遠いアフリカの国々の構造的な問題は、我々の日常の消費生活と直結しているんだね。構造的暴力は、グローバルな視点で見るべきものかもしれない。

一方で、戦争に至るかもしれない国と国との緊張は、それぞれの当事国の内政問題と直結しているようです。お隣の中国や韓国では、国内の政策に世論の批判が高まると、その注意

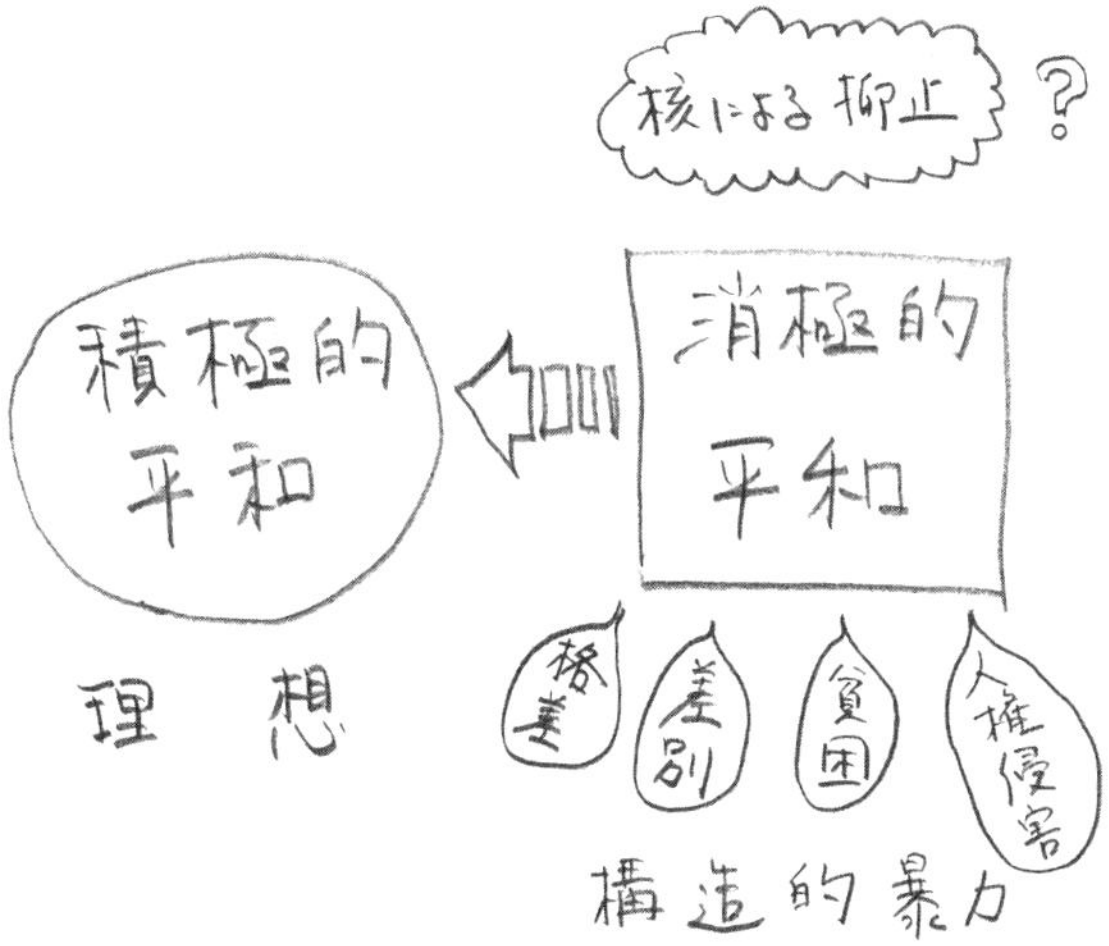

をそらすために、わかりやすい外の敵、つまり日本との戦後補償や従軍慰安婦《じゅうぐんいあんふ》問題、そして尖閣諸島、竹島の領土問題を、その時々の政権が政局化する、とも言われます。僕が為政者だったら、絶対に同じことをやるだろうと思う。だから、これはもう、問題というより、権力者の行動原理を読み解く前提として捉えるべきだろうな。

「核」は、核戦争は別として、その他の戦争を抑止しているという見方もあって、これを消極的平和のなかに入れる人もいるのだけれど……。

――さっき、日本の平和は日米安全保障条約のおかげという話が出ましたが、アメリカの核の傘の下にいるから、という面もあるのかな……？

核兵器をもってから、超大国どうしは戦

争していない。冷戦下の1962年、ソ連がアメリカの目と鼻の先のキューバにミサイル基地をつくろうとして、極度に米ソ間が緊張し、核のボタンが押されそうになったけどね。日本にとっての仮想敵は、ソ連／ロシア、中国だとしても、それらの国々とアメリカとの戦争が抑止されていれば、その傘の下にいる日本も、まあ安泰《あんたい》ということかな。「核」問題については、5日間のなかで触れてゆこう。

平和学における平和の定義について、もう少し続けると、平和は健康な状態、戦争は病気だ、という考え方もあります。これについてはどう思いますか。

——五体満足とかよく言うけど、でも、もともと病気をもって生まれてきて、身体は病気でも、心は健康だとか、そういう状態もあります。だから、健康と病気は対立するものではないし、それを平和と戦争に当てはめられるとは思わない。

説得力のある意見だね。平和学の議論では、君が言ったことと近いのですが、健康というのは、病気の不在ではないという考え方がある。病気は撲滅《ぼくめつ》できない。健康のむしばみを抑える抗体をもっているのが健康だ、ということです。つまり、戦争の原因はなくせないけれど、それに対する抗体の養生《ようじょう》が大切だと言っているんだね。じゃあ、その抗体って具体的に何だろう。

平和学では、教育こそが大事だということで、「平和教育」の研究もさかんですが、僕自身、幼年期から大学時代まで、出会った教師はだいたい反面教師って突っぱねていたから、自分が教育者となった今、教育の効果と実益については、あんまり自信ない（笑）。でも、個人個人の心に抗体をつくることで頑張ろうという姿勢はいいよね。

——世界にある戦争の原因を少しでも減らしていくことが、「抗体」になる？

うん、そういう考え方もある。争いを引き起こす大きな要因のひとつは、構造的暴力だよね。でも、構造的暴力をなくそうとしたとき、その除去作業が思ったより困難で、「体制」から弾圧にあったらどうなるだろう。それがエスカレートして、武力で鎮圧されてしまったら？　こちらも銃で対抗するしかない……。こうして内戦が起こるんだろうね。

戦争への「抗体」って、虐《しいた》げられている人たちに、「戦争になるといけないから我慢しろ」って言うことにもならないかな。虐げられた人々が、自ら立ち上がる抵抗運動を否定することになっちゃう？　それとも、抵抗は絶対に非暴力でやらなければいけないということだろうか。

非暴力主義を教義とし、かつ実践したのは、インド独立の父、マハトマ・ガンディーですね。彼は、非暴力による不服従は暴力より圧政者に対して有効だと言っている。だけど、臆病と暴力の二者択一を迫られるとしたら、躊躇《ちゅうちょ》なく暴力をとる、とも言ってるんだ。つまり非暴力とは、圧政者の暴力にもひるまない精神力の上に成り立つものだと。

ガンディーさんは平和学にもよく登場するけど、非暴力主義というのは死を覚悟しなきゃならない状況で威力を発揮するもので、気軽なものじゃない。

戦争のルールは、どこまで有効？

次に、戦争のほうを見てみよう。戦争とか内戦とか紛争とか、ごちゃまぜに使ってきたので、ちょっと混乱しているかもしれないね。この用語について、簡単に説明します。

戦争は、英語でwarが一般的です。第二次世界大戦もwarだし、アメリカのメディアでは、現在、アフガニスタンなどで続くテロリストとの戦いもwarと表現している。

これに対して、たとえば、アフリカのある国で現政権と反政府ゲリラが戦うような内戦には、conflictが多く使われます。でも、内戦はcivil warもよく使うので、ちょっとややこしい。日本では、一般的にwarを戦争、conflictを紛争と訳すようです。厳密に定義しだすと、僕自身、何がなんだかわからなくなるので、実用的なものにとどめますね。

「戦争」は、国どうしが巨大な軍事力を用いてドンパチやる、そういうイメージです。一方、アフリカの内戦などは、武力といっても、戦闘規模も武器も、先進国から見ればかわいいもんですから、ちょっと上から目線で、「紛争」と呼称《こしょう》されるようです。でも、当事者にとっては、国内で起こったことがすべてですから、ちょっと違う。

僕がかかわった西アフリカの小国、シエラレオネの内戦は、旧式の自動小銃が主体で、戦闘自体はローテクなものだったけど、内戦の犠牲者は50万人だった（戦前から幼児の死亡率が断トツに高い貧困国なので算出が難しいのですが、内戦が引き起こしたさらなる貧困によるものを入れると、この

くらいになると言われます)。現地の人々は、warと表現していたのを思い出します。

「紛争」は、武力行使に至っていない状況にもよく使われるかな。中国との尖閣諸島問題、韓国との竹島問題なんかは、英語ではdispute(係争)もしくはconflictと呼ぶこともあります。

そもそも、warとかconflictって、いけないものなのだろうか。「敵」が現れたとして、その軍隊が攻め入ってきたとき、迎え撃つのって、いけないこと? 1回目は何とか撃退したが、「敵」は一向に攻撃をやめる気がない。もう、相手の陣地まで行って叩くしか止める方法はない……これって、いけないことだろうか。

日本国内なら、人と人の争いに対処するための、いろんな法律があるよね。江戸時代では、やられたらやり返す「仇討《あだう》ち」が制度化されていた。今は、どんな場合でも、私刑《しけい》はやっちゃダメだよね。法は時代とともに変化する。

国と国との関係で、このような問題が起こったときに、その対処の「流儀」を規定する国際法といわれるものがあります。国内法のように、ひとつの立法機関があるわけでもないので、いろんな事件が起きるたびに国家間で決めたことや、不文律でも慣行として守られてきたことなどの総体を言います。

では、国際法は、仇討ちみたいな前近代的な行為、つまり戦争を禁止しているかというと、すべての戦争を禁止しているとは言えない。ある条件が揃い、一定のルールに従えば、戦争は「やってはいけないもの」ではないのです。

国際法で制限する戦争の「流儀」を破ると、戦争犯罪に問われたり、国際社会から非難を受けたりすることがある。でも、その効力って、どの程度あるのか。国内法であれば、法律を破れば、警察のような組織が、違反者に対して睨《にら》みをきかせ、場合によっては強制力で制圧するよね。このような仕組みが、国際社会にあるのか。あるとしても、誰がそれを行使するのか。こういった国際法の現実も、授業を通して考えてゆこう。

戦争に関する国際法には、ふたつのカテゴリーがあります。まず、戦争へと至る武力行使を、どのようなときに容認するか。現代の国際法の主なもののひとつ、国連憲章で認めている武力行使は、（日本の憲法第9条との関連でよく話題になりますが）個別的自衛権、それと、1人じや心細いからと自衛のお仲間をつくって、親しい友人たちと一緒に防御する集団的自衛権。そしてもうひとつ、国連として、国際社会全体にとっての脅威に立ち向かうというときの軍事的措置。日本では、これを集団安全保障と言いますが、僕は「国連的措置」と呼びます。この3つが国連憲章で認められているんだ。

国際法のもうひとつのカテゴリーは、戦闘中の軍事行動の倫理を問う戦時国際法、もしくは国際人道法です。主なものは、第二次大戦後、1949年に締結されたジュネーヴ諸条約、そして1977年の追加議定書と呼ばれるものです。

簡単に言うと、人道性という観点から、攻撃していいのは敵の戦闘員か軍事基地などの施設だけとされている。一般市民はもちろん、病院など一般市民の生死にかかわる施設、歴史的な遺産、そして原発も攻撃しちゃいけない。でも、現実の軍事作戦では、付随的被害といって、一般市民の巻き添えが必ず起こります。それを最小限に留める義務も定めている。では、テロリストとの戦いはどうでしょう。はたして戦闘員と民間人の区別はつくのか。僕は、アフガニスタンで米軍と仕事するハメになるので実感としてわかるのですが、これは、ほんと難しい。なにせ敵の戦術は、民間人にまぎれて接近してきて、体に巻き付けた爆薬を点火する自爆テロですから。

軍事作戦は、味方に犠牲が出なければそれに越したことはないから、アメリカは現在、その最も有効な方法として、無人爆撃機（誰も乗っていない爆撃機です）を使っています。高性能のレーダーとカメラを搭載《とうさい》したロボット飛行機で、地球上のどこでも、遠隔操作で敵を攻撃できる。

CIAが潜伏させている現地の工作員が、この時間のこのあたりに敵がやって来そうだと情報を送ってくる。それで、何千キロも離れたアメリカ本土にいる操縦士がコンピューター画面を見ながら、ジョイスティックでミサイルを撃つんですね。いわゆるピンポイント爆撃です。といっても、針の穴を通すようなものではないので、確実に殺すために、爆発力を大きくせざるをえない。テロリストは、民間の居住地に潜《ひそ》んでいるから、当然、攻撃は、その住民も巻き込む。そもそも工作員からの情報が間違っているかもしれない……。

一説によると、テロリストひとりを殺すのに、50、60人の何の罪もない民間人が犠牲になるといわれています。もともと地上部隊を送るリスクが大き過ぎるところだからこそ無人爆撃機を使うので、国際法上の正当性を検証すべく、民間人の巻き添え被害を調査しようにも、その現場に近づけない。

ちなみに第二次大戦前の国際法の議論のなかで、「軍人」が操縦する軍用機だけに交戦権があるということが条約化されそうになったんです（このときは、飛躍的に発展する兆しのあった航空機の開発を阻害するものとして、空の戦いに関する制限全般が見送られました）。一応「軍人」が操縦はしているけど、まさかそれに乗っていない、なんて想像外だったでしょう。兵器の進化に法が追いついてゆけないいんだね。

もうひとつやっかいなのが、僕が深くかかわったアフリカのシエラレオネで起こったような内戦です。戦闘状態であろうが平和時であろうが、人間の尊厳を保護することを規定しているのが国際人道法です。一般市民、非戦闘員は当然、捕虜《ほりょ》や戦闘不能になった敵も保護しなきゃだめ、拷問《ごうもん》なんてもってのほか。こんなことを定めているものだね。

ですが、内戦に至るような国の内情は大変に不安定で（だから内戦が起こるともいえるのですが）、そういう国の常として、慢性的な貧困問題を抱え、教育の普及もままならず、国民の大半が文字も読めない。反政府ゲリラは、ほとんどが最下層の一般市民です。こういう内戦の常として、生きたまま手足を切断するなど、個々の殺し方が筆舌《ひつぜつ》に尽くし難いものとなってゆく。そういう彼らに、国際法的にやってはいけないことの分別を、どう理解させればいいのか。

戦争を制限する唯一の拠り所となる国際法と、現実に起こっていることのあいだには、たいへん深刻なギャップがあるようです。そして、そのギャップに飲み込まれるように、多くの人々が犠牲になってゆく。このギャップの前にくじけるのではなく、それを「前提」として捉え、打開策を考えられないか。

僕は、人をたくさん殺した人や、殺された側の人々の恨《うら》みが充満する現場に、まったく好き好んでじゃないけれど身を置き、人生の成り行きで仕事をしてきました。正直言って、楽しい思い出はありません。だって、今、目の前にいる人間が大量殺人の責任者で、自身も実際に手をかけているのがわかっているのに、笑顔で話し合わなければならないのですから。

こういう話は、日本の日常生活とかけ離れていて、別世界で起こっていることのように聞こえるかもしれない。でも、所詮《しょせん》、人間がすること。同じ人間がすることなのです。なるべく、日本人が直面している問題、過去から現在に引きずっている構造的なものに関連させて、僕が現場で経験し、考えたことを君たちにぶつけてみたいと思います。扱う国と時代を行ったり来たりすることになると思うけど、ついてきてくださいね。

ところで、先生のおひとりに聞いたのだけど、この学校にはジャズ研があるんだって？

——はい。ジャズ研からは2人参加しています。

高校からジャズをやるなんて、すごいな。僕はジャズが好きで、アフガニスタンにいるとき、45歳でトランペットを始めました。それ以来、毎日欠かさず練習していて、どこにでもトランペットを持ち歩いているんだ。やっぱり音楽は若いときに始めたほうがいいよな。うらやましいよ。講義が終わったら、ぜひセッションしましょう。

1章
もしもビンラディンが新宿歌舞伎町で殺害されたとしたら

23歳でインドのスラムに入り浸る

僕が最初に行った外国、インドのことから話します。僕は、高校を卒業して早稲田大学の建築学科に入り、大学院に進みました。小さいころから芸術家志向で、画家か建築家のどちらかになりたかったのですが、人生を狂わせてくれたのが（笑）、このインドでした。

建築を学ぶ学生としては、僕の美的感覚はちょっと変わっていて、教科書に載っているような世界の名だたる建築家がデザインしたものを、どうしても美しいと感じられなかったんです。なんかわざとらしいと……わざとって、デザインだからどうしようもないんだけどね。じゃあ自分は何をしたいんだろうって悶々としているとき、ある写真集に衝撃を受けたのです。それはアジアの貧民街、スラムへの潜入写真でした。

想像つくかな。何のデザインもなく、それぞれの住民が生存ギリギリの財力で、でも自由に建てる掘っ建て小屋がいっぱい、何層にも重なってゴワーっと密集している。混沌の美というか、不連続な統一感というか、全体として醸《かも》し出す強烈なエネルギーを感じたのです。

でも、そういうところは犯罪の巣窟《そうくつ》であり、社会の底辺、構造的暴力の犠牲者たちが住むところでもある。まじめな社会問題として見なければならないのですが、不謹慎にも僕は、ひとつの造形として惚れちゃったんです。で、この場所に行きたくて、どうしようもなくなった。そんなとき、たまたま大学の掲示板に貼ってあったインド政府の国費留学生募集に目がとまり、試験を受けてみたら受かっちゃったんですね。

教育大国インドには、多くの大学があります。大学の一覧から、カリキュラムに slum、そして field work とあるものを目を凝《こ》らして探した。そして、インド最大の商都ボンベイ（現在はムンバイ）にあるボンベイ大学のソーシャルワーク学科を見つけました。日本でソーシャルワークというと、福祉事業をイメージするかもしれないけれど、ここでは違います。

社会の構造的な問題を研究するのは社会学で、いわゆる社会問題の被害を被《こうむ》っている人たちを研究対象にしますね。ソーシャルワークというのは、それだけにとどまらず、そういう人たち（生きるのに忙し過ぎて自分たちを苦しめる「構造」に気がつかない人たち）を「覚醒」させ、そして横に連帯させて大きな発言力にする。日本の全共闘世代の言葉でいうと、オルグ（組織化）しちゃう。それでもって大規模なデモなどを組織して、体制側を威嚇《いかく》し、譲歩を引き出す。まあ、底辺の力で社会をチェンジしようと、社会運動や反体制運動を志向する、ちょっと物《ぶっ》騒《そう》な学問領域です。

インドは、ガンディーの非暴力・不服従運動を生み出し、イギリスの植民地支配からの独立を果たし、その後、冷戦下には東西いずれの陣営にも属さず、アジア、アフリカの旧植民地を束ねていった非同盟主義を主導しました。ある意味、弱い者の側に立った、世界のモラルをリードしてきた国だといえます。

でも一方で、カースト制があり、人間に「クラス＝階級」を設ける差別が歴史的に慣習として浸透している。そして宗教間対立、少数民族の分離独立運動が複雑に絡み合い、社会の構造が、多くの人々を犠牲にしている国でもあります。

そういう問題を解決する努力と知性が足りないのか、というふうに考えちゃうけど、否《いな》。問題が多い分、それらをなんとかしようとする研究、学問、そして運動が発達するんだ。

——大学では、どんな人たちと一緒に勉強していたんですか。

学生はヒンドゥー教徒とその他、そのふたつに分かれていたかな。ヒンドゥー教徒は、インドで最大の宗教グループだからね。カーストの高いのと低いのと、両方いた。その他は、まず「新仏教徒」(独立期、インド憲法を草案したアンベドカル博士はヒンドゥーのカーストの最下層出身で、差別から逃れるために彼が始めたのが、この改宗運動だった)。それとキリスト教徒、イスラム教徒の学生がいたね。

ソーシャルワークを志す学生たちだから、学校生活では絶対に差別感など表すことはないけど、僕は外国人で、彼らのどのコミュニティーにも属さない立場でしょう。だから、ことあるごとに、いろんな陰口、それも個人を対象にするというより、その個人が属するコミュニティーを揶揄《やゆ》するような陰口の発散に使われていた気がする(笑)。

僕は飽きっぽいところがあって、ボンベイ大学は1年で中退してしまうんです。とにかくフィールド、つまりスラムに行きたくて、いろんなツテでひとつのスラムにかかわり、そこに入り浸るようになり、学業をほったらかしにしちゃった。不良学生ですね。

ところで、『スラムドッグ$ミリオネア』っていう映画、知ってる?

――観ました。アカデミー賞をたくさん獲った。

作品賞、監督賞、作曲賞他、総なめにしたね。あの映画の舞台が、アジア最大のスラムといわれたダラビというところで、僕がいた場所です。ボンベイには、ダラビを含め、スラムが無数にあります。ボンベイの当時の人口は約1千万人で、東京都と同じくらい。

日本にも、河川敷《かせんじき》や公園にホームレスがいますが、全体から見ると圧倒的に少数派ですよね。2011年度の調査では10890人で(厚生労働省)、決して少ないとは思いませんが、それでも人口比で0・01パーセントにも満たない。でも、ボンベイでは人口のうちの6、7割が、スラムや路上生活者などの不法占拠者、日本的にいうとホームレスです。

インドのカースト制で、いちばん上のクラスにいる人たちは、宗教を司《つかさど》ってきた家系の人たち。その下には、昔の日本の士農工商のような階級ができている。で、その階級制度の外、最も底辺というだけでなく、人間の階級の外にいるという扱いをされてきた人たちがいて、これをアウト・カーストと呼ぶ。別名「アンタッチャブル」、不可触賤民《ふかしょくせんみん》といわれ、触るだけで穢《けが》れるとされてきた。

なぜそういう人たちが誕生したかというと、やっぱり職業の分業でしょうね。たとえば、屠畜《とちく》業や皮なめし(牛の皮をはいで、なめして皮製品をつくる職業)。どちらも動物の死体を扱うもので、人間の生活に必要なものだけど、自分はやりたくないという作業だよね。そして、自分の糞尿の始末も、ほんとに身勝手だけど、できれば自分はやりたくない……。やりたくない作業を特定の人たちに押し付けることに、社会は言い訳を探したのでしょうか。それを長い歴史で慣習化してきたのが、この不可触賤民という家系集団の存在だったと思うのです。

現代のインドでは、憲法でカーストによる差別を禁止しています。そういう人たちが公務員採用や大学入学で優遇措置を受けられるような法律も施行されたし、そのおかげで政財界で活躍している人たちもたくさんいる。しかし現実には、異なるカースト間の婚姻はまだ少ないし、不可触賤民への結婚差別は根強いんだ。

「えんがちょ」という言葉があるでしょう。たとえば、うんちを踏んでしまった友達に対して、これを唱えると防御のバリアーができる。だけど、これを唱える前にタッチされちゃうと、踏んだのは足で、手は汚れていないはずなのに、伝染しちゃうという子供の遊びだよね。「穢れ」って、ほんと感覚的なもので、簡単につくれちゃう。

不可触賤民のような社会差別の構造にも、これと近いものが流れているのだろうか。血が穢れると思うのかな。そんな家系の人たちが努力して、経済的にも社会的地位でも、上流の人々と何ら遜色《そんしょく》ない身分になっても、結婚差別は歴然と現在でもある。やだね。

日本にも同じようなものがあります。部落差別ですね。差別撤廃のために部落解放運動が起こったのは知ってるよね。その努力もあってか、東京では、差別はあまり実感できませんが、この日本でもまだ根強く残っています。

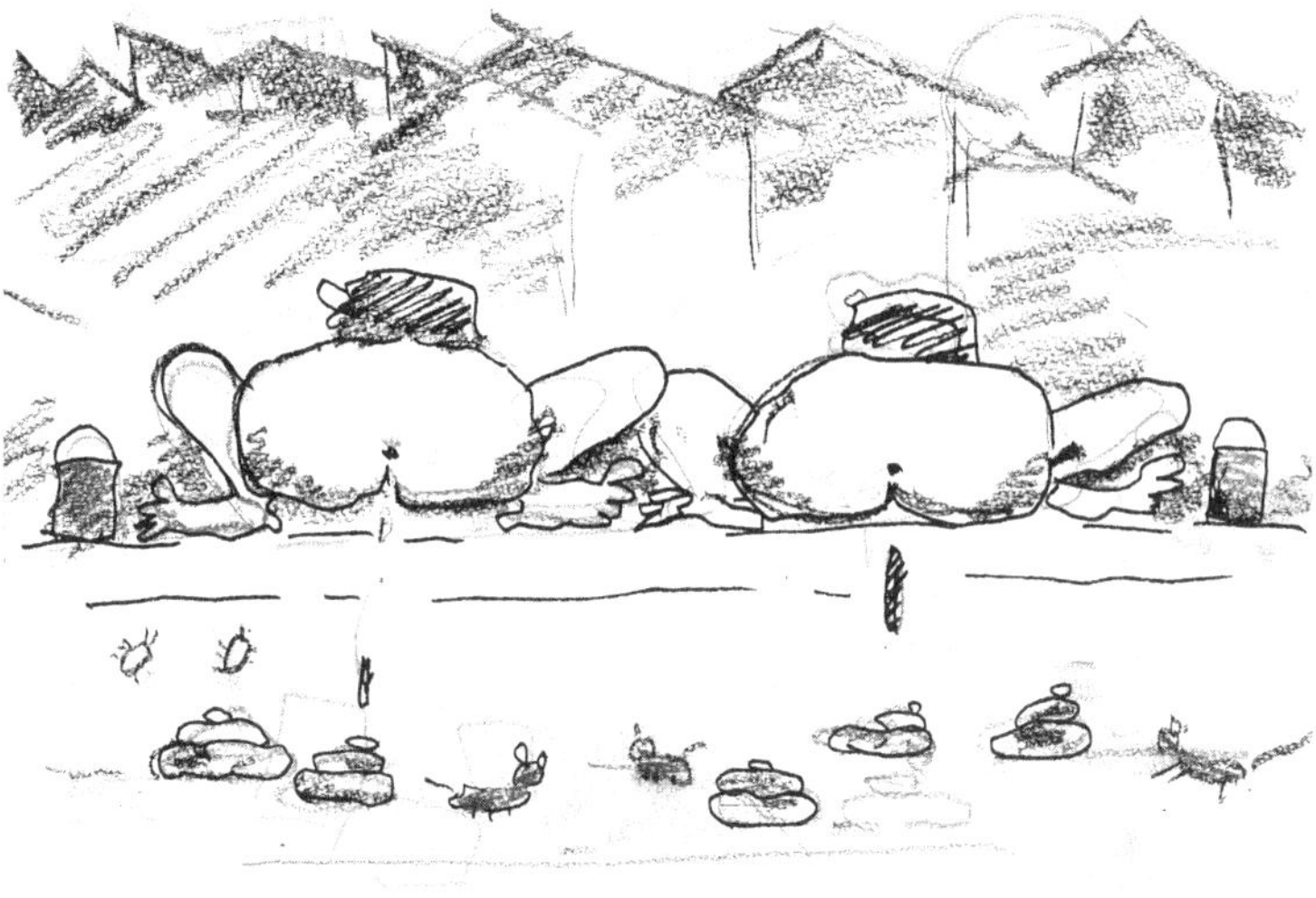

インドでは、とくに農村部でひどい。カーストの差は、即、貧富の差みたいになっている。そういう呪縛から脱け出すために、大都市へ行きたくなる。こうして田舎から出てきた人たちの行きつくところが、スラムなんです。

新参者は、同じ村出身とか、できるだけ同胞意識が感じられる同じカースト、同じ言語、宗教の人たちを頼りにします。何のツテもなくひとりで田舎から出てくるのは心細いからね。そうやってスラムは、出自にまつわるアイデンティティーを拠《よ》り所とするコミュニティーを核に、そんな核が背中合わせにいっぱいできて、どんどん増殖してゆくのです。

僕が暮らしたダラビの人口は、当時60万人。もう、ひとつの小都市だよね。学校も診療所も、そして娯楽も、ダラビの外に出なくても全部まかなえる。そしてスラムは、麻薬、売春等、あらゆる犯罪ネットワークの巣窟でもあります。そういう犯罪に荷担する連中、犯罪組織の大親分も、コミュニティーでは、いたいけな子らをもつ、ごくふつうの親父たちです。

スラムでは、反社会的行為に手を染める人も、ふつうの善良な市民も、ともに劣悪な環境で生活し、政府当局の強制撤去の警察隊とブルドーザーに日々怯《おび》えている。僕の仕事は、そんな彼らをまとめあげ、ひとつに団結させて政府当局に対抗する社会運動に導くことでした。僕は、そういう社会運動の支援を目的にしたインド国内のＮＧＯ（非政府組織）に、インド人の給料で雇われていたのです（学生ビザしかもっていなかったので、厳密には違法就労ですが）。

スラムのなかのコミュニティー間の関係は、はっきり言って、あまり良くありません。とくに若い連中は、どの国でもそうですが、なにかと身内でツルんで、他のグループにイキがりたがる（笑）。インドでいちばんやっかいなのが、ヒンドゥー教徒対イスラム教徒のそれです。このふたつの宗教の対立の遺恨《いこん》は、イスラムがインドアジア大陸に到達した11世紀頃まで歴史を遡《さかのぼ》らなければなりませんが、何と言っても、「ひとつのインド」として独立できなかったことにあります。

１９４７年、イギリスの植民地支配からインドは独立を果たしますが、ヒンドゥーのインド、イスラムのパキスタンというふうに分離独立してしまった。このとき、インドに暮らしていたイスラム教徒はパキスタンへ、パキスタンに暮らしていたヒンドゥー教徒はインドへと民族大移動が起こります。故郷を捨てなければならない理不尽さへの怒りをお互いにぶつけ合い、数百万人が殺し合ったといわれています。独立が遺恨から始まって、その後、インドとパキスタンはずっと戦争状態で、お互い核兵器までもっている。

インドに残留したイスラム教徒は、インドでは少数派で、人口の10％強くらい。でも、貧民街であるスラムでは、逆にイスラム教徒の割合は高くなります。ダラビでは半分近くだったかな。つまり、イスラム教徒は、相対的に経済的な弱者といえる。

ヒンドゥー教徒は、「嫌パキスタン」で愛国心を刺激される傾向が強く、よりヒンドゥー教徒の結束に向かい（ヒンドゥー至上主義）、何かとイスラム教徒を目の敵《かたき》にする人々がいます。そういう主張の政治政党もある。

こういう状況が、ちょっとした若者同士のいざこざを、大きな宗教間対立に発展させてしまうのです。ご近所なのにコミュニティーどうしでいさかいが絶えず、殺し合ったりする。『スラムドッグ$ミリオネア』は、そうやって煽《あお》られた暴動のなかで、イスラム教徒の母親が、ヒンドゥー教徒の暴徒に殺され、2人の兄弟が孤児になるところから物語が始まります。

「分断」を束ねるには

ところで、みなさんは、学生運動をやらない？

――ええ？　ないです（笑）。

やらないか。たとえば……校長先生があまりにも酷い人で（笑）、就任以来、理不尽で厳し過ぎる校則を連発し、みんなが、ちょっとどうよーと困っていたとする。ひとりで文句を言いに行っても、「おまえ、内申書悪くするよ」って言われたらおしまいだよね。でも、大勢で押しかければ、少しはビビるかもしれない。どうやってみんなの力をまとめますか？

――リーダーをつくる。

うん、まずはリーダーがいないとまとまらないよね。他には？

――署名を回覧板みたいにまわして集める。

――教頭先生とか、理事を味方につけて、校長先生を孤立させる。

いいですね（笑）。そんなふうに戦略を練るでしょう。署名を集めるというのは団結を示すということで、組織化ですね。

こういうことを、僕はダラビでやっていました。スラムに住む人たちはまとまってくれないし、下手をすると殺し合う。そういう人たちをいかに団結させるかですが、どうすると思う？　みんなまとまろう、人類は愛し合わなくちゃいけないんだ、手をつなごうよ、とか言ったと思います？

――うーん（笑）。

そういうことは言えないんだよね。それを言っちゃうと、お前はどこの宗教の回し者だ、改宗させようとしてるんじゃないだろうな、とか思われちゃう。だいたいすべての宗教って、友愛をうたっているでしょう。でも、その宗教が争いの原因になるんだよな。

——このなかでいがみ合っているより、政府のほうがこわいんだ、共通の敵だと言ってまわって、とりあえず組織間の争いをやめて政府を倒そうと訴える。

はい、その通りです。共通の敵をつくればいい。それじゃあ、僕は、政府と戦うことを煽《あお》ったのでしょうか。でも、僕がいた80年代のインドは社会主義バリバリの国だから、反政府運動をすると、こっちの身が危ない。

「共通の敵」ですが、敵というのは、別に政府や特定の指導者じゃなくてもいいでしょう。「共通の問題」でもいい。イスラム教徒であろうがヒンドゥー教徒であろうが、トイレがない、水がない、警察当局に住居が強制撤去されてしまうというのは共通の問題です。こういう「同じ苦しみ」でもって、敵対するコミュニティーを束《たば》ねていくのです。そこでは、愛とか友愛といった呼びかけは、一切しません。共通の問題が解決したら、また元の通りに殺し合ってください、というくらいの気持ちでやらないとダメ。さもないと、こいつらの後ろに何がいるんだ?と疑われかねないからね。

束ねる作業というのは、まず各コミュニティーにいる、できるだけ穏健なリーダー格の人物たちを探し出すことから始まります。だいたい、どんな国の行政でも、住民の生活のためにつくられたのに、使われずに埋もれた法律があって、政府も、住民の無知につけ込んでわざわざ知らせなかったりしている。知らせていたとしても、役人が手続きを煩雑にしたり、ワイロを要求したり、とにかく弱者につけ込んでいるんだ。

強制撤去が、憲法に定める基本的な人権の保護に反していることも知らない。そういう自分たちの無知をリーダーたちに気づかせ、自分たち自身への静かな「怒り」をつくります。そして役人と対峙《たいじ》するときは、集団で行く。集団を前にしたらワイロは取れないしね。

そうやって、静かな怒りをバネに、行政との団体交渉の実績を少しずつ重ね、ひとつの住民組織をつくってゆくのです。行政が、どこかのコミュニティーを狙い撃ちにしてブルドーザーと警官隊で強制撤去するときなんか、コミュニティーを超えてみなで駆けつけ、大きな力で睨《にら》み返せる。こういう状況では、やはり警察の挑発に乗って暴力沙汰になることがあるけれど、極力、インド伝統の非暴力主義を基本とします。

この組織は、ダラビ住民の3分の2となる40万人を束ねるまでになりました。そして市庁舎にデモ行進を仕掛け、行政を団体交渉の場に引きずり出し、共同トイレや上下水道などの公共インフラ整備を獲得していったのです。

――外国人が、そういうことをするのって難しそう。どうやって入っていくんですか。

うん、僕は部外者。僕に給料を払っていたNGOの同僚たちも、スラム出身じゃないから同様に部外者です。とくに僕は唯一の外人だったからね。スラムの人たちは率直で辛辣《しんらつ》だから、「所詮《しょせん》、おまえらは俺たちの問題で飯をくってるんだろ」って、よく言われた。そういう非難はあって当然で、部外者は当事者に同化はできないし、する必要もない。でも、部外者だからこそできることがあって、それをするべきなんです。

リーダーのあいだで対立が起きたときなんか、地元社会の利害から中立な立場って、仲裁には有効だよね。そのNGOの同僚にもいろんな宗教の人たちがいたから、チーム内で時々もめごとが起きて、外人の僕は、いい仲裁役だった（笑）。加えて、先進国日本から来ているということで、「外」から見られているというのかな、行政側も僕らの活動に対して迂闊《うかつ》なことはできないと感じていたと思う。不当逮捕なんか、よくある状況だったからね。

でも、こういう僕って、インド政府から見たら、好ましくない外人ですね。たとえば日本で、アメリカ人が日本の部落の人たちを煽動して部落解放運動をやったら、どう思う？　あんまり気持ちよくないよね（笑）。そういう気持ちをインド政府が抱いたのは当然です。

結局、僕は2年後、インド政府に目をつけられて、国外退去命令で追い出されました。

「紛争屋」となり、アメリカの戦争に巻き込まれてゆく

こうして、後ろ髪をひかれるように帰国し、しばらく職探ししていたのですが、運良くアメリカに本部のある国際NGOの現地責任者として雇われ、1988年、アフリカのシエラレオネに赴任しました。その後もケニア、エチオピアと10年間、家族と一緒にアフリカで暮

らしました。

内戦の話で、ちょっと暗いイメージを植え付けてしまいましたが、家族と暮らしたアフリカは大好きで、とくにシエラレオネは第二の故郷と思っています。アフリカにいると、時々鏡で見る自分の白い顔に驚くほど、自分の肌の色を忘れます。こちらが人種の違いを忘れるほどオープンな人たちで、アフリカの人々に囲まれていると、気兼ねなく安心できる。

その後、2000年、国連の任務で、東南アジアの東ティモールという国に行きました。東ティモールは小さな島国ですが、実効支配を受けていたインドネシアとの独立戦争が24年も続き、めちゃくちゃに破壊されていました。そこに新しい国家を建設するため、国連が暫定政府をつくることになって、僕は県知事として赴任しました。このときのことは、今日の後半に、また話しますね。

それから、2001年、再びアフリカのシエラレオネにもどります。以前は、家族と一緒でしたが、今度は軍隊と一緒です。僕が国際NGOをやっていたときに反政府ゲリラが蜂起し、僕らは脱出しますが、その後、内戦が激化し、10年間で50万人もの犠牲が出ていました。

二度目に訪れたときの僕の任務は、国連に所属し、多国籍軍約1万7千人の部隊とともに、ドンパチやっている連中たちのなかに割って入り、「もういっぱい殺したし、壊すものは何もないぐらい壊したし、このまま闘いつづけても、完全勝利はないって薄々わかってきてるだろ？　政府も国連も、これだけのことは保証するって言ってるから、このへんで手を打た

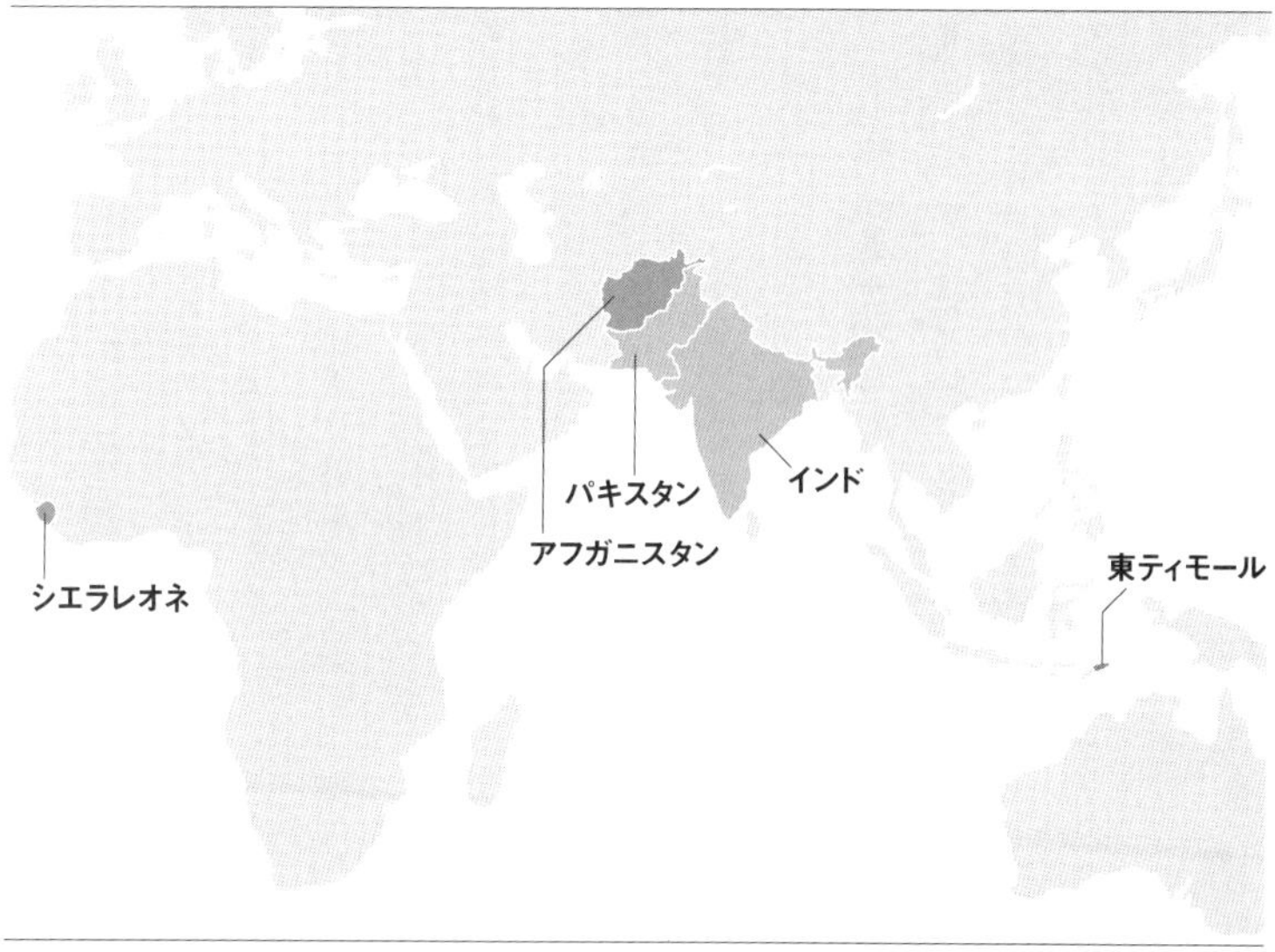

ないか？」と武装解除をネゴすることです。このときは、少年兵を含む数万人の武装解除をおこないました。

帰国後、立教大学の教授になり、このまま日本に落ち着こうかな、と思っていた矢先、今度は日本政府から、アフガニスタンに行ってくれと連絡を受けます。ここから、僕はアメリカの戦争に巻き込まれてゆきます。

アフガニスタンでの戦争が始まったきっかけは、2001年9月11日の同時多発テロ事件ですね。4機の民間機がハイジャックされて、2機がニューヨークのワールドトレードセンターに、1機がワシントンの国防総省に突っ込み、1機は墜落し、3000名以上の命が奪われました。アメリカ合衆国が本土攻撃された。ハワイの真珠湾攻撃を別にすると、アメリカ本土が外敵の

攻撃にさらされたのは、これが最初です。

アメリカ国民には、自国の突出した軍事力に批判的な人も、誇りにしている人もいるでしょうが、まさか我が本土が……と、その心理的な衝撃はものすごかったのだと思います。

テロの犯人は、アルカイダというイスラム過激派組織だと、当時のブッシュ政権は断定しました。その指導者、オサマ・ビンラディン等、幹部たちがいた場所はアフガニスタンです。

アルカイダは、9・11以前から、アフリカにあるアメリカ大使館を爆破し（1998年）、反米を掲げてテロ事件を繰り返し起こしていました。

そんなアルカイダの面々を「客人」として迎え入れていたのが、当時のアフガニスタン政府、タリバン政権です。当然、アメリカは国連を通して、アルカイダの面々を引き渡すように要求したが、タリバンは断固拒否していた。

そして、9・11が起こる。アメリカは、即座に「報復」として、アルカイダをかくまうタリバン政権へ空爆を開始します。この開戦にあたって、国際法上の根拠としたのが、国連憲章でも認められている「自衛権」。敵が攻撃してきたのだから自衛は当然、という考え方です。

アメリカの報復攻撃は功を奏し、短時間でタリバン政権は崩壊します。そして、アフガニスタンに米軍を駐留させ、二度とアメリカに歯向かうようなテロリストの温床《おんしょう》にしないよう、新しい国づくりを開始します。

ここで当時、ブッシュ政権と蜜月《みつげつ》関係にあった小泉政権の命を受け、日本政府の代表として、2003年から翌年にかけて、タリバン崩壊後のアメリカの占領政策にかかわったのが僕です。戦後日本でのアメリカを中心とするGHQによる占領政策とは、もちろん単純に比較できないけれど、アメリカが破壊した国を、アメリカの国益になるように作り替える作業に参加したことは、僕にとって、まだ生まれていなかった当時の日本に感情移入する機会となりました。

で、アルカイダの面々はどうなったかというと、アメリカは取り逃がしちゃったんですね。タリバンの幹部たちも。その後すぐに、この面々は隣国パキスタンをベースに力を盛り返し、彼ら、つまりテロリストとの戦いは、今も継続しています。

アメリカがアフガニスタンでやっている戦争は2001年から、もう10年以上も続いている。これほど続く戦争は、アメリカの歴史においても稀《まれ》です。第一次世界大戦が4年（1914〜1918年）、第二次世界大戦が6年（1939〜1945年）、ベトナム戦争が15年くらい続き（1960〜1975年）、そのうちアメリカが直接かかわったのが10年くらい。

オバマ大統領は、2014年末にアメリカ軍を撤退させると言っていますが、撤退できたとしても13年。アメリカ建国史上、最長の戦争になりつつあります。すでに米兵の死者は2千人を超え、莫大な戦費と犠牲で、アメリカの経済も、戦争継続を支持する世論も急速に萎《しぼ》みつつある。

終わりの見えないテロリストとの戦い。そもそもテロリストって、なぜアメリカや僕らに牙《きば》を剥《む》いてくるのだろう。今日はその理由を考えてみよう。

もしも歌舞伎町でビンラディンが殺害されたとしたら

テロリストとの戦いのきっかけとなった9・11に話を戻しますが、この事件が起きたとき、繰り返し流れたメディアの映像で、みなさんの印象にいちばん残っているのは、ワールドトレードセンターの崩壊でしょう。ちなみに、設計した人って、誰か知ってる？

――確か日系人って。

そう、ミノル・ヤマサキという日系アメリカ人の建築家です。ところで、9・11は自作自演である、つまりアメリカ自身がやったんじゃないかっていう陰謀説があるのを知っていますか？

――ビルの崩れ方が異常だったとか、突っ込む前に下から爆風が出ていたとか、聞いたことがあります。

確かに予想外な崩れ方でした。旅客機のジェット燃料の火災の高熱で、ビルの主構造である鉄骨の強度が落ちたとか、旅客機が高速でぶつかった衝撃波が共鳴して、鉄骨構造を一気にバラバラにしたとか、いろいろなことがいわれています。

僕はイスラムの世界で仕事することが多いのですが、民衆レベルでは陰謀説が根強くて、今でもさかんです。アルカイダは反米とともに激しい反ユダヤを掲げているから、アメリカを本気で怒らせるためにイスラエル諜報《ちょうほう》機関が仕組んだとか。陰謀説って面白いし、人を魅《ひ》きつけるものです。戦争は、軍産複合体など一部の人たちを儲《もう》けさせるし、ナショナリズムも高揚する。それを利用したい政治家もいるはずです。まあ、陰謀説はちょっと置いておいて、9・11が起きた背景を考えてみましょう。

オサマ・ビンラディンの家族はサウジアラビアのすごいセレブ一家ですが、アメリカ政財界との長く深い付き合いは、公然の事実でした。サウジアラビア王家から聖地メッカなどの大規模建設事業を請け負い、その信頼関係から、サウジ政府の外交諜報活動のエージェントもやっていたといわれます。

冷戦時代の1979年、ソビエトがアフガニスタンに軍事侵攻したとき、共産主義がイスラム世界を支配することを恐れたサウジ王家は、アメリカと手を結んで、アフガンのイスラム戦士たちを支援するんですね。結果、イスラム戦士たちは勝利し、ソビエトは撤退、ソ連邦崩壊へとつながるのだけど、9・11は、このアメリカとサウジアラビアのつながりの延長にあるんだ。陰謀説、唱えたくなるよね。

時を経て、オバマ政権になった2011年5月2日、アルカイダの首謀者であるオサマ・ビンラディンは、アメリカの特殊部隊によって殺されました。ビンラディン殺害の報を受けて、アメリカ国民は狂喜した。9・11の犠牲者が、これで浮かばれると。オバマ大統領は、その勝利演説のなかで、「ビンラディンは、イスラム指導者ではなく、イスラム教徒をも大量殺害した人物だ。彼の死は、平和と人間の尊厳を信じるすべての人に歓迎されるべきものだ」と言いました。

さて、彼が殺されたのは、どこでしたか。

――パキスタンです。

そう、アフガニスタンではなく、パキスタンで殺されました。アメリカが9・11を契機に、自衛のために開戦した戦争の舞台はアフガニスタンで、パキスタンではありません。

ここで、ちょっと考えてほしいのですが、もしもですよ。ビンラディンが日本に潜伏していたとしましょう。……福島では無理だな。

――(笑)。

ビンラディンは髭モジャだし、ターバンしているし、背が2メートル近くあるから、福島じゃ、すぐ目立ちますよね。でも、東京の新宿歌舞伎町あたりだったらどうかな。あそこは外国の犯罪組織も多いから、髭を剃《そ》ったら潜り込めるかもしれない。起こりそうもない話ですが、でも僕がもしアルカイダだったら、アメリカの軍事力の拠点である日本に潜伏させるというのは、けっこう悪くないアイデアだと思う。

荒唐無稽《こうとうむけい》だと思うかもしれないけれど、設定として考えてみましょう。

QUESTION

東京の新宿歌舞伎町にオサマ・ビンラディンが潜伏していた。
それをアメリカのＣＩＡが探知。突然、アメリカの特殊部隊のヘリがあらわれ、ビンラディンを狙撃して死体もろとも帰っていった。
アメリカ軍は日本政府にまったく知らせずに奇襲作戦をおこなった。

みなさんは、この行為についてどう思うか。いけないとすると、その根拠は何か。

——勝手なことするな、とは思うけれど……。

日本の警察はどうなっているんだということだよね。日本の警察にまったく知らせずに、日本人の日常生活の真っ直中で奇襲作戦をするわけだから。

現実の奇襲作戦では、パキスタン政府は「寝耳に水」という公式見解を出しています。民衆は、主権侵害だと当然思うわけです。アメリカに勝手なことさせて、政府はいったい何をやっているんだと怒り心頭。だからパキスタン政府は、「知らなかった。アメリカ軍が勝手にやった」と責任回避するしかない。日本の場合はどうなるだろう。

——感情的には、外国軍が日本国内で勝手なことするな、というのはありますが、実際問題、アメリカが日本政府に知らせたとしても、それから行動に移るまでに時間がかかって逃げてしまうので……アメリカにまかせて、かかわらないほうがいいんじゃないかと思います。

――もし歌舞伎町にいるって、日本政府が最初に突き止めたとしても、絶対アメリカに報告して、アメリカにやってもらうと思う。日本人がそれを知っても、なんでアメリカに勝手にやらすんだ、なんて言うかな？　しかたないって思うような気がする。

なんか、若い君たちが、そこまで日本政府に対して現実的だと、うれしいような、悲しいような（笑）。

――でも、歌舞伎町という、人がたくさんいるところで奇襲なんて、確実に何人か巻き込まれる。日本という場所で起こっていることに加えて、被害者も日本人に出てしまいます。じゃあ、都会じゃなくて、あまり人のいない田舎だったら……と考えてみましたが、やっぱり日本の主権問題があるし、いけないと思います。

実際の現場でも、もしビンラディン側が激しい抵抗をしていたら、戦闘状態になった可能性は大きいですね。では、現実にビンラディンが潜伏していたのは、どのような場所だったか。「灯台もと暗し」という言葉があるけれど、まさにそういうところだったのです。

首都から近い、閑静な住宅街で

パキスタンは大きな国で、面積は日本の約2倍、人口1億7710万人です（2011年時点）。

パキスタンは、歴史的にアメリカと密接な関係にあります。冷戦時代は、アフガニスタンに侵攻したソビエトをやっつけるための前哨《ぜんしょう》基地になった。当時のアフガニスタンは、ソ連邦、中国、敵国イランに囲まれているから、アメリカにとって利用できる隣接国はパキスタンしかない。現在のテロリストとの戦いでも、アメリカがアフガニスタンで戦争するには、パキスタンの協力が必要不可欠です。

パキスタンとアフガニスタンの国境付近は険しい山岳地帯で、勇猛で独立心の旺盛なパシュトゥン族が住み、パキスタン政府にとっても歴史的に覇権の及ばなかった地域です。かつてパキスタンがイギリスから独立する前の英領インドだったときも、イギリス軍が覇権《はけん》を拡大しようとするも、結束の固い部族の抵抗にあい、撤退を余儀なくされています。独立後も、ここの難攻不落を知るパキスタン政府は、部族たちに大きな自治権を与え、それと引き換えに、外交上はパキスタンの領土になってもらうという約束の下、ずっとやってきました。

このアフガニスタンとパキスタンの国境部分が、ソ連との戦いではアメリカから支援を受けたイスラム戦士の、そしてアメリカが敵になった今では、テロリストと改名された、同じイスラム戦士たちの軍事拠点となっているのです。

アメリカはアフガニスタン側から敵をパキスタン国境に向かって追い詰めますが、それをパキスタン軍に挟み撃ちにしてもらわないと意味がない。だから、9・11後、パキスタンは、アメリカからの圧力で、パキスタン建国史上初めて、この部族地域にパキスタン軍を進軍さ

せました。当然、「約束が違う」と地元からの激しい抵抗にあい、パキスタン軍が自国民と交戦するという状況を招いてしまった。

アメリカの無人爆撃機は、この地域で使われています。国境近くのパキスタン側に発進基地の一部を秘密裏につくったりしている。無人爆撃機によって民間人が巻き添え被害で殺され、パキスタン国内世論は反米に沸きます。主権侵害だ、政府はアメリカの言いなりかと怒る。パキスタン政府は、「アメリカが勝手にやっている」と言い訳するしかない。事実、被害が出るたび、パキスタン政府は、アメリカに対して主権侵害だと抗議しているのです。

でも、無人爆撃機の基地設置の許可は誰が出したのかというと、パキスタン政府に決まっています。もともと無人爆撃機攻撃は、暗殺、つまり諜報活動の一環で、トップシークレットです。パキスタン政府の覇権が及ばない部族地域で起こっていることで、グレーな部分だらけなのですが、外交上、パキスタンは外国のいかなる軍事介入も許さない主権意識の強い国家で、アフガニスタンに駐留する米軍もパキスタン側に領域侵犯しないことが原則なのです。このへんの外交の裏と表の問題、想像力、はたらくかな?

で、オサマ・ビンラディンも、この国境付近に潜伏しているものと思われていた。もしくは大都市カラチ。すごくゴチャゴチャ密集したスラム的な大商業都市で、人の目につきやすいけど、いろんな犯罪組織の温床で、そういうネットワークに入ってしまえば警察も買収できるし、捜索を巧《たく》みにかわしながら、混沌のなかに身を隠せる。

ところが、オサマ・ビンラディンがアメリカ軍に殺された場所は、パキスタンの首都イスラマバードから目と鼻の先の閑静な住宅街、それも退役したパキスタン軍関係者も多く住むアボタバードというところでした。こんなところに、それもかなりの長期間、家族と一緒にどうやって潜伏していたんだ、と。誰にとっても灯台もと暗しだったのです。

アボタバードは住宅地なだけに、パキスタン人に巻き添え被害が出ることも十分考えられた場所だと思う。奇襲に使われた2機のヘリのうち1機は、隠れ家の庭に落ちています。これが、もしまわりの民家に墜落したとしたら、どうだったか。

自国民を「敵」にしなければならないパキスタン

――ビンラディン殺害で、パキスタンとアフガニスタンの関係はどう変わったんですか。

ちょっと込み入っていて、アメリカとの三角関係で捉えないといけません。

アフガニスタンは、タリバン政権崩壊後、復興が続いているけれど、残党は息を吹き返して、米軍との戦闘が同時進行している。当然、一般民衆の巻き添え被害が起こります。市街戦でタリバンと米軍の板挟みになり一般市民が犠牲になるのは、よくあるパターンです。テロリストがいそうだと情報を得て家を急襲したけれど、ガセネタで一家皆殺しにしてしまったとか、目も当てられない事件が多発している。

2001年以来2011年まで、低く見積もっても1万4千人の一般市民が死に、そのうちアメリカとその連合軍の攻撃によるものは約7千人弱になります（米国ニューハンプシャー大学と国連アフガニスタン支援団による年次推定数を筆者が加算した）。テロリストによって殺された人たちのほうが多いとはいえ、これはひどい。ガセネタの誤爆による大きな被害が起きると、アメリカは謝罪しますが、アフガンの国民感情は収まりません。

これは、民衆のなかに潜伏し、カメレオンのようなテロリストを相手にする戦争の性《さが》かな。こういう戦争で「勝つ」ということがあるとしたら、テロリストを寄せ付けない、彼らが無理に入ってきてもすぐに通報してくれる、必要ならば一緒に武器を手に取ってくれる、テロリストを自らの意思で排除してくれる民衆になっていただくしかないのです。現地社会に、過激化に抗する「免疫力」をつけるということです。

でもそんなこと、アメリカに限らず、外人がいくらチョコレートを配ったって、できっこない。民衆が心から信頼できる（そしてアメリカの言うことを聞いてくれる）現地政府をつくるしかないのです。現実には、現地政府にお金をつかませ、公共事業をバラまいて住民の心を買うことなんだよね。莫大な金が、アメリカ、そして日本のように協力する連合国から「国際協力」というかたちで現地政権に流れるのです。

これが、現在のアメリカの対テロ戦略の基本原理なんだ。けど、現地社会にはいろんな政治グループの対立構造があるはずで、すべてが親米ということはありえない。だから、手っ取り早く親米のグループをえこひいきして、その政権を擁立することになっちゃう。当然、妬《ねた》みの構造を生むし、足の引っぱり合い、裏切り、談合が起こる。その結果、汚職がはびこり、外国がこんなに援助しているってニュースで聞くのに何も届かない……と、民衆の心がどんどん離れてゆく。そういうわけで、アメリカとアフガニスタンの現政権の関係は、構造的には主従関係、でも感情的には微妙なんだね。

一方、ビンラディン殺害後、アメリカとパキスタンの関係は明らかに悪くなりました。9・11を企《くわだ》てたアルカイダをかくまったタリバン政権は、かつてパキスタン軍とその諜報機関から支援を得ていたのです。

パキスタン政府は、表面上はアメリカに協力しているけれど、裏では一部の人間が敵と通じているんじゃないかと、アメリカはずっと疑っていた。それが、ビンラディンのアボタバード潜伏で、白日の下にさらされたわけです。内部の手引き、協力なしで、あんな場所に潜伏できるわけない、と。だからこそ、アメリカにとっては、パキスタン政府に内緒で奇襲攻撃をやったという言い訳にもなるんだけれど。

パキスタンは、アフガニスタンの内政に、ずっと介入しつづけてきました。なぜか。地図を見れば実感できるよ。イギリスから分離独立して以来、ずっと仇敵《きゅうてき》であったインド。そのインドと戦火を交えてきた場所で、今でも両国の国境紛争の焦点であるカシミール地方。その左下には、ただでさえ覇権の及ばない部族地域があり、さらに下にはイランにも隣接する、分離独立運動が盛んなバルチスタン地方がある。パキスタンにとって、国の定義を脅かす問題が、ごろごろアフガニスタンに接してころがっているんだ。

もしアフガニスタンにインドの影響が及び、アフガン側から、そういう地域の不穏分子を支援するようなことが起きたら、パキスタンという国の基本形が崩れちゃう。だから、アフガニスタンに、常に親和的な政権を樹立することは、パキスタンにとって国是《こくぜ》に近い政策だった。それで、かつてのタリバン政権を支援し、政権を樹立させたんだ。

そのタリバン政権をやっつけて、アメリカが誕生させたアフガン新政権は、当然、パキスタンに猜疑心《さいぎしん》を抱いています。今でも、タリバン残党をパキスタン国内にかくまっているから、テロリストとの戦いが終わらないと非難している。パキスタン政府は、とんでもないと否定しているけどね。

こんな感じで、アフガニスタンやアメリカによるパキスタン批判は勢いを増し、まったく信用ならん国だと国際的にも孤立感が大きくなっている。〝違法に〟核兵器も保有しているしね。でも、そういう非難って、相手がビビって、自ら更正してくれるように作用すればいいけど、北朝鮮への制裁と同じで、いっそう頑《かたく》なにしちゃうものです。パキスタン国内のナショナリズムをさらに刺激してしまい、過激分子が勢いを得てしまう。

気をつけなければならないのは、パキスタンは指導者を選挙で選ぶ、れっきとした民主主義国家であり、テロ撲滅を国家の目標として掲げていることです（まあ、その民主主義は、軍部が裏で支配しているのだけれど）。テロリストの問題は、アメリカだけの問題じゃない。まずパキスタン自身のジレンマなのです。だって自国民を「敵」にしなければならないのだから。

日本人の主権意識が「平和」の源？

ビンラディンが殺害された日、僕はアメリカCNNの衛星放送を観ていて、思わずコーヒーカップを落としそうになりました。まさかアボタバードだったなんて……。

そして、こんな場所でアメリカ軍単独じゃ、無理だろうと思った。アメリカの特殊部隊はヘリコプターで急襲したのですが、周囲を確保する地上部隊の提供は、パキスタン軍、諜報機関が極秘にやらないと、この場所では不可能だろうと思ったんです。

つまり、かつてのタリバン政権を支援し、タリバン政権崩壊後もビンラディンをかくまってきたのがパキスタン軍・諜報機関内の旧勢力だとしたら、アメリカの力を借りて、これら旧勢力を殲滅《せんめつ》したい新勢力が現れ、ついに内部で覇権抗争が始まったかと思った。

パキスタン軍の諜報機関の長官は、スジャ・パシャという人で、実は僕の友人なんです。パキスタンは、表向きは民主主義の体裁を整えながら、気に入らない政権を軍事クーデターが排除してきた、実質は軍政国家です。一方で、国連外交に非常に熱心で、アフリカなどの国連平和維持活動にも積極的に国軍を提供している。

彼に会ったのは、シエラレオネで武装解除をしていたときです。彼は、パキスタン軍約2000人の部隊を率いていた司令官で、一番凶暴な民兵がいる最前線で武装解除を一緒にやった仲間、いわば戦友なんだ。平和維持活動って、他人の問題への介入だよね。国軍は、基本的に自国を守るためにあるから、国連の多国籍軍としてアフリカのために働くなんて、やっぱりふつうは本気出さない……。でも、彼と彼の部隊は、ほんとに勇敢だったんだ。

その後、彼は本国で出世して、パキスタンを陰で操《あやつ》る「本当の政府」と呼ばれるISI（軍の諜報機関）の長官になった。ここ数年、パキスタンに行くたび茶飲み話をしています。民主主義を標榜し、国連外交を積極的にやるのが表の顔だとしたら、タリバンのような他国のテロリスト支援までやるのが裏の顔。そのパキスタンの二面性の歴史をつくってきたのがISIなんだけど、この強大な組織のなかでも、世代交代とかいろんな確執《かくしつ》があるんだろうなー、なんて感じを僕は受けていた。真実はわからない。これから、いろんな小説やハリウッド映画の題材になるのかもね。

パキスタン国民の反米感情は高まるばかりです。アメリカは、パキスタン国軍、政府関係者のなかにも、諜報エージェントをたくさんつくってきました。悲しいかな、パキスタンは貧しい国で、買収は簡単にできる。

ビンラディン殺害も、アメリカが、パキスタン政府で働く医者のひとりを買収し、同じくそういうエージェントから得た情報でアボタバードに目をつけ、その医者に偽りの無料ワクチン接種プログラムを実行させた。妻、子供と隠れ住んでいたオサマ一家の隠れ家を絞り込むために、付近の住民のＤＮＡを採取したんですね。この医者は国家反逆罪でパキスタン当局に逮捕されました。パキスタンの民衆は怒ります。パキスタン人自身にパキスタンを裏切らせたアメリカ、と。激しい反米感情が、民族の威信を賭けたナショナリズムを刺激し、それがイスラム原理主義と共鳴する。

ビンラディン殺害は、アメリカにとって、たいへん大きな外交リスクだったのは、当たり前です。主権侵害といった国際法上の問題は、アメリカ自身がわかっていたはずだから。加えて、ビンラディンの殺害が、死後、彼をより神格化させる方向に作用するリスクもわかっていたと思う。

でも、最大のリスクは、「イスラム国家でありながら同じイスラム教徒の友人を異教徒アメリカに売った卑怯者の政府」と、国民に思わせてしまったことです。パキスタン自身が自ら過激化に抗する免疫力を、アメリカが弱体化させてしまった。

それでもアメリカは殺害計画を敢行《かんこう》した。前任者のブッシュさんが始めた戦争とはいえ、戦争がらみの外交政策ではパッとしなかったオバマさん。支持率が低下気味だったこともあり、やっぱり「復讐の達成」を選んだのだね。

インドと戦火を交え、国内に分離独立運動を抱え、アメリカに攻撃されているパキスタン国民の主権意識は非常に敏感です。

日本人は、どうでしょう。そこまでの主権意識はあるかな。歌舞伎町でオサマ・ビンラディンの奇襲作戦があったとして、日本政府が「知らなかった」と言ったとしても、主権侵害だと怒る人はいるだろうけど、へーっ、で終わっちゃうんじゃないかなと、僕も思う。アメリカの違法性云々より、国会で野党が政府の危機管理体制を糾弾するだけだったりして。

2004年、沖縄で、普天間《ふてんま》飛行場から飛び立ったアメリカ軍のヘリコプターが墜落する事件が起きました。沖縄国際大学という、普天間基地のすぐ近くにある私立大学のなかに落ちたのですが、幸い、日本人の負傷者はいませんでした。このとき、日本の消防車も警察も、一切そこに近づくことはできなかった。アメリカ軍が日本の私有地にバリケードをつくって封鎖し、日本人の誰をも立ち入らせなかった。

僕は、アフガニスタンやイラク出身の学生を沖縄に連れて行く際、この大学と交流するんだ。交流後、彼らはどう感じるかというと、「現場には事故を忘れないための記念碑が建っているものの、あまり大きな反対運動は起こっていない。なんだかんだ言っても、アメリカとうまくやってるじゃない」と。彼らの国では、アメリカへの抵抗は、自爆テロだからね。

これは別に、日本人を腰抜けだとバカにしているのではないよ。日本人がもつ、この偉大な許容力と寛容性は、どこからくるのだ?と、興味をもつみたい。

沖縄国際大学の事件は、日本人にとって主権とは何かを考えさせるものだったけど、パキスタンでナショナリズムを刺激したように、日本でも右翼の人たちを刺激しそうだよね。でも右翼が怒っている様子はあまり見えない。どうしてだろう。右翼の敵、左翼は、おしなべて沖縄米軍基地反対だからかな。反応すると、右翼と左翼という対立軸が崩れちゃうから。だったら、日本人にとって主権とは、右・左のイデオロギーを超えて団結しなきゃならないシリアスな問題ではない、ってことだろうか。我々の主権意識というのはその程度かもしれない。でも、この不感症が〝平和〟の源かもね（笑）。

だからこそ、アメリカ軍が歌舞伎町で奇襲作戦をすることは十分可能で、なおかつ国際法的な違法性への誹《そし》りをかわすには、日本は最適な場所だったのかもしれません。

「テロリスト」と命名されるとき

そもそもテロリストって、何でしょう。何をテロ行為というのか。

――政治的な目的のために、暴力行為などで社会に恐怖をあたえて、何かを成し遂げようとすること。

うん、言葉の暴力っていうのもあるけど、やっぱり人の命、それも一般市民の命を奪う暴力だね。アメリカ国防総省の公式な定義では、テロ行為とは、「政治的、宗教的、もしくは特定のイデオロギーに基づいた目的のため、特定の政府や社会に対して恐怖を植え付けるべく、違法な暴力の使用、そして威嚇をおこなうこと」とあります。

そういう行為をはたらく人たちは、「事件」と呼べるものだったら、日本にもいるね。それがどうなると、国家の敵になるのか。どんな質、そして規模のものを引き起こせば、その対処のために、国家をあげて戦争する「敵」となるのか。

アフガニスタン以外にも、テロリストと呼ばれる人々のいる現場を、東ティモールという東南アジアの小さな島国で、僕は経験しました。ここで、かつては「テロリスト」だったのが、その後、この国の英雄となった人々のことを話します。そのために、ちょっと東ティモールの歴史を勉強しよう。

東ティモールは、ティモール島という島の東半分を占める小さな国で、2002年にインドネシアの軍事的実効支配から独立した、21世紀最初の独立国です。

植民地時代、インドネシアはほとんどがオランダの植民地でした。一部分、現在の東ティモールはポルトガルの植民地だった。そして第二次世界大戦が始まると、日本がここを占領しました。

第二次世界大戦が終わり、アジアとアフリカの国々のあいだでは、長く続いた植民地支配から自らを解放する独立運動が席巻《せっけん》します。1949年、インドネシアもオランダとの戦いを経て独立を勝ち取り、戦後を歩み始めました。インドネシアは大小1万7千にも及ぶ島々からなる国で、多民族国家です。大多数がマレー系の人々で、他にも中国系や少数民族がいる。

宗教も多様ですが、イスラム教徒が人口の4分の3以上を占め、教徒の数でいえば世界最大のイスラム国家です。インドネシアは、多民族国家でありながら、なんとかひとつにまとまって独立しました。

ここまではいいのですが、もともと宗主国に対して個別に独立運動をやっていた民族もいて、せっかくひとつの国として独立したのに、今度はその民族がインドネシアからの分離独立を企てるという、ややこしい構図になってゆきます。そういう地域は石油、天然ガスなどの資源が豊富で、中央の指導者としては、独立されちゃうと都合が悪い。こういう経済利権的な動機も相まって、「インドネシアはひとつ」とするナショナリズムが形成されてゆく。そして、分離独立を企てるものは、血をもって独立を勝ち得た神聖な国家に対する反逆であると、厳しい弾圧が始まるのです。

2004年、スマトラ島沖地震の大津波の被害にあったアチェは、そういうケースのひとつです。1970年に分離独立を求める武装ゲリラ組織ができてから、1万人以上もの犠牲を出した熾烈《しれつ》な戦場になりました。しかし、この大津波が、インドネシア軍、ゲリラ側双方に壊滅《かいめつ》的なダメージを与えたため、和平交渉へと動き、独立ではなく最大限の自治権を得るということで講和したのです。この地震と津波は、アチェで17万人以上の命を奪いましたが、和平のきっかけをつくったのです。

東ティモールは、インドネシアがオランダから独立した当時、まだポルトガル領でした。

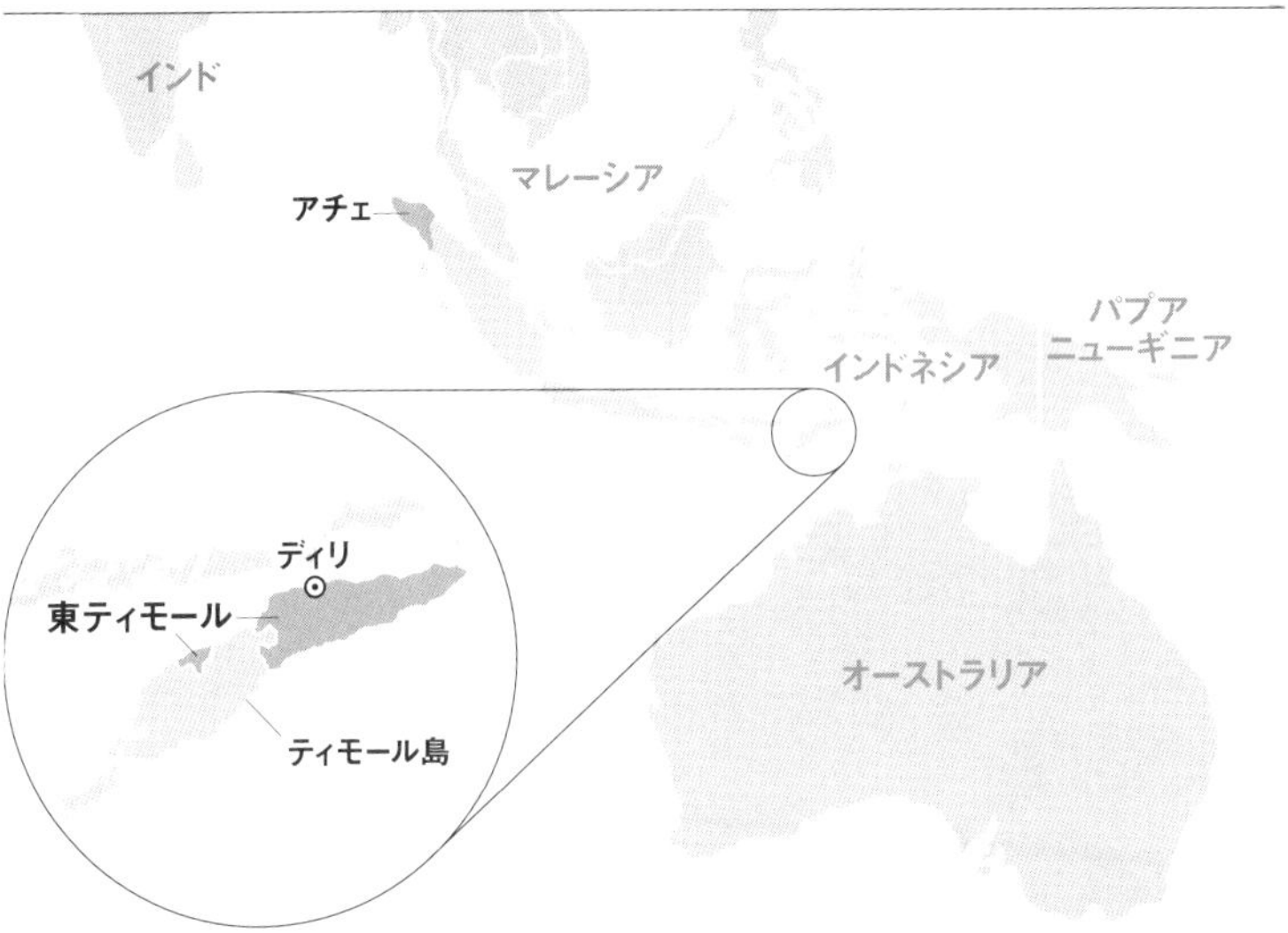

1974年、ポルトガル本国で革命が起きると、アフリカなど複数の植民地で独立運動が加速します。東ティモールの独立派は、革命にありがちな社会主義的な考えを前に出していました。冷戦時代で世の中が真っ二つに分かれ、「アカ（赤）」といえば、すぐ敵、みたいな時代です。このとき、島全体を領土化したいと目を付けたのが、インドネシアでした。

インドネシアは、インドネシア軍の諜報機関を東ティモールに潜入させて、まずインドネシアの支持者グループをつくった。そして、資金、武器を提供し、独立派の支持基盤を揺さぶる工作を始めます。しかし、インドネシアシンパが武力で対抗しようとしても、根性の入った独立派にボコボコにされ、インドネシア領の西ティモールに逃げ込む。

そこでインドネシアは「赤い悪魔（共産主義）に侵略された東ティモールの人民から支援を要請された」と口実をでっちあげ、1975年、東ティモールに軍事侵攻を開始。翌年併合を宣言しました。当然、独立派も反撃し、熾烈《しれつ》なゲリラ戦の幕が切って落とされます。

国連総会ではインドネシアによる軍事侵略と占領を非難する決議がなされました。でも、アメリカ、ヨーロッパ諸国、そして、隣国オーストラリアなど冷戦の西側陣営は、こぞってインドネシアを支持した。ここから国際社会の事実上の黙認状態が始まるのです。

インドネシアは、24年にわたる占領のあいだに、推定20万人の東ティモール人を殺したといわれています。こういう被害の算出は、そもそも死体を数えられるような状況ではないので、あてにはなりません。独立派ゲリラも武力行使していたのですから、一概にインドネシア側だけの攻撃によるものとはいえない。

でも、圧倒的な軍事力を保有していたのはインドネシア政府で、東ティモールのゲリラ兵を洗い出すために、民衆を大量に拘束、拷問し、死に至らしめていた。こういうインドネシア政府の行為を、世界の人権団体は住民に対するテロ行為と表現し、非難しました。

しかし、インドネシア政府の側から見れば、独立派ゲリラこそが、「インドネシアはひとつ」という秩序を脅《おびや》かし、国民を不安に陥《おとしい》れるテロリストになる。本来、国民を守るべきものである国軍が、一部の国民を殲滅《せんめつ》する口実となってゆくのです。当時は日本の新聞でも、「独立派ゲリラが、インドネシア軍兵士や施設にテロを繰り返した」という報道をしていた。欧米、そして日本政府も、インドネシア政府の言い分を支持していたんだ。

テロとかテロリストという名称は、一方が他方を主観的に命名するものであることがわかるよね。

唯一、何人かの勇気あるジャーナリストが、インドネシア軍による残虐行為を命がけで取材し、国際社会に警鐘を鳴らしつづけていました。そして、その報道番組を、たまたま見て衝撃を受け、その後の人生を変えちゃった人がいます。アイルランドでバス運転手をしていたトム・ハイランドさんという人です。神の啓示って、こういう人のためにある言葉なんでしょうね。彼は、定職だった運転手を辞めちゃうのです。そして行ったこともない国の、会ったこともない人たちのために、市民運動の経験もないのに、東ティモールの人々との連帯を掲げたＮＧＯを旗揚げしちゃう。

最初は、その一風変わった人物像を、地元のメディアが小さく取り上げることから始まったのでしょう。やがて知名度が上がり、以前は99％の国民が東ティモールの名前さえ知らなかったといわれるアイルランドで、政府と国民の両方に、東ティモール問題を外交の最優先課題と認識させるまでに至ります。たぶん、イギリスの圧政から独立した自らの歴史とダブるものがあったのでしょう（アイルランドの独立戦争は18世紀に遡る。英国領として分割された北部の北アイルランド以外は、１９４９年にアイルランド共和国として完全独立するが、北アイルランドの帰属問題は、現在も紛争の要因となっている)。政府を通して、EU、国連にも影響を及ぼすようになります。

もちろん同じような市民運動は世界中にいっぱいあっただろうし、何より国外に逃れた東ティモール人自身による国際世論を喚起する政治活動もありました。でも、僕たち、東ティモール問題にかかわった人間のあいだで、トム・ハイランドさんは超有名で、彼の活動は燦《さん》然《ぜん》と輝いています。このように個人の行動が国際外交に火をつけることもあるんです。

僕らは「テロリスト」の人権を考えなかった

多民族国家の危ういまとまりを何とか軍事力で維持してきたインドネシアですが、ここで内側からの変化が訪れます。軍事力を背景にした圧政は、分離独立運動だけでなく、一般の民主化、人権運動をも弾圧していました。インドネシア国内での反政府運動が全国に広がり、国会を学生が占拠するまでになる。こうして1998年、32年間の独裁を布《し》いたスハルト政権が崩壊しました。それ以降、分離独立運動に対する政府の姿勢は軟化《なんか》してゆきます。

国際社会からの圧力とインドネシア自身の民主化の動きから、東ティモールに大きな転機が訪れます。インドネシアへの併合か、それとも完全独立かを、東ティモール住民自身に決めさせようと国連が提案し、インドネシア政府がこれを承諾したのです。1999年8月、住民投票が実施され、予想された通り、8割の有権者が完全独立を支持しました。

さて、問題は残りの2割の東ティモール人です。彼らはインドネシアから、特別の待遇を受けていました。かつて、アジアやアフリカの植民地時代、宗主国は、分割統治という方法を使いました。外国人が現地社会を統治するには、やはり難があります。それより、むしろ現地の一部の人々を優遇し、宗主国に忠誠心をもつように教育の機会を与えてエリート化し、彼らを使って残りの現地人を支配する。そのほうが簡単なんだ。

インドネシアも、東ティモールをそうやって支配しようとしました。いや、ここではエリート化するというより、血の気の多い鉄砲玉のような連中を集めて、小遣いと武器を与えて気を大きくさせて、もっと暴力的にさせるっていう感じかな。これが、東ティモール人でありながら、同じ東ティモール人を苦しめた、インドネシア併合派《へいごうは》民兵たちでした。

この併合派民兵たちは、住民投票の結果を知るや、自分たちの行き場がなくなると追いつめられます。そして、破れかぶれの無軌道さで、最後の破壊と殺戮に向かうのです。パトロンだったインドネシア軍と警察は、西ティモールに退散して併合派を見放した。タガが完全に外れた併合派民兵の暴力は、さらに拡大し、国は完全に焦土と化す。

ここで、国連安全保障理事会が動きます。隣国オーストラリアが、この人道的危機を武力で収拾すると手を挙げると、安全保障理事会がそれを承認し、その他の国連加盟国が、我も我もと続きます。こういうふうにできたものを有志連合といいますが、結果、20ヵ国以上、計6千名が多国籍軍として、治安の回復のために投入されました。

多国籍軍は、併合派民兵たちを効果的に鎮圧しました。でも、この作戦は、最初から楽勝だった。もともと併合派民兵は、インドネシア軍と警察の下働き的な存在で、住民を威嚇《いかく》するのが主な仕事だった連中です。高度な軍事訓練を受けていたわけではない。独立派ゲリラのように、ゲリラ戦術を習得していたわけでもない。それに対して、先進国オーストラリアをリーダーに、武装ヘリ、装甲車で高度に武装した軍隊が襲いかかる。勝負になりません。軽装備のチンピラたちを圧倒的な武力で追いつめ、撃ち殺したんですね。悪い奴らでも、ちょっと同情しちゃう。でも、この作戦は、「人道的軍事介入」の成功例として、今でも国際社会で称賛されているのです。

こうして、インドネシアが出て行って「政府」の空白ができたところで、国連がその「主権」を一時的に預かり、国家をゼロから立ち上げるのですが、僕は、東ティモールに13ある県のひとつ、コバリマの県知事に任命されました。国連から派遣された行政官です。

コバリマは、インドネシア側の西ティモールとの国境地域でした。西ティモール側に逃げていった併合派民兵の残党が、まだあきらめきれず、散発的な攻撃をしかけてくるので、多国籍軍が常駐し、知事の僕が統括していたのです（僕は軍人ではないので、日々の軍の指揮は司令官がしますが、住民を巻き込む軍事作戦をやるときの政治判断や地元社会との調整、そして国連警察との連携は、すべて僕が決める）。キウイの国、ニュージーランドの戦闘一個大隊600名と、パキスタンの工兵一個大隊600名です。

ある日、ニュージーランド軍の小部隊が国境付近をパトロール中、併合派民兵のグループによる待ち伏せ攻撃を受けて、兵士がひとり行方不明になりました。若い、一番下のランクの歩兵だった。すぐに捜索が開始されますが、数日後、ジャングルのなかで遺体となった彼が発見される。喉がかき切られて、耳がなくなっていた。司法解剖で、銃弾を受けて絶命した後に死体が傷つけられたとわかった。これでニュージーランド軍はいきり立ちました。僕自身もです。こんなことをする奴らは人間じゃないと。

そして、この犯行グループが、まだこちら側の領内にいるという住民からの目撃情報を受け、復讐戦が始まった。僕はニュージーランド軍司令官の要請を許可して、部隊の武器使用基準を緩《ゆる》めてしまったのです。

もともと、この国連平和維持軍は、戦争ではなく、新しい国家の復興を側面支援するために投入されているから、むやみに殺傷しないように武器の使用基準を厳しく定めています。正当防衛以外の目的では発砲できません。撃つ前にちゃんと警告しなくてはならない。それを僕らは、敵を目視したら警告なしで発砲できるというふうに変えた。

そして、たかだか10名ぐらいの、補給路を断たれて敗走する敵を、武装ヘリも使って総出で追い詰め、全員射殺してしまったのです。蜂の巣にしちゃった。

併合派民兵は、前に説明したアメリカ国防総省の定義に照らしても、一番わかりやすいテロリストです。だから、僕らは彼らの人権を考えようともしなかった。国連として、この掃《そう》討《とう》作戦の正当性を問う兆《きざ》しは、当時も今もありません。後悔とも言えない奇妙な後ろめたさが、当時を思い出すたびに、僕を襲います。

この僕自身の経験から、明確に言えることがあります。「テロリスト」の人権は、考慮されないということです。別の言葉で言うと、人間を、その人権を考えずに殺すには、「テロリスト」と呼べばいいのです。

かつてテロリストは、独立派ゲリラのほうだった。併合派民兵は、インドネシア軍と警察に協力して、テロリストに対抗するために立ち上がった奇特《きとく》な若者たちの自警団みたいなイメージがつくられ、国際社会はそれを納得した。でも、状況次第で、手の平を返したように逆転する。独立派ゲリラは、ついに東ティモールの独立を達成した自由の戦士、フリーダムファイターとして、国内外から讃《たた》えられることになります。

チェ・ゲバラという革命家がいますね。キューバ革命で、アメリカ帝国主義と闘った人です。彼の場合、マハトマ・ガンディーのように非暴力主義ではなく、暴力を使いました。でも、彼は抵抗のシンボルだった。ゲバラのような暴力は、僕自身は手段として選択しないけれど、その必要性は「理解」できます。赤地にゲバラの顔がプリントされたTシャツは、欧米でも、ちょっと気取りたい若者のあいだに定着し、ひとつの文化になっています。彼、かっこいいよね。元医学生でインテリだし、放浪なんてしちゃうし。

さて、オサマ・ビンラディンはどうでしょう？　テロリストですが、一部の人たちには、

実は英雄です。ビンラディンのTシャツがあったら、着る？

――ちょっと……敵を増やしちゃう。

でも、ビンラディンのTシャツって、あるんだよ。亡くなった落語界の反逆児・立川談志《たてかわだんし》さんは着ていたことがあるって聞いたな。

僕は9・11が起きたとき、アフリカのシエラレオネで武装解除をやっていたのですが、事件直後、シエラレオネの路上マーケットで、ビンラディンの顔写真Tシャツが売られ始めたのです。現地の人は、貧しい家の室内をちょっとでもよく見せたいと華やかなポスターを飾るのですが、彼のポスターも堂々と売られていた。シエラレオネは、イスラム教徒が半分ぐらいいますが、残りはキリスト教と現地宗教で、国としては親米の国です。矛盾しているようですが、やはり「白人」に挑んだビンラディンの人気は、宗教を超えていたと思う。

平和な日本人が接するイスラム教徒には、「ビンラディンはイスラム教徒の恥だ」と言う人が多いかもしれませんが、いつかチェ・ゲバラのように、ビンラディンも抵抗の文化として定着することがあるのでしょうか。……まあ、日本ではないだろうな。

「NGOワーカー」だった？　オサマ・ビンラディン

話をオサマ・ビンラディンに戻しますね。

ビンラディンが生まれたサウジアラビアは、厳格なイスラム教国です。イスラム教創始者・ムハンマドの出生地であるメッカと、その後に移り住んだメジナという二大聖地がある。表現の自由は制限されていて、王政批判はできません。その厳格さについて、欧米の人権団体は強く批判しています。女性の自由はかなり制約されているし、刑罰のやり方はとくに問題視されている。同性愛は重罪、国王、宗教に対する冒瀆《ぼうとく》も死刑に匹敵する重罪。公開処刑もある。当時のアフガニスタンのタリバン政権と、あまり変わらないように見える。

タリバンは、アルカイダを客人として保護したことから、テロ国家のレッテルを貼られ、厄介者として国際社会で孤立していったのですが、同時に、タリバン政権がアフガン国民に強いた宗教的厳格さが、欧米の人権団体から人権侵害だと強い非難を受け、孤立に拍車がかかりました。そういう人権団体のNGOは非政府組織ですから、通常は、それぞれの政府と対立するものですが、この時は欧米の政府と民間（NGO）が一致団結してタリバンを追い詰める格好になった。

原理主義者という言葉が、ネガティブな意味で彼らに使われました。イスラム教に限らず、すべての宗教には、あくまで伝統にこだわる勢力と、時代の流れに適応し、新しい解釈でやっていこうとする新興勢力があると思いますが、イスラム教の場合は、原理主義イコール人権を無視した過激な奴ら、というイメージが先行してゆきます。

——サウジアラビアの人権問題については聞いたことがあるけど、世界から非難を受けているっていうイメージは、あまりないです。

うん、サウジアラビアは、世界で孤立していないし、その兆しさえありません。石油がいっぱいとれる超リッチな国で、冷戦時代を通して、ずっと国王が親米だからかもね。

その国が石油を売ってくれる友好国であろうが、敵対国であろうが、人権的に問題があるなら同等に糾弾《きゅうだん》する。これができるなら、人権は普遍的な人間の価値になるのに、現実はそうはなっていないようです。誰かに都合のいい人権問題だけが騒ぎ立てられ、ダブル・スタンダード（二重基準）がつくられてゆくんだね。

オサマ・ビンラディンのお父さんは無一文から建設業を起こし、一代で名を成した苦労人です。ビンラディン家は王室に深く取り入り、国家的な建設事業で成り上がった。オサマには50人を超える兄弟がいて、彼は17番目の息子といわれます。

サウジアラビアのセレブ家族は、欧米に銀行口座も別荘ももっていて、外国に出ると西洋人とまったく変わらず、お酒を飲んだり買春《かいしゅん》したりもする。でも、自分の国に帰ると、コロッと厳格なイスラム教徒にもどるのです。ビンラディン家もそうで、彼の兄弟はほとんどそんな感じだったといわれています。

そんな兄弟たちの轍《てつ》を踏まず、原理的なイスラム教の教えに感化されたのが、オサマでした。若いころの彼を知る人々は、口を揃えて、少女のように繊細で寡黙な性格だったと言います。彼は、建設業の一部を任されながら、原理主義的な宗教グループの布教活動に没頭する。そうこうしているうち、遠く離れたアフガニスタンが大変なことになってゆくのです。

アフガニスタンという国は34の州からできていて、だいたい10くらいの民族がいます。パシュトゥン人が最大の民族で人口の4割。他にタジク人（ペルシャ系の顔立ちで鼻が高い）、ハザラ人（どことなく日本人に馴染みのあるモンゴロイド系）などがいます。多民族国家で、基本的にまとまりにくい国家です。18世紀、最大民族のパシュトゥン人が部族連合を形成し、アフガニスタン国が建国されましたが、非パシュトゥン人との抗争は続きます。

冷戦時代、アフガニスタンにソ連の支援を受けた共産党政権が生まれました。しかし、それに反発する部族が蜂起、内戦状態になります。これをソ連が見過ごすわけがない。

１９７９年12月、ソ連は、「アフガニスタン革命を救う」という名目で軍事介入します。これに対して部族たちは自らをムジャヒディン、「ジハード（聖戦）の戦士」と名乗り、団結して対抗する。ソ連軍は圧倒的な軍事力で反共産主義者を抹殺し、１００万人以上のアフガン人が殺害されたといわれます。国外に逃れ、難民となった人たちは数百万人に及んだ。

一方で、イスラムを冒瀆する巨大な「赤い悪魔（共産主義）」に、素手同然で立ち向かうムジャヒディンは、世界中のイスラム教徒の共感を呼びます。サウジアラビアの王族やセレブたちは、こぞって現場で戦っているムジャヒディンへの資金援助や、アフガン難民キャンプへの人道活動を開始します。イスラム世界のチャリティーですね。こういうセレブたちは、儲け過ぎて金満な生活をしていることへの贖罪《しょくざい》の気持ち、後ろめたさから喜捨《きしゃ》したのでしょう。チャリティーの動機は、どこでも同じだね。

オサマ・ビンラディンも、原理主義的なグループの宗教活動の一環として、アフガニスタン支援を始めます。そして、アフガン難民の巨大なキャンプができていたパキスタンを頻繁に訪れ、その惨状を詳細にサウジの人々に報告し、支援のネットワークを広げ、その寵児《ちょうじ》になってゆく。東ティモール支援キャンペーンのトム・ハイランドさんみたいですね。

ビンラディンは、セレブ中のセレブ家族のプリンスとして、リスクを顧《かえり》みず危険なアフガン国境へ、時にはアフガン内部まで潜入して凱旋《がいせん》報告するんですから、ウケにウケまくったと思います。ものすごい人気だったそうです。

こうしてビンラディンのムジャヒディン支援はより強化され、彼自身のムジャヒディン部隊を組織するまでになります。冷戦下ですから、ムジャヒディン支援は、ソ連を倒したいアメリカの利害にも一致する。アメリカは最新の携帯用の地対空ミサイル（地上から空中の目標に発射されるミサイル、スティンガー）なんかを提供したのです。

世界のイスラム圏から、義勇兵としてわんさか集まった人々は、支援をめぐって競争や足の引っぱり合い、仲違いもあったようですが、ムジャヒディンとして、ひとつの緩やかなアイデンティティーを形成していったといわれます。そして、ついに１９８９年、10年間の聖戦にムジャヒディンたちは勝利し、ソ連はアフガニスタンから完全撤退します。

でも、これでめでたしめでたし、とはいかなかった。アフガニスタンに平和が訪れたのは一瞬でした。もともと部族間の天下の取り合いが続いていた国です。共通の敵がいなくなったとたん、誰がソ連撤退後のアフガニスタンの実権を握るかで喧嘩を始め、内戦状態に逆戻り。……地球全体が平和になるには、宇宙人が攻めてくるのが一番いいんだよな（笑）。

――ああ、映画の設定でもよく見るけど、確かに世界が連帯している。

人をまとめるには、共通の敵って必要なんだね。一方、世界中から集まったムジャヒディン義勇兵のなかには、ソ連に対してだけじゃなく、その他の無神論社会やイスラムでない社会に対しても、ジハード（聖戦）が必要だと言う人々も現れた。そのひとりに、オサマ・ビンラディンがなるわけですが、彼を中心に1988年に生まれたのがアルカイダです。

アルカイダは、アラビア語で「基地」とか「基盤」という意味。この組織は、後に起こったある大事件で、さらに先鋭化します。それが1990年、サダム・フセインのイラクが、隣国クウェートに軍事侵攻したことで起こる湾岸戦争でした。

クウェートは石油がいっぱいとれる親米国家ですから、アメリカが助けに動くのは当然のなりゆきです。一方、クウェートと国境を接するサウジアラビアの王様は、フセインが、勢いに乗って攻めてくるのではないかと怖れた。そしてアメリカに助けを求めるのです。

これに慌てたのがビンラディンで、「アメリカに頼る必要はない。アフガニスタンは決着がついたし、ムジャヒディンたちも他にやることないし、僕たちがサウジアラビアに戻って、サダム・フセインと戦う」と、こんな感じで王様に進言したんだね。でも王様は、アメリカのほうを選ぶのです。

サウジアラビアは王政による強権国家なので、国内には王室をよく思っていない勢力がいます。アフガン戦でヒーローになったビンラディンが帰国し、国難から国を救っちゃえば、彼の人気はさらに上がる。彼の純粋過ぎるイスラム原理主義が国民を刺激し、利権と汚職にまみれた王政を浄化するなんてことになったら困る……と王室は考えたのでしょう。ビンラディンはシカトされ、1991年、アメリカ軍を中心とする有志連合軍はサウジ国内に軍事拠点をつくり、そこからクウェート内のイラク軍を攻撃、殲滅し、湾岸戦争に勝利します。

これでサウジ王室も安泰。でも、怒り心頭なのがビンラディンです。イスラムの聖地であるサウジアラビアに、異教徒、それもアメリカが土足で入ってきた。アメリカ人の訪問者は以前からいたでしょうが、今回は大規模な軍事基地です。そこで若い女性アメリカ兵士が、足をむき出しにした格好で、大音量でロックを聞きながらビーチバレーなんかやってる……こんなことを想像して、地団駄踏んだんじゃないか。

こうしてアルカイダは、アメリカ、その同盟国、それに尻尾を振るイスラム諸国さえも、公然とジハードの標的にしてゆくのです。

——アメリカがサウジアラビアに基地をつくったことが、テロの理由なんですか？　気にいらないのはわかるけど、テロ攻撃につながるっていうのがわからない。

ビンラディンのなかでは、自分を見放したサウジ王室も憎いけど、よりによってイスラムの聖地サウジを拠点にして、敵とはいえ、同じイスラムのイラクを攻撃させたアメリカの狡《こう》猾《かつ》さ、卑怯さに、より頭にきたんじゃないかと思います。イスラム教は、よくいわれるスンニ派とシーア派の対立（宗教の慣習ではそんなに違いはないのですが、イスラム教の創始者の予言者ムハンマドの後継者は誰かという解釈で、主流であるスンニから分派したのがシーアです）がある一方、基本的には国を超えた同胞精神が強い宗教です。

でも、いくら頭にきたからって、それが命をかけてテロをやる動機になるのか。自分が信じているものが冒瀆されるって、そんなに深刻なのか。僕自身、わからない。宗教心をどう捉えるかということが理解のポイントだとは思う。僕、宗教心、全然ないからね。

一方、日本でも天皇が神格化され、軍国ナショナリズムが席巻した時代があったよね。天皇を冒瀆するものは、同胞でも投獄して拷問し、死に追いやった。弾圧、蹂躙《じゅうりん》されるほうから見れば、これは国家によるテロだよね。こういうのって、どこにでも、誰にでも現れる性癖なんじゃないかな。

僕は、アルカイダの面々に会ったことはないけれど、タリバンの当時の指導者には何人か会ったことがあります。彼らは過激派というイメージに反して、すごく物静かな人たちなんだ。そして質素。こっちが襟を正したくなるほど敬虔《けいけん》な求道者《ぐどうしゃ》という感じ。でも、ある意味、その純粋さが危険なのかもしれないね。人間はちょっといい加減で堕落しているほうが平和に生きられるんだろうな……そういう自分で、まあ、いいか、とも思う。

「イスラム版ロビン・フッド」だったタリバン

――テロ組織といっても、タリバン、アルカイダ、ハマスとか、いろいろあるけど、どう違うんですか？

アルカイダは、イスラム主義を掲げる、国を超えたイデオロギー集団ですね。アメリカとその同盟関係にある我々は、彼らを国際テロ犯罪集団と見なすけれど。

パレスチナのハマスは、イスラム主義を掲げ、イスラエルに対して武力による抵抗をおこなっていて、アメリカやヨーロッパもテロ組織として認定していますが、近年、パレスチナ議会選挙で圧勝し、ハマス政権が誕生しました。アルカイダとの違いは、活動拠点が、まずパレスチナ内であること。そして国民の正式な信任を得ていることだね。タリバンについても同じことが言えると思う。ただ、タリバン政権の樹立は、民主的な選挙によるものではなかったけど。

タリバンのことを、もう少し説明するね。1989年、アフガニスタンからソ連が撤退し、共通の敵を失ったところで、ジハード（聖戦）の戦士であるムジャヒディンたちのグループ間による覇権争いが内戦になっていったと話したね。そういうグループを「軍閥《ぐんばつ》」と呼びますが、軍閥同士が結託して暫定《ざんてい》的に連立政府をつくったり、またそれが喧嘩して壊れたり、混乱に混乱を重ねるんだ。

アメリカやイスラム世界の支援でソ連をやっつけたばかりだから、血の気が立ったままで、武器、弾薬は売るほどある。政治的対立は即、武力衝突になっちゃいます。軍閥たちは、ソ連から勝ち取った自分たちの国なのに、何のためらいもなく砲撃し合った。住民はその砲火のなかを右往左往、多くの人が犠牲になった。その軍閥の何人かは、現在のアフガン政府のなかで、何食わぬ顔で閣僚になっているけどね。こういう日本の戦国時代の「武将」のような大物軍閥たちは10人ぐらいいる。

アフガニスタンでは歴史上、しっかりした中央政府ができて、国家が国民の安全をくまなく保障するなんてときはなかったから、個々の村のコミュニティーが自警団みたいなものをつくって自分たちを守るような状況がずっと続いてきた。それらは大小、国中に数えられないくらいあり、統制は誰もできない。彼らも食わなきゃならないから、住民に、「守ってやるからみかじめ料よこせ」みたいなのが出てくる。

シマを広げるために隣村の民兵グループの親分を殺して乗っ取っちゃうとか、抗争が絶えないのが地方の状況です。こういうローカルな武装グループをいくつ抱えているかが大物軍閥の力になる。このへん、日本のやくざも同じでしょう。想像力、はたらくかな。

武装グループを束ねる力となるものは、基本的にお金です。そういう財力は、地方の武装グループをつかって農民を奴隷化し、アヘンの原料になるケシを栽培させ、それを密輸する麻薬ビジネスで得ます。民族的にもつながりのある周辺国からの政治資金、そして苦しむ国民を見かねて国際社会が託す援助の着服もある。軍閥は、子飼いの武装グループを維持拡大できないと、金が切れ目の裏切りで、自分らは終わりってわかっているから、金策のことしか頭にない。国民は飢え、そして戦闘に巻き込まれて死ぬのです。

ここで、そんなどうしようもない世の中を根本から浄化しないといかん、と立ち上がった人々がいました。彼らは、アフガン南部のイスラム寺院に併設するイスラム神学校で勉強し、地元の軍閥と利害関係をもたない若者たちでした。

ある日、地元の強大な武装グループのひとつが住民を脅し、女の子たちを拉致《らち》し、レイプまでした上、監禁しているという訴えを村人から聞き、彼らは行動を起こします。寄せ集めの16丁のライフルで、たった30人で殴り込みをかけ、女の子たちを救出し、武装グループの司令官を殺害した。これがタリバンの始まりといわれています。タリバンは、アラビア語で「学生たち」という意味です。中心人物は、オマールという教師でした。

この事件の噂は噂を呼び、軍閥政治に辟易《へきえき》した住民の苦情が殺到します。それらを一つひとつ解決するも、タリバンは決して見返りを求めなかったといわれます。つまり、タリバンは義賊、イスラム版ロビン・フッドだったのです。こうして、タリバンは地元であるアフガン南部からどんどん支持を伸ばし、ついに1996年、首都カブールの戦闘で軍閥たちを蹴散らし、タリバン政権を樹立します。

……と、ここまで、タリバンの世直し運動的な性格を強調しましたが、そこは戦争です。

新しいタリバン部隊とタリバン信者だけで、強大な軍閥の軍事力に敵《かな》うわけがありません。軍閥たちがやったように、ローカルな武装グループを味方につけずに天下はとれない。そして、パキスタンからの強力な資金援助が、決定的な武器になったことは否定できません。その教義の純粋さだけでは、アフガニスタンの統治は無理だったと思います。

こうして、アフガニスタンにはつかの間の平和が訪れました。このまま行けばよかったのですが、ちょっと困ったことが起こり始めた。

タリバンは、とにかく世の中の浄化ということにこだわったのでしょう。彼らが堕落と見なすものは、すべて禁止し始めるのです。服装、娯楽、嗜好品《しこうひん》に関して、市民の日常生活が著《いちじる》しく制限されるようになり、いつしか人々は、タリバンの統治を恐怖政治と感じるようになります。とくに女性の行動は制限され、ブルカという、目の部分だけが少し空いた、足まで覆う大きな頭巾の着用が義務づけられ、就職も教育の機会も奪われました。

これが欧米のメディア、人権団体の目にとまり、そして期せずして、アメリカの在外施設にテロ攻撃を始めていたアルカイダの面々を客人として迎え入れたことがアダになり、タリバンは国際社会から孤立してゆきます。そして9・11が起こり、アメリカの報復攻撃により、タリバン政権は崩壊する。

そのアメリカの報復攻撃に便乗したのが、タリバンに勢いがあったとき蹴散らされた軍閥たちです。というか、軍閥たちアフガン人に危ない地上戦を戦わせ、自らは空から爆弾を落とすことに専念したのがアメリカなんですが。この軍閥たちは、ソ連のように、強大な共通の敵がいるときは団結して闘い、共通の敵がいなくなると、また喧嘩を始める。タリバン政権崩壊後、またそれが繰り返された。

こうしてタリバンを倒してアメリカと国際社会がつくった暫定政権は、軍閥の寄せ集めでした。国防大臣はこの軍閥、文部大臣はあの軍閥、みたいな。新政府発足の記念写真に一緒に笑顔で収まっても、彼らは地元に帰れば、隣の軍閥どうしで「領土」を巡ってドンパチ、それも戦車のような重火器を使って「内戦」を始めていたのです。

アメリカが、アフガニスタンだけでなく、僕たち国際社会に課した目標は、アフガニスタンを民主化することだった。そして、二度とアメリカに挑むようなテロリストを生まない国家をつくること。日本政府は、真っ先に協力者となり、僕は、日本政府の代表として現地に派遣されたのです。

戦争も、戦争がつくり出す戦後復興も、莫大な資金が必要です。こういう外交政策では、富める国々、つまりアメリカと同じ民主主義を信奉し、アメリカと一緒にやってくれる先進国の関心とコミットメントを維持してゆかなければなりません。戦争が「正義」であるという証拠を有権者に示しつづけなければ、民主主義は、戦争という「政策」を維持できない。

その証《あかし》は、僕らが信奉する、同じ民主主義が、それが存在しなかった荒れ地に根付いていると証明すること。一番わかりやすい証は、民主選挙の実施です。選挙は、どの国でも一種のお祭りでしょう。

軍閥たちは、完全武装した政治家なのです。だから、新国家建設という大きな新しい時代の流れに屈せないとわかっていながら、そのなかでより大きな政治的、経済的利益を得ようと、軍閥同士の競争に走り、武力を増強しつづけていた。このまま選挙になったら全土が内戦状態になってしまう。

そこで、日本政府、つまり僕に課せられたミッションは、暫定政権発足後、1年以内に予定されていた総選挙の前に、軍閥たちが手放そうとしない武器を、戦車も大砲もミサイルも銃も、すべて彼らから引き離し（武装解除）、それらを暫定政権の支配下に置くことです。

このことは、また後日に詳しく話しますが（5章）、武装解除はうまくいきました。選挙もおこなわれました。めでたしめでたしかというと、治安は逆に悪くなってしまった。

そもそも、先ほど話したように、タリバンと地上戦を「勇猛に」闘ったのは、僕らが武装解除した軍閥たちだった。その勇猛さはすごかった。国際人道法も気にせず、タリバンが逃げ込んだという噂だけで村全体を村民とともに焼き払うなんてことを平気でしていた。なんだかんだ言っても、アメリカとNATO軍は国際人道法を気にするぐらいはします。

だから、その勇猛な軍閥たちは、タリバン政権崩壊後も、タリバンの再勃興《ぼっこう》を防ぐ「抑止力」として機能していた。だけど、あのとき、アメリカ軍も僕らも、タリバン戦に完全に勝ったと思い込んでしまったのです。もうアフガニスタン復興の障害物は、軍閥だけだと。

ビンラディンやオマール師などアルカイダ、タリバンの幹部たちはパキスタンに逃れて力を蓄えていたところに、武装解除が彼らへの抑止力を壊し、アフガニスタンに戻ってくるきっかけをつくってしまった。こうして現在に至っています。

アフガニスタンを巡る戦争の歴史は、「敵」、そして「テロリスト」が概念として、超大国の時の政権の解釈により、いかに豹変するかを物語っていると思う。

テロリストやテロ組織の発生には、それなりの理由と背景があります。テロリストって言うけど、誰が彼らをそうさせたのか。ビンラディンもオマール師も、そもそもはNGOとか「世直し」とか、僕らでも、まあ共感できる「正義」から出発したことがわかると思う。テロリストにも、それなりの言い分がある。その言い分を受け入れるか否かは別の話ですが。

そう言う僕は、アフガンの現場にいたとき、アメリカに心を売った日本政府代表として、いつもビクビクして、アメリカやNATO軍の固い武装警備のなかで行動していたんだ。

ビンラディンの「人権」問題

最後に、ビンラディン殺害について、もう一度考えてみましょう。この事件は、東日本大震災から約2ヵ月後の2011年5月に起こったので、日本ではあまり大きな話題になりませんでした。でも、アメリカを中心に、日本の外では大騒ぎだった。覚えてる？　ものすごいお尋ね者を、やっとアメリカが召捕《めしと》ったっていう感じで沸き立っていたよね。

――ビンラディンみたいに、敵のリーダーが、戦争と関係ない他の国に逃げているとき、通常はどういう手続きをとるんですか？

国連決議でリーダーを制裁対象、つまり国連加盟国全体で「お尋ね者」認定して、もし、逃げた先の国が引き渡しなどに協力しないのなら、国連決議で圧力をかけるというのが一般的でしょう。国連安全保障理事会では、アメリカが9・11の報復攻撃をする前に、ふたつの決議を出していました。いずれも当時、オサマ・ビンラディンたちをかくまっていたアフガニスタンのタリバン政権に対して圧力と制裁を加えるものです。

問題は、その捕まえ方です。決議には、ビンラディンが「逮捕され、効果的に司法手続きが取られるように」引き渡しを要求する、とある。ビンラディンの捕まえ方に言及しているものは、これしかないので、身柄確保じゃなく、最初から殺害を目的にしたアメリカの作戦の遂行は、国連決議違反か否かという議論が巻き起こった。

もうひとつの議論の焦点は、はたしてビンラディンは、「交戦相手の戦闘員」なのかということ。つまり、国際法上、説明のつく根拠で始められた戦争の戦闘員なのかどうか。そうだとすれば、戦争なんだから、かなり〝自由〟に（もちろん人道法に則《のっと》ってですが）殺せます。

そうすると、パキスタンという場所が問題になってくる。はたしてパキスタンは、アメリカの戦場なのか。すでに述べたように、戦場はあくまでアフガニスタンであり、パキスタンではありません。だから、戦闘行為はできません。パキスタン政府が許可すればできるでしょうが（実際には無人爆撃機が攻撃しているけど）パキスタン政府は、アメリカに許可しているとは、国民感情の手前、言えません。

この大っぴらな暗殺を、このまま認めてしまえば、アメリカは、脅威を及ぼす者がいれば、その者がどこにいようと、何の手続きもなしで対処する権利を有する、もしくは地球全体が常時、アメリカの戦場であるということの追認になってしまう。

ビンラディンが「戦争の相手」ではなく「大量殺人の容疑者」なら、アメリカの法律に照らしても、刑事手続きが必要です。もしパキスタン政府がこの作戦を承認していたのであれば、パキスタン国内法に照らし合わせて、まずパキスタン警察を主体に、アメリカと協力して逮捕、検挙できたのかもしれません。

事実、2003年のイラクでは、逃亡中のサダム・フセインを、アメリカは殺害せず捕獲しました。フセインはイラクの国内法で裁かれ、2006年、死刑に処されました。

今回の急襲では、殺害せずに捕獲できる余裕があったか否か。銃撃戦になり、やむなくの殺害だったのか。伝え聞く、現場でパキスタン政府が拘束したオサマの家族の証言では、そうではないようです。

でも、実際問題として、もしも生きたまま逮捕していたらどうなっていたか。法的な手続きになれば、彼の発言はメディアに出る。だから世界のジハード過激派勢力を刺激してしまうリスクを考えたのでしょう。アメリカは、ビンラディンの遺体を即座に極秘裏に始末し、パキスタン政府も、隠れ家が「聖地」にならないよう、建物を跡形もなく破壊、更地にしました。でも、こういうかたちで殺害したことが、また別のリスクを生んでしまった。

僕は、ビンラディン殺害を「暗殺」と捉えれば、議論として、うまく収まったかと思う。実際、作戦を遂行した特殊部隊員には、軍事行動ではなく、諜報活動の一環の暗殺であるという意識が強かったろうと思います。でも暗殺だったら、大統領が勝利宣言するのはまずい。暗殺をひとつの外交的、政治的な成果として自らの手柄にした。このツケは大きいと思います。

今、アメリカ国民の大半は、ビンラディンの殺害を支持しているようです。9・11の被害当事者として、それは感情的にしかたがないのかもしれません。

でも、一方で、原則論を言いつづける努力も必要だと思います。世の中は、結局、原則論とご都合主義のバランスで動いてゆくのでしょう。僕自身、原則論者ではないけれど、そのご都合主義があんまり行き過ぎないように、ブレーキは常に必要だと思う。ここでいう原則論とは、「人権」という概念です。法という名の下に、すべての人間が、どんなにとんでもない重罪人であろうと、平等であるという原則です。

ちょっと気になるのは、その原則論を言う勢力が、近年、弱過ぎるように思えるんだよね。人権の守護神である人権団体やNGOは、遠く離れた小国で起きているものでも、大国のそれでも、常にアンテナを伸ばし、平等な立場で人権侵害について警鐘を鳴らす。世界に良識があるとしたら、それを維持するのが彼らです。

　しかし、それらにはアメリカや欧州に本部を置くものが多いからでしょうか、ビンラディンの殺害に関する違法性を問題視して、正面から取り上げる団体があったでしょうか。残念ながら僕は目にしていません。あったとしても、この事件の衝撃度に比して、あまりにも目立たない扱いだと思います。

　人権の守護神といっても、NGOも寄付や会員が減れば組織としてやっていけない。極悪人を殺し復讐達成！と国中が沸いているなかで、その熱狂に冷や水を浴びせることのリスクを考えたのでしょう。つまり、ユニバーサル（普遍的）なものでなく、都合のいい人権問題しか扱えないってこと。これって「人権」の限界なのだろうか。

　みなさん、オサマ・ビンラディンが歌舞伎町に潜伏していたらどうなるかということ、考えつづけてみてくださいね（笑）。

――ビンラディンの歌舞伎町潜伏なんて想像したこともなくて、なんというか新鮮でした……。同時に、日本の情報力の弱さとか、入国管理の甘さが少し心配にもなった。

　はい。テロリストとの関係は、あながち日本も海外の問題だとは言えなくなるときが来るかもしれません。そのへんのことは、明日以降に。

2章
戦争はすべて、セキュリタイゼーションで起きる

小さな町の国際紛争——シーシェパードと太地町

こんにちは。1日目は、ビンラディン殺害について架空の設定を置きながら、アメリカがやっている現代の戦争のこと、そしてテロリストって一体何だろうということを話しました。最後に、日本のテロ対策が少し心配という声が出たけど、テロ行為であれ、一般犯罪や事故、自然災害であれ、危機から自分たちの身を守るために用心して、万が一に備えるのは必要なことだよね。2日目の今日は、「守る」ことと戦争との関係を考えたいと思います。

その前に、ちょっと寄り道して、動物を守ろうとする外国人が日本で起こしている騒動について話しますね。先日、和歌山県の太地町《たいじちょう》という、小さな漁村に行ってきました。

——ああ、シーシェパードの。

そう、太地町は伝統的な捕鯨の町で、イルカ漁もやるところです。シーシェパードはアメリカに本部を置く海洋環境保護団体で、クジラ、イルカ、アザラシなど海洋生物を保護するために活動しています。日本の調査捕鯨船などに体当たりして捕鯨反対のための直接行動を起こしたり、太地町に陣取ってイルカ漁を妨害したりしている。

太地町とシーシェパードを描いた映画、『ザ・コーヴ』は2009年、アカデミー賞の長編ドキュメンタリー賞を受賞しました。太地町には伝統的なイルカの追い込み漁という捕獲方法があります。船で近海に出て、鉄の棒を海中に刺し、音をガンガン鳴らして、それを嫌うイルカを岬《みさき》に追い込み、そこで屠殺《とさつ》する。『ザ・コーヴ』は、イルカの血で海が染まるような屠殺のシーンを潜入撮影し、その残虐さを世界に訴えた映画です。

シーシェパードの活動家たちは、ビデオを片手に「人殺し」、「人間の恥」、「子供に恥ずかしくないのか」といった罵声《ばせい》を漁民たちに浴びせ、その反応、願わくば漁民からの暴力を誘い、それを記録して世界中に公開するということを抗議の手法として確立している。

これは漁民にとって、かなりの精神的負担になっているようです。NHKが、この問題を漁民の家族の側から描いた『小さな町の国際紛争』というドキュメンタリー作品をつくりましたが、『ザ・コーヴ』の知名度には対抗できるはずもありません。この番組には、追い込み漁に従事する父親をもつ女の子が登場します。大好きなお父さんのやっていることは、そんなに非人間的で恥ずべきことなのだろうかと、少女の心は揺れ動くのです。

シーシェパード側の主張は、簡単に言うと、イルカは高等生物であり、人間と同じで文化をもっている、そういう動物を殺して、しかも追い込み漁のように虐殺していいのかと。漁民の主張は、イルカ漁は、食文化という民族固有の伝統に基づいた職業で、その屠殺が日常生活から見えないところで職能化しているのは、牛や鶏の場合と同じだということです。

このあたりの海沿いの地形は、複雑に入り組んでいるんだよね。追い込み漁をやる岬のすぐ近くには公立の水族館があって、イルカパークがある。浅瀬になっていて、そこで子供たちが調教されたイルカと、じかに触わって遊べます。そのすぐ隣の岬では、イルカが屠殺される。このギャップは、僕にとっても目眩《めまい》がするほどシュールでした（笑）。

僕が小さいころ、鯨はたいへん安いタンパク源で、学校給食にもよく出ました。鯨ベーコンなんか、よく食べた。でもイルカは……僕でも、正直ちょっと、というところがあります。だってイルカ、かわいいもん（笑）。

太地町の人はイルカを伝統的に、そして今でも食べるんです。もしかしたら他の日本人にも、イルカを食べるなんて気持ち悪いと思う人がいるかもしれないし、それだけで差別されちゃうかもしれない。対して、特別な伝統食文化をもった民族的なマイノリティーとして、太地町の固有の文化は保護されなければならない、という考え方もできる。

一方、イルカパークは、世界中の水族館にとって集客の目玉で、優良な子供のイルカは高値で取引され、その世界的なシンジケートがあるようです。太地町の追い込み漁で水揚げされるイルカにもバイヤーが訪れるそうですから、単に食文化の観点から、この問題を見ることが正当かどうか、僕にはわかりません。

『ザ・コーヴ』が日本で初めて公開されたとき、日本の右翼団体が上映中止運動を組織して、日本のナショナリズムの問題としても話題になったよね。

――イルカを殺しちゃいけないって言うんだったら、戦争もしちゃいけないですよね。

うん、その通りだよな！　僕もそう思う。……ごめんね、つい本音が出て大きな声になっちゃった（笑）。

――日本では、シーシェパードはテロリストと呼ばれてもいますが、外国ではどうですか？

僕のゼミにはノルウェーの学生がいますが、彼もテロリストと呼んでいるね。ノルウェーも捕鯨王国で、停泊中の捕鯨船がシーシェパードによって沈められたのです。それ以来、ノルウェーの海上保安庁にあたる組織が取り締まりをしているそうです。

日本では、２０１１年12月に太地町でシーシェパードの逮捕者が出ましたが、彼らは、そういう逮捕をも活動の宣伝に使うような、戦略に長《た》けた人たちです。

体の大きい白人が、小柄な漁民に罵声を浴びせたり、白人のうら若き女性が地元の人に中指を立てたりするシーン、そして、それに黙って耐えている人たちの映像を見ると、理屈抜きで日本人として悔しいし、心情的に漁民に味方したくなる。でも、僕自身はイルカを食べないし、他に食べ物がいっぱいあるんだし、わざわざイルカを食べなくてもいいんじゃないかな、という気持ちも、一方であるんだけれど……。さて、みなさんは、どう考える？

――白黒つけるのは難しい。

いいんだよ、無理してつけなくても。

――グレーゾーンですが、高等動物の定義があいまいだし、昔はアメリカだって捕鯨船をいっぱい出していて、その寄港地を日本に求めたわけで、いまさらなんか言ってくるのは筋が違うんじゃないか。……でも、僕は食べたことがないので、まず食べることから始めないと。

――（笑）。私は食べたいとは思わないし、鯨もイルカもかわいいし、かわいそうだと思うけど、それを言い出したら、牛だって豚だってかわいいし、どの動物も食べられないことになってしまう。外国から来て、太地町の人たちの文化を否定するのはおかしいと思います。

――でも、シーシェパードと太地町の映画がつくられなければ、僕たちがこういうことを考える機会もなかったので、監督が盗撮までして撮ったのは勇気あることだなと思う。

君は新聞部だったな（笑）。シーシェパードもひとつの団体で、財政を維持しなければならない。だから、もちろん信念もあると思うけど、賛同者からの支援がより集まるように目立たなければいけないね。彼らのような、社会にある考えを啓蒙することを目的とする団体が、行動をどんどん過激にエスカレートさせていくのは、ある意味しょうがないと思う。

僕は、ゼミの留学生たちとこの問題を扱っているのですが、イスラム圏出身者が多いからでしょうか、彼らは１００％「反シーシェパード」でした。イスラム圏の学生にとっては、彼らの宗教上の食習慣が抱えている問題と重なるようです。

イスラムには、「ハラール」という習慣作法があります。ハラールとは「法によって許された」という意味で、ムスリムの人は基本的に豚肉を食べませんし、それ以外の肉でも、イスラム教徒がアラーのお祈りを捧げながら、喉元などを刃物で斬って屠殺したものだけを食べます。でも、現代のように食料生産が分業化されている社会では、毎日食するものをいちいち確認するのは難しい。とくに彼らがイスラム圏じゃないところで生活する場合は。日本に住んでいる学生は、豚肉とわかる料理は絶対避けるけど、調味料に豚から採ったエキスが入っているかどうかは、もう目をつぶっちゃえという感じです。

イスラム系の移民が多く住むヨーロッパでは、問題が起きています。イスラム教と西洋社会の生活環境が分離していれば問題は軽減するのでしょうが、そうはいかない。現在、食肉業は高度にシステム化していて、まず屠殺の現場を一般人が見ることはありません。そして屠殺のやり方も、電気ショックを与えるなど、かなり効率的に絶命させる。それに対して、ハラールのように刃物で首をかき切るなんて残酷だ、という印象をもたれるんだね。

最近注目を集めたのが、オランダでの出来事です。オランダにはモロッコ人やトルコ人を中心とした大きなイスラム教徒コミュニティーがあります。その多くの人々がオランダ国民になっている。ところが、ある政党が、ハラールに則《のっと》った屠殺は動物に無用の苦しみを与えると、ハラールを禁止する法案を国会に提出したのです。

これは当然、イスラム教徒、そして同じような宗教的儀礼のあるユダヤ教徒も強く反対し、非常に珍しい協働が起こった。いつもは仲違いしているイスラム教徒とユダヤ教徒が、この法案は「固有の宗教の自由を否定する」ものであると一緒に訴えたのです。それに対して、法案支持派は、「宗教の自由は、人間と動物の苦痛が始まったところで終わる」と主張した。その後、この法案は通過したそうです。

食の問題だけじゃない。イスラム教では一般に、女性はあまり肌を露出させません。地域差がありますが、それを貞操観につなげる考え方もある。フランスでは、学校など公共の場での、イスラム教徒の女性のヒジャブ（頭部のみを覆うスカーフ）着用を禁止しています。

ここでも対立するのは、「固有の宗教の自由」と「女性の人権」です。たとえ女性が自分の意志で着用したとしても、女性への抑圧のしるしとして見てしまう。フランスでは、フランス人自身が、旧態依然とした体制から女性の権利を獲得してきた社会運動の歴史があるだけに、ある意味、いかなる「後退」も許せないのでしょう。それらの反応を、イスラムの人々は、嫌イスラム、「イスラムフォービア」がどんどん強まってゆくと感じるんだ。

もちろん、すべてのイスラムの人々が宗教に厳格なわけではありません。どんな宗教でも、良い意味でいい加減な人たちは、たくさんいます。ただ、このままイスラムフォービアが進むと、イスラムの人々も防御せざるをえなくなる。その一部は、さらに強いアイデンティティーを確立するために、宗教が生まれたときの原点を追い求めようと「原理」化し、防御だけでは埒《らち》があかないと外界に槍《やり》を向けるものも出てくるでしょう。

イルカを守ることも、文化、宗教を守ることも、こんなメカニズムで争いになっちゃうのかもしれないね。

戦争を「つくる」

講義を始める前に、みんなで日本の平和について話したよね。まだまだ日本は平和だと言えそうですが、これからも今の状態を、日本人は保っていけるのだろうか。

――戦争を経験した人たちが、敗戦後、がんばって日本を立て直そうとして、戦争はいけないという教育がしっかりされてきたので、多くの日本人の思いは、戦争を否定するものだと思います。過去の戦争でつらい経験をした人は、戦争は罪だという認識をもっている。ただ戦争体験者が少なくなっているので、これからはわからないですが……。

日本は、第二次世界大戦という人類史上最大の戦争で、とりわけ非戦闘員（一般市民）に厖《ぼう》大《だい》な犠牲を出した張本人の一員ですから、この反省の記憶がある限り、大丈夫だということですね。でも、君が言ったように、記憶が受け継がれる保証はなくなってくる。

戦争体験者は、時が経つにつれて亡くなってしまう。彼らの証言や発言の記録も、それらを裏付ける物的証拠の保管もしなければならない。さらに、それらを公開し、テレビでの放送、出版、映画の製作上映、博物館の開設を通して社会を啓蒙しつづけなければならない。これらには、すべてお金がかかる。お金をかけられない記憶は風化してしまうわけだね。

日本人は、基本的に戦争が嫌いでしょう。でも、アメリカ人に聞いたとしても、ほとんどの人が戦争は嫌だと言うはずです。僕は現場で、アメリカやその他、多国籍軍の司令官たちと一緒に仕事してきましたが、よく戦争映画に出てくる好戦的で物騒な軍人って、あまりお目にかからなかった。下の階級の兵士には血の気の多いのがいるかもしれませんが。

ちゃんとした軍人は、戦争とは最終手段であり、戦争回避が一番いいと思っているはずです。彼らの場合、回避したいからこそ、抑止力のための軍備が大事となるのですが、交戦したくないという思いは一緒のはず。それでも戦争は起こるんだね。

では、「戦争をやるべき」と考える人たちが、どのように戦争をつくるかという話をしましょう。

――つくる？

戦争は国家として、社会として、人間が下すひとつの政治決定ですから、それを仕掛ける人々が必ずいるはずです。1928年にイギリスで刊行された『戦時の嘘』という本があります。国会議員のアーサー・ポンソンビーという人が書いた本で、彼は第一次世界大戦時にイギリス政府がおこなったプロパガンダを分析しました。現代の戦争にも、モロ当てはまることが多いから、よく紹介されているんだ。

戦争をやりたいと考える政府は、自国民に向けて〝事実〟を伝えるのですが、そういうメッセージには歴史的にパターンがあるのだと、次のようにまとめています。

①われわれは戦争をしたくはない
②しかし敵側が一方的に戦争を望んだ
③敵の指導者は悪魔のような人間だ
④われわれは領土や覇権のためではなく、偉大な使命のために戦う

⑤われわれも誤って犠牲を出すことがある。だが敵はわざと残虐行為におよんでいる
⑥敵は卑劣な兵器や戦略を用いている
⑦われわれの受けた被害は小さく、敵に与えた被害は甚大
⑧芸術家や知識人も正義の戦いを支持している
⑨われわれの大義は神聖なものである
⑩この正義に疑問を投げかける者は裏切り者である

（アンヌ・モレリ著『戦争プロパガンダ10の法則』草思社、2002年）

当時のイギリスも民主主義国家です。独裁国家だったら、もしかしたら独裁者が「明日から戦争！」と言えば、開戦できちゃうかもしれないけど、民主主義国家が戦争するには、戦争という政策決定を支持する民意がなければなりません。戦争は多大な戦費が必要だから、戦争継続のためには、それへの投資が国益の実現のためにうまく働いているというメッセージを送りつづけ、国民を納得させつづけなければならない。

それゆえ、時の政府は、往々にして事実を誇張し、捏造《ねつぞう》することを、我々は歴史的に経験していますね。そういう行為をプロパガンダといいます。日本でも、かつて、第二次世界大戦中に大本営発表があったけど、まさに⑦のように「われわれの受けた被害は小さく、敵に与えた被害は甚大」と言っていた。③の「敵の指導者は悪魔のような人間だ」は、日本の現

在の北朝鮮報道に当てはまるかもしれない。

②の「敵側が一方的に戦争を望んだ」は常套句《じょうとうく》だね。もちろんブッシュ政権は、9・11のアフガニスタンへの報復攻撃で使いました。そして④の偉大な使命、民主主義のために戦うということは、現場のアメリカ兵にも浸透しているでしょう。⑤の「われわれも誤って犠牲を出すことがある。だが敵はわざと残虐行為におよんでいる」なんか、アメリカ政府が、アフガニスタンやパキスタンでのテロリストとの戦いで巻き添え被害を出したとき、世界、とくにアメリカ国民に言う内容だね。

戦争プロパガンダを「毒消し」する

僕の大学院のゼミの学生は、ほぼ全員が戦争当事国からやってくると話したけど、なかには身内を亡くしている学生もいます。日本人は平和を希求する国民かもしれませんが、彼らの平和に対する思いは現在進行形のもので、ちょっと日本人とは真剣度が違います。そんな彼らと一緒に、「戦争プロパガンダ」にどう向き合うかということを模索しているんだ。

プロパガンダが始まって、⑧のように、知識人や芸能人なんかも戦争を支持し出して、国民の大部分が戦争の大義⑨を信じちゃったら、もう遅い。戦争に反対したら⑩のように「疑問を投げかける者は裏切り者だ」と、同胞から殺されちゃうかもしれない。だからプロパガンダが勢いを増す前に、それを見極めないと意味がない。

まず、戦争プロパガンダの研究から始めたのですが、注目したのがアートです。かつてヒトラーもアートを利用しました。ナチス時代の建築デザインは、ヒトラーの壮麗で威圧的な志向に導かれたためか、威容を誇るとともに哲学的な静けさを感じさせる、すばらしいものばかりです。ナチスのやったことがやったことなので、僕が学生のころは、評価するのが社会的に難しい状況がありましたが。これらの大建築を背景におこなわれた、高度にビジュアル演出された政治集会は、大いにドイツ国民を高揚させただろうね。

ナチスにくらべると少しスケールダウンするけど、日本も負けていない。当時、世界で最も有名な日本人画家だった藤田嗣治《つぐはる》は、軍部の依頼で従軍画家として、戦争画の名作を残しました。日本を代表する写真家の木村伊兵衛《いへい》も、クリエイター業界で知らない人はいないグラフィックデザイナーの原弘《はらひろむ》も、大日本帝国のプロパガンダのためのグラフ雑誌を手がけた。

彼らがかかわった、日本陸軍が占領地や敵対国の民衆に大日本帝国の魅力を広報するためにつくった『FRONT』という写真誌があってね。中国語、ビルマ語など多言語でつくられたんだ。一枚一枚の写真にまったく手抜きがなく、絵画のようです。デジタル技術がなかったのに、手作業の合成で戦車の数を増やして、ものすごい大部隊に見せたりしていた。占領という軍事戦略の一環でつくられたものですが、圧倒的な芸術性に目を奪われるんだ。

なぜ、戦争の指導者がアートを使うかというと、アートは、戦争の正義を、理屈から「文化」に押し上げる力をもっているからです。じゃあ、権力者側でない我々が、こういう戦争アートに対抗するとしたら、何が有効か。それを模索するため、僕のゼミでも各学生の思いをアート化してみようということになった。

まず、留学生たちが、自分の国でおこなわれているプロパガンダを見つけて、それに対して何を発信するか考える。そして電通や博報堂などの若い日本人クリエイターたちと組んで、アート作品をつくるのです。この試みを続けてわかってくるのは、戦争に対抗しようとする、こちら側の主張も、結局「プロパガンダ」になってしまいやすいということでした。

あるロシア人女子学生は、ロシア、ドイツや東欧で急増しているネオナチという社会問題を取り上げました。ネオナチは、失業した若者層に増えているといわれます。自分たちに職がないのは移民のせいだと、ナチスの思想をまねて、民族の純血を前面に押し出し、外国人を排斥《はいせき》する運動です。スキンヘッドでハーケンクロイツという鉤《かぎ》十字を身につけ、ハイルヒットラーなんて気勢を上げている、あれだね。

彼女はクリエイターと組んで、短いビデオコマーシャルをつくりました。ゲームのテトリスが背景になっていて、鉤十字が上から落ちてくるけど、鉤十字だからどこにもおさまらない。つまり、ネオナチは社会にどうしたってそぐわない、そんな思いをこめて作品をつくった。すごく良い出来に仕上がったんだ。これって、どう思う？

——あまり刺激しないほうがいいような気がする。

――お互いに正義だから、対決しても結果が出ない。

そうだよな。これは発表会で大議論になったんだ。このように、平和への脅威に立ち向かおうとするとき、戦争プロパガンダと同じこと、つまり『戦時の嘘』に挙げられているパターンと類似した手法を使ってしまうのです。平和の敵をこき下ろしたり、有名人を使ったり、目的を神聖化したりするなんて、とくに陥りがちです。もしかしたら戦争プロパガンダより、反対意見を排斥する傾向があるかもしれない。

正直、僕もネオナチは大嫌いだけど、そういう過激な思想を排除しようとすると、君が言うように刺激しちゃって、よけい奮い立たせてしまう可能性があるよね。だからと言って、目をつむる、つまり無視しちゃったら何の解決にもならない。

ネオナチという現象をちゃんと直視し、それを生む原因を、ネオナチも、それに反対する側も一緒に考えられるような土台をつくれたらいいんだよな。たとえばノイズキャンセリング（周囲の雑音を拾って、その音と反転した音波を発生させることで雑音を軽減する仕組み）みたいに、ノイズそのものをなくすというより、一緒に共鳴して毒消しするみたいなことができたら、どうだろう。しかも、ちょっとしたユーモアやウィットをもって。

対立している者どうし、見方を変えれば共通の目的が生まれるかもしれないというような、敵愾心《てきがいしん》をもって相手側を見ているときには気がつかない物の見方を表現できたら、と思う。まだまだ試行錯誤だけど。

いつか、戦争プロパガンダをうまく毒消しする方法が見えてくるかもしれない。それには、まず日常生活に出現するプロパガンダに、敏感になることが必要だね。そして、自分もプロパガンダの法則に陥りやすいという自戒を、常に意識すること。さもないと、それに出くわしたとき、単純な怒りや嫌悪だけが先に立ってしまうから。

では次に、人間が戦争プロパガンダを必要とする、そもそもの動機を考えてみよう。

自衛は「固有の権利」です

武力を行使する動機は、やはり自衛に勝るものはないよね。敵が現れて大切なものを壊そうとしたら、もうやるしかないと思うでしょう。

現在、国際法において、武力行使の合法性を規定するものは、まず、国連憲章の51条に書かれている自衛権です。

自衛の権利として国連憲章に書かれているのは、「個別的自衛権」（rigft of individual self-defense）と集団的自衛権（rigft of collective self-defense）。個別的自衛権は、いま言った、動機のいちばんわかりやすいやつだよね。自分の国を自分で守ること。それに対して集団的自衛権はチームを組んで防御すること。

これらとは別に、「国連的措置《そち》」（collective security measure）というものがあります。日本では、

これを集団安全保障と言いますが、集団的自衛権と混同しやすい。僕はこちらの名称を使います。

イメージしやすいようにたとえると、みなさんの家が火事になったとします。住人の火の不始末か、それとも放火かは、まず措《お》いてください。自分の家だから当然、何らかの消火活動をするよね。バケツで水を火元にかけたり、市販の消火器を使ったりする。これを個別的自衛権の行使と考えましょう。

ここは密集した住宅地で、隣の家はほんの数メートル先です。隣家の家族は、あなたの家の騒ぎに気づいて、バケツリレーぐらいは手伝ってくれるかもしれない。この動機は、このまま放っておいたら自分の家にも延焼するかもしれないという喫緊性《きっきんせい》です。

数軒離れた家の人も、延焼する可能性は低いけど、普段から家族ぐるみのお付き合いをしていて、何かあったら助け合おうと約束しているので、バケツリレーしてくれるかもしれない。騒ぎを聞いてすぐに反応してくれるのがご近所のいいところだよね。これを、同盟を形成して相互に守り合う、集団的自衛権の行使と考えましょう。

そんな騒ぎのあいだに、誰かが消防署に通報しているはずです。そして遠くからサイレンを響かせながら消防車が到着する。国連的措置というのは、消防署の活動にあたります。消防署員自身は、あなたの家が燃えようが、自分の家にはまったく関係ないことなのですが、消防という社会の安全保障の枠組みで駆けつけてくれる。その家に住んでいる人が年寄りばかりでバケツを

もてなくても、近所付き合いがなくても、消防車は来てくれるはずです。
　これが国連を中心とする安全保障の枠組みで、チームを組むご近所仲間がいない国でも、国際社会の一員である限り、国連加盟国全体として相互扶助しようというものですね。国連には、消防隊員のようにいつも待機している常備の軍はないから、そこは消防署とは違うのですが、直接的な利害関係のない国どうしでも協力するというたとえとして捉えてください。
　これを「集団安全保障」と言うと、集団的自衛権の「集団」（お互い利害関係のあるお仲間）と混同しやすい。滅んでしまっても直接的な影響のない遠くの国でも、国連加盟国である限り、全員で助けようという「集団」とは違う。だから僕は「国連的措置」と呼ぶのです。

さて、日本は、個別的自衛権を行使する手段をもっていますか？

――自衛隊です。

はい。軍事費では、世界の7、8位ぐらいにつけている（2013年では約486億ドル。それでもアメリカの10分の1にも満たない。ストックホルム国際平和研究所の発表より）。

もちろん、お金がかかっているから強いとは必ずしも言えないでしょうし、自衛隊は当然、憲法9条の縛りがありますから、アメリカの海兵隊のように、敵地に殴り込んで軍事拠点を落とす、みたいな能力はつけていません。最新鋭の戦闘機やイージス艦をもっているから、敵が日本の領域へ近づこうとしたとき、海や空でたたく能力は、それなりにあるでしょう。

でも、日本は島国で群島がたくさんあり、海岸線も入り組んでいて、隙《すき》をつかれて敵に上陸されてしまうかもしれない。日本が領有権を主張し、主に中国と（台湾も主張していますが）もめている尖閣《せんかく》諸島は海上保安庁が警備にあたっていますが、2010年、中国の漁船が挑発行為をして、巡視艇に体当たりしたね。中国を単純に「敵」にたとえるのはどうかと思うけど、こういうところで他国の不審なものが日本の領内に侵入してきて、体当たりだけじゃなく、武器で攻撃を仕掛けてきたとき、どうするか。こういうときに反撃する「自衛」について、国際法ではどう言っているか、少し説明しましょう。

自衛権というのは、19世紀まで、国際法的にはっきりしたものではなかったようです。20

世紀に入り、人類にとって初めての世界的な総力戦である第一次世界大戦が起こり、厖大な数の人々が犠牲になりました。終戦後に締結された不戦条約によって、戦争が違法化、つまり法的にやってはいけないものになってゆく。そのなかで、例外的に認められていたのが自衛のための戦争で、当時の考え方が、現在までひきずられて残っているのです。

自衛のための戦争が認められるときというのは、まず①武力攻撃を受けて緊急的に対処しなくちゃいけないこと、②武力行使以外にそれに対処する方法がないこと、そして③武力行使するとしたら必要最小限度で、つまり怒りにまかせて相手を皆殺しみたいなことはやらないと。国際法上では、このように言われています。

日本政府が、9条の下で認められると解釈してきた自衛のための武力行使も、これと同じ考え方なのです。でも、日本のやり方は、すごくマイルドで、他の国と比較すると滅多に撃ったりしない。9条では、国際紛争の解決に武力は使わないと言っちゃっているから、やはり自衛の哲学は同じでも、実際の行使には、その国の「性格」が前に出るのだろうね。

このように、武力行使って、どこまでできるか曖昧な部分があるから、いちばん良いのは、最初から敵にそんな気を起こさせないことです。だからやっぱり抑止力が大切だと考えるのは当然かもね。そうすると、日本にとって、アメリカの存在は大きい。

日本とアメリカには、日米安全保障条約があります。これは終戦後から続くアメリカ軍の駐留を継続させるための条約で、日米地位協定（在日米軍の権限や基地の利用を規定するもの）が付いていて、基本的に、アメリカ軍と自衛隊が共存するこの日本の領域で「こと」が起こったら、一緒になって対処するというものです。

日米安全保障条約は、日本の領域内に限られているので、家の火事の例で示した集団的自衛権とは重なりません。日本の外、たとえばアメリカ本土が攻撃されたら、自衛隊は出かけていって一緒に戦うのかというと、これに関してはできないことになっているからです。

これは、アメリカが損をしているようにも見え、アメリカ人だったら「助けてもらわなくても助けてやるんだから、ありがたいと思え」と感じるかもしれないし、「こんなんだから、日本はいつまでたっても自立しないんだ」と憤《いきどお》る日本人もいるでしょう。

でも、アメリカは世界でダントツの軍事力を誇る、超大国中の大国です。自由経済の中心で、どの国より他国との利害関係があり、アメリカにとっての国益の防衛は、アメリカ本土の防衛だけには留まらない。とくに日本は、冷戦時代の超大国ソ連、今では同じく超大国中国の目の前にある国です。そこに軍事拠点を置かせてやっているのだから、アメリカが日本を守るのは当然、という考え方もできるかもしれない。日本の自尊心は、ちょっぴり救われるかな。

1956年、日本は国連憲章をすべて受諾し、国連加盟国になることを認められました。そこで日本が批准《ひじゅん》した国連憲章では、個別的自衛権だけでなく、集団的自衛権も「固有の権利」として認められています（51条には、国連憲章のいかなる規定も、加盟国に対して武力攻撃が発生した場合、「個別的又は集団的自衛の固有の権利を害するものではない」とある)。日本も主権国家のひとつとして、国連憲章上の自衛権を有するが、日本の自衛権は日本国憲法の制約を受けるため、お友達の国のために集団的自衛権を行使することはできない。ややこしいね。

国連憲章51条には、自衛権について、もうひとつ、忘れてはならないことが書かれています。個別的自衛権と集団的自衛権は「固有の権利」でも、その権利の行使は、国連安全保障理事会が国連として、何らかの措置を決定し、それが行使されるまでなんだよ、とある。

国連が対処するって決めたら、即、自衛権の行使を止めよ、と命令しているかは微妙ですが、そのへんをはっきり言っているのが日米安全保障条約で、国連による措置がとられたときは、日米でとった措置を止めなければならないと定めています(第5条)。もちろん、実際問題として、日米の軍事力に取って代わるものを国連が提供できるとはとても思えないので、そのまま追認みたいなものになるのかなと思うけど。

家に鍵をかけない方法

自衛という概念を、もっと身近に考えてみよう。みなさんの家の話をするけど、ふつう、家に鍵をかけるでしょう。どうしてですか?

——空き巣に入られると困るから。

入られたことある？

——ないです。

それなのに、なぜかけるんだろう。

——可能性がゼロではないから。

そうだよね。ひとつのドアに、鍵は何個かける？

——ひとつかふたつ。

3つにしないのは、どうして。

——面倒だから（笑）。

でも、3つでも足りないと思う人がいるかもしれない。防犯、監視カメラをつけるとか。

——そこまですると、費用がかかってしまう。

結局、防犯の程度を最後に決めるのは、経済的な問題かもね。お金持ちほど厳重に防犯するし、できるんだろう。でも鍵を10個つけたら管理にも困るね。ひとつでも失くしちゃったら、ドアが開けられなくなる（笑）。

ここで考えてもらいたいのですが、仮に家に鍵をかけないとすると、鍵の代わりに何が必要ですか？　どういうことをすれば鍵をかけなくてもいいだろう。昔、僕が子供だったころは、あまり鍵をかけなかったんだよ。もちろん僕の家は貧乏だったからだけど（笑）。

——近所の関係を密にして、泥棒に入られないように、まわりでサポートする。比較的、このあたりでは鍵を閉めないところも、まだあります。

——そもそも泥棒するような人が出ないように道徳教育をやったり、金目のものを盗む人がいないように経済の政策をおこなったりする。

相互監視ということで近所づきあいを密にするという案。もうひとつは、泥棒が出るという問題そのものに対処する、みんなが幸せになれば泥棒したりしないだろう、ということですね。他にはどうだろう。

——番犬を飼う。二重ロックにするだけで盗むのを止めると聞いたことがありますが、犬がいるだけで違うと思う。

——家のまわりで、「神様は見てますよ」という放送を流す。

それは効くかもしれないね（笑）。番犬を飼う場合は、入ってきたら大変なことになるよ、というのを知らせなければいけないから「番犬注意」という看板を出さないとね。

さて、今の議論を、国防の議論に発展させたら、どんなことが言えますか。

——番犬の例では、もちろん犬じゃないですが、自衛隊とかアメリカの基地とか、そういったものが用心棒にあたる。

——コミュニティーを密接にするのは、同盟関係を結ぶこと。

安全保障条約を結んでいるアメリカとは、同盟関係にあると言っていいと思います。しかし、それを軍事同盟と呼ぶかどうかは微妙です。軍事同盟（military alliance）とは、戦時を想定した協力関係を意味します。日本は憲法上の制約で、国際問題の解決のための武力行使ができません。ですから、日本はどんな国とも軍事同盟は結べないのでしょう。

アメリカは、カナダ、ヨーロッパ諸国とのNATOをはじめ、オーストラリア、ニュージーランド、フィリピン、そして韓国と軍事同盟を結んでいますが、日本の事情をある程度知っているアメリカ人関係者は、日本とのものをmilitaryではなく、security allianceと言い換える人もいます。僕が一緒に仕事した米軍司令官もそうだった。

日本の近所には、韓国、ロシア、中国、台湾（北朝鮮は今のところ外しますね）がありますが、日本はこれらの国と、「日米同盟」のような関係をつくっていません。平和と友好のための条約はありますが。

韓国との関係は、竹島／独島《ドクト》の領土問題もあり、日本に敵意をあらわにする民衆運動も強い。日本のなかには、「竹島くらいあげちゃってもいいじゃない」という意見もありますが、どんなに両国の文化、経済の交流が進んでも、領土問題に関しては、あちらの大部分の民衆を敵にしなくてはならないようです。やはり、かつての戦争において、日本は加害者、あちらは被害者という歴史観が、韓国側の国民感情を支配しているからでしょう。韓国では、独島問題での妥協は、どんな政権下でも、政治的自殺行為と言われるくらいです。

1950年に起こった朝鮮戦争以来、アメリカは韓国に駐留しつづけていますが、韓米・日米で、アメリカが日韓関係の蝶番《ちょうつがい》になっている感があります。アメリカがいる限り、日本と韓国は、多少のいざこざや挑発行為はあるでしょうが、大規模な武力衝突、ましてや戦争になんてならない、と楽観できるかな。

でも、アメリカが僕たちを見放したら？　アメリカが日本と韓国を見放すなんて、地政学上、今のところありえないシナリオかもしれません。でも、現在アメリカは、建国史上最長の戦争になるアフガン戦を抱え、経済が疲弊し、その結果（大きな戦争の後では必ずやることですが）、将来の軍事体制を見直している最中です。

アジア太平洋地域では、中国のアグレッシブな進出の抑制を主眼に置き、お仲間からのより一層の貢献、負担を促しながら、米海兵隊なども効率よく、ひとつの拠点がやられても大丈夫なように、オーストラリアなどにも分散させて広い制域圏を確保し、アメリカにとっての省エネ体制を目指しているようです。日本と韓国では、この状態を、パートナーとしての自分たちをアメリカが軽視する動きと捉えて、焦る気持ちが出てきてもおかしくない。

その結果、日韓それぞれが自国の軍備のさらなる増強という方向に行くのか、それとも、北朝鮮という共通の「敵国」、そして、その後ろにいる中国をもつ両国が、アメリカから見放されるのを契機に急接近し、日韓軍事同盟を締結し、文化、経済交流がなしえなかった領土問題の解決を案外ちゃっかり成し遂げちゃうのか（笑）。

今のところ、日本にとって、ちょっとアヤしい人たちとでも広く近所づきあいをして、かける鍵を少なくしてゆくって、どのくらい現実味があるだろう？

――軍事同盟は結べないことになっているし、かえって危険な気がする。すでに結ばれている平和友好条約のようなものでいいと思うのですが。

そうだな。「自衛のお仲間」をつくることは、省エネ、もしくは、自分たちに欠けているものを補い合うという観点から、当然といえば当然かもしれない。でも、そもそも共通の脅威、それもみんなで立ち向かわなければならないほど大きく、ある程度コンスタントに存在しつづける脅威がなければ、徒党《ととう》を組む意味がありません。仲間内でコソコソ敵について議論しているうちに危機意識だけが肥大してゆき、その気配を敵も察知して、双方が無意味に防御を増強してゆく状態を「安全保障のジレンマ」と呼びます。そうならないように工夫することも必要だよね。

じゃあ、軍事同盟をまったく結ばず、鍵をかけないというのは可能なのか。世の中にふたつの対立構造ができたとして、自分の保身のためにどちらにつくか決断を迫られるなんて、学校の教室でも起きることでしょう？　どちらにもつかない中立の立場をとるにしても、その中立グループが大きくなって、三つ巴《どもえ》の対立構造になることだってある。

東西冷戦期にインドのネルー、インドネシアのスカルノ、エジプトのナセルらが、米ソのどちらにも属さず、平和と共存、そして反植民地主義を掲げ、非同盟主義の〝同盟〟を築きました。でも、その後、インドはカシミール地方の分離独立運動を武力弾圧し（5章で詳しく話します）、核兵器を保有した。インドネシアは、強権政治が東ティモールなどの悲劇を生み、エジプトもその後、独裁に近い状況を生み、「アラブの春」の舞台となった。平和と共存は崇高《すうこう》な考えだけど、それでひとつの国家を運営してゆくのは至難のわざみたい。

――永世中立国のスイスは、どうやっているんですか。

スイスみたいに、孤高の存在として生きる術《すべ》もあるかな。でも、ちょっと注意しなければならないのは、こういう国々は、軍事同盟はどことも結ばないけれど、自分の国を自分で守る体制が整備されています。スイスは、銃の携帯がほとんど庶民の生活の一部になっている国民皆兵《かいへい》国家です。もうひとつ、永世中立国のオーストリアには徴兵制があり、男子が18歳以上になると、6ヵ月の兵役か、9ヵ月の社会奉仕の義務がある。

また、軍をもたない憲法で有名な中米のコスタリカは、常備軍はないけど、非常時には徴兵制を敷き、軍をつくることを同じ憲法が定めています。そして常備の武装警察は、軍事組織と変わらない武力をもっていると言われる。さらに米州機構というアメリカを中心にした中南米の安全保障の体制に加盟していて、つい最近には「麻薬対策」ということで、アメリカ海兵隊7千名の駐留を許可しています。実質、日本とあまり変わらない。

家にまったく鍵をかけないって、ちょっと難しいかな。あきらめたくはないけれど。

9条と自衛隊

日本に軍事基地を置くアメリカは、アフガニスタンやイラクで戦争をやっている。こんな物騒なヤツを置いているから、よけい狙《ねら》われるんだ、という意見もあるよね。日本は、自立して、自衛隊をもっと強くするしかないという意見もあるけど、どうだろう?

——自衛隊を強くすることはできると思いますが、そもそも9条でできないことは非常に大きいと思います。

——足かせになってる?

——完全に足かせというわけじゃないですが、若干のデメリットになっている。

憲法第9条にはこう書いてありますね。

第9条　日本国民は、正義と秩序を基調とする国際平和を誠実に希求し、国権の発動たる戦争と、武力による威嚇《いかく》又は武力の行使は、国際紛争を解決する手段としては、永久にこれを放棄する。

2　前項の目的を達するため、陸海空軍その他の戦力は、これを保持しない。国の交戦権は、これを認めない。

9条は、家の防犯にたとえると、泥棒に入られても反撃しちゃいけないと言っていることだろうか？

――未遂の状態の泥棒は、捕まえてはいけない。やってからじゃないと逮捕できないということだと思います。少なくとも家の中に入ってから。

――そもそも泥棒が入らないっていう前提ですよね。

9条の誕生には、有名な「芦田《あしだ》修正」というものがあります。芦田均《ひとし》は、法学者で政治家、首相にもなった。憲法の草案に深くかかわった人だね。

9条は、額面通りに読むと、いかなる武力行使も否定しているように思える。9条の草案の原文となった通称「マッカーサーノート」には、「国際紛争を解決する手段」としてのみならず、「日本自身の安全のための手段」としても戦争を放棄すると書いてあって、もともとは日本という狂犬の牙だけじゃなく、歯もすべて抜いてしまおうという意図があったようです。その後、GHQのなかでも、自衛という固有の権利まで禁止するのはどうよ、という議論があって削除された。

ここから、日本の再軍備を制御したいアメリカと、将来のためにあんまり縛られたくない日本政府との様々なせめぎ合いがあったのでしょう。盛り込まれたのが、芦田さん提案の9条第2項冒頭の「前項の目的を達するため」という文句。つまり、第2項で保持しないと言っている戦力は、第1項の「国際紛争を解決する」ための戦力だけである。だから、自衛のための戦力を保持しないとは言っていないという解釈が、ここで始まった。

まあ、学校の英文法の授業で、この形容詞はどの名詞にかかるか、みたいな議論ですが、これが陸海空軍と呼ばない自衛隊が合憲であるという根拠になってきた。こういうねじれた解釈のなかで、自衛隊の存在には、一種の後ろめたさがずっとつきまとってきたと思います。

僕が小さいときの記憶だから、多分にデフォルメされていると思うけど、小学校4年生ぐらいのとき（1967年頃）、家でニュース番組を観ていたんだ。成人の日の夜だった。どこかの町の成人式で、ピシッと自衛隊の制服を着たひとりの若い自衛官が、5、6人のヒッピーみたいな人たちに会場の入り口で通せんぼされている騒ぎを映していた。その自衛官は小柄で、悔しそうに立ちすくんでいる姿が、妙に鮮明に記憶に残っている。

たぶん、そのヒッピーみたいな集団は、自衛隊の存在を絶対認めないという人たちで、彼らも彼ら自身が考える正義のために活動していたのだろうけど、こういう個人をターゲットにするやり方、それも多勢《たぜい》に無勢《ぶぜい》で一生に一度の大事な個人の思い出を台無しにするなんてひどいと、子供心に思ったことを覚えています。

今、僕は、自衛隊の幹部を養成する学校でも講義していますが、みなさん礼儀正しくて、発言も常に控えめで、僕みたいな外部の人間に対してはとことん気を遣ってくれる。東日本大震災での救援活動も、その献身的な姿が称賛されたよね。

僕は、自衛隊よりも海外の軍との付き合いが長いのですが、民衆にこれほど優しい武装組織はお目にかかったことがない。たぶん、9条と自衛隊のねじれた関係が、常に社会にどう見られるかを意識する組織の体質をつくってきたんじゃないかな。

これを我が自衛隊の悲しい生い立ちと考えることもできるけど、一方で、武装組織があまりイケイケどんどんでも困る……。生い立ちはどうであれ、結果として、世界で最も礼儀正しい武装組織をもっているということは、それなりに評価してもいいのではないかと思う。

——自衛隊は、外国にはどういうふうに見られているんですか？

法的な議論は横に措いて（9条と、もうひとつ大事な「軍法」の問題もありますが、3章で話します）戦力を見れば、自衛隊はふつうの軍隊でしょう。というか、世界で有数の軍隊です。

でも、日本が憲法9条をもっていて戦争を放棄している国だということは、実はあまり知られていないようです。日本に来たばかりの留学生に聞いてみても、ほとんど知らない。

さっき、9条は、家にたとえると泥棒が入らないこと、つまり敵がいないことが前提の憲法だと言ってくれた人がいたけど、でもそれは、我々は誰も敵と見なさないんだよ、ということを、外の世界にくまなく知らせなければ意味ないよね。

ところが、日本人が思うほど知られていない。だって知らせる努力をしていないから。その努力って、まず9条の外国語訳から始めるべきでしょう。もともと英語で草稿されたから英訳はあるけど、世界で広く流通するフランス語、アラビア語、ロシア語、スペイン語はもちろん、反日感情が根強く、いちばん大事な隣人の中国語、韓国語訳は絶対あるべきだよね。

ここで必要な訳は、日本政府が公認する正式な訳です。訳文は、ニュアンスを正確に伝えるものでなければならないから、市民団体がやればいいというものじゃない。まず外務省のホームページに公表し、加えて在外大使館では、現地で積極的な広報活動をすべきです。僕は個人的に、反米テロリストが多く潜むアフガニスタンのダリ語、パシュトゥン語、イランのペルシア語、そしてパキスタンのウルドゥー語の訳がほしい！

——9条を知らない外国の人が、9条を知ったときの反応は、どんな感じですか？

びっくりするよね。へえー、と驚く。国が軍をもつのは当たり前、軍がなくて、どうやって国民を守るの？と単純に考えるからね。徴兵制で、兵隊だった学生も多いし。

そして滞在が進み、9条にまつわる日本人の大戦への反省を理解しつつも、日本だけ軍隊をもたせないというのは、ちょっとフェアじゃないんじゃないか、という気持ちもあるみたい。中国、韓国からの学生でも、そこまで日本に足かせをはめるのがいいのかな……という声も、僕は聞いている。もちろん、彼らが母国の感情を代弁しているわけではないよ。彼らは若い世代だし、日本を留学先に選んだ時点で、特別な人たちであるわけだから。

でも一方で、9条は軍隊をもたないと言っているのに、あの強そうな自衛隊どうなの？とも思うようです。彼らは国際政治の勉強もしているので、国連も憲章に大きな修正を加えることなく、解釈と慣習を積み上げることで現実のニーズに対処してきたことを十分承知していますが、9条と自衛隊はちょっと……子供にどう説明するんだろうって思うみたいだね。

シュウダンテキジエイケンって、何？

僕のゼミに、今大変なことになっているシリアからの学生がいてね。日本語勉強中の彼女は、シュウダンテキジエイケンが問題になっていることをテレビか何かで耳にして、僕に聞いてきたんだ。何これ？って。9条との絡みで戦後ずっと論争が続いていて、その行使を禁止している云々《うんぬん》って説明したら、「え？　イラクに送ったアレは何だったの？」って、すごく驚かれたんだ。シリアはイラクと接している国ですね。

まあ、外から見たら、日本の自衛隊はアメリカの戦争に参加した。でも、日本のなかでは自衛隊は集団的自衛権の行使ができないことになっている……。

ここで、集団的自衛権が、日本の外でどのように扱われてきたか、少し説明しましょう。

集団的自衛権が国際法に明記されたのは、国連憲章第51条が最初だと言われています。それ以前はというと、皆徒党を組んで戦ってはいたけど、国際法上の規定は、個別的自衛権だけだった。でも、国連憲章がつくられる過程で、いろんな駆け引きがあったようです。

国際連合は、第二次世界大戦で勝った連合国（アメリカ、イギリス、ソ連、フランス、中国）を中心に、あのような戦争が二度と起こらないよう、大戦後の世界秩序の維持を目的としてつくられました。五大連合国が常任理事国として、その最高決定機関である安全保障理事会をしきっています。

でも、世界で起こるすべての問題を、安全保障理事会に押し付けられても困る。だから国連憲章では、まず、ご近所地域での組織的なまとまり（後のEU欧州連合やAUアフリカ連合など）で、平和的な解決の努力を尽くすことを奨励《しょうれい》しているんだ。それでも経済封鎖や武力行使などの強制的な行動をとらざるをえないときには、必ず安全保障理事会の許可を取ること、と。

ですが、5つの常任理事国は、「拒否権」というものをもっていて、一国でもNOと言ったら何も決まらなくなる。拒否権の発動で安全保障理事会が割れ、許可を出せなくなったら、まごまごしているうちにやられちゃう……。だから、安全保障理事会の許可がなくても、同盟を結んだお友達どうしによる自衛ができるように、集団的自衛権が固有の権利として、国連憲章に盛り込まれることになったんだね。

その後、でっかいお友達グループどうしのガチンコの冷戦期では、集団的自衛権の旗を立てて武力行使した国は、意外に少ない。両陣営の長のアメリカとソ連、そしてアメリカ側のイギリス、フランスの計4ヵ国だけです。それも、かなり乱用気味に使っている。

1章で話したソ連のアフガニスタン侵攻（97ページ）がいい例です。当時のアフガニスタンに共産政権ができたのですが、それに抵抗する国内の反政府勢力が武装蜂起し、内戦状態になった。そして、その共産政権はソ連に助けを求めるのです。これをきっかけにソ連は武力介入し、反政府勢力と戦闘を始める。これって侵略に見えなくもない。でもソ連は、同胞である共産主義政権の存在を危うくする敵への攻撃を、集団的自衛権で正当化したのです。

こうして、安全保障理事会が動く前にお仲間で行使できるものとして生み出されたのが集団的自衛権ですが、冷戦が終焉《しゅうえん》すると、国際秩序に反する不埒《ふらち》なことをする国をみんなでなんとかしようと、安全保障理事会が最初から自分で呼びかけるようになった。１９９０年の湾岸戦争、フセイン政権下のイラク軍が隣国クウェートに侵略したときの対応がこれですね。

まず、安全保障理事会がイラクに対して経済制裁を発動。そして、アメリカが同盟国イギリスや、エジプト、サウジアラビアなどのクウェートのご近所と多国籍軍を構成、サウジアラビアに駐留を開始。これらの脅《おど》しにもフセイン政権は屈する様子がないので、ついに安全保障理事会は多国籍軍による武力行使を認め、開戦した。湾岸戦争は、冷戦後、初めて国連が主導して国家を叩く戦争になったんだ。

これは、家の火事の例で説明すると、消防署がみんなの税金（国連でいえば全加盟国の国連拠《きょ》出金《しゅつきん》）で消防士や消防車を編成して送るのではなく、消防署が消火に駆け付けるボランティアを拡声器を使って呼びかける、みたいな感じだろうか。リーダーは、基本誰がやってもいいけど、まあ、その不埒なヤツに一番頭にきている国かな。だからアメリカです。

これに対して、国連的措置には、みんなの税金で消防士や消防車を編成して送り、安全保障理事会がその指揮を執《と》る「国連平和維持活動（ＰＫＯ）」というものがあるのですが、これについては3章で詳しくやろう。

その後、集団的自衛権と国連的措置の関係は、9・11を契機とした「テロリストとの戦い」で、さらに進化します。このテロ事件は、アメリカだけでなく全世界に衝撃をあたえたのですね。同時多発テロの翌日には、安全保障理事会が、国連を挙げて、このテロの脅威に立ち向かうことを決議した。そして被害者アメリカが個別的自衛権で反撃の準備を進めるなか、自衛のお友達NATO（北大西洋条約機構）が集団的自衛権を発動させます。

こうしてアフガニスタンへの空爆がアメリカを主体に開始され、アルカイダをかくまっていたタリバン政権は崩壊します。当然、「自衛」でここまでやっていいの？という声も上がりました。これは、国連が、集団的自衛権の背中をドンと押す格好といえるかな。

タリバン政権を倒しても、隣国パキスタンに逃げた残党がいるので、NATOの集団的自衛権の行使はその後も継続しています。同時に、タリバン政権に代わる新しい国づくりが始まるのですが、まだ国軍も警察もないし、育てるのにも時間がかかる。ということで、安全保障理事会は、治安維持のための部隊の派遣を、すべての国連加盟国に呼びかけます。そして、この部隊の指揮も、同じ場所で集団的自衛権の行使をやっているNATOが執るようになる……。ついて来られるかな？（笑）

つまり、もともと、安全保障理事会を動かす前の武力行使を正当化するために「集団的自衛権」が使われてきた。それが今では、国連が全加盟国に参加を呼びかける武力行使が、集団的自衛権の行使の指揮下に入るという「集団的自衛権主導型・国連的措置」が現れるようになった。

アフガニスタンには、アメリカを中心にNATOとしてイギリス、フランス、カナダ、ドイツ、イタリア、非加盟国でも韓国など、約50ヵ国が派兵しています（2014年4月現在）。

平和を象徴する国というと、ノルウェーを思い浮かべる人もいるでしょう。ノーベル平和賞はノルウェー国会が任命する独立機関が選んで授与するものだし、世界で起きている紛争に中立の立場で介入し、対話の場を提供するといった平和外交を掲げている国ですが、そのノルウェーもNATOの一員としてアフガニスタンで治安維持にあたり、戦死者が出ている。

日本人にとっておなじみの欧米の国々は、大体すべてが「自衛戦」つまり「戦争」していることになるのですが、そういう実感ってありますか？

——アメリカくらいしか、ないかな……。

なかなかないよね。現在、先進国では、「戦争」をしているほうが普通で、やっていない国を探すほうが難しい。

でもね、テロの一番の被害を受けたアメリカは別として、他の国は、この「参戦」にあたって、それぞれのジレンマがあるようです。たとえば日本と同じように戦争への懺悔《ざんげ》が国内世論を支配するドイツでは、戦後初めて、「戦場」に陸軍を出したんだね（それまでの派兵は国連PKOも含めて施設や医療、そして戦闘が終わったあとの治安維持ぐらいでした。1999年にコソボで初の空爆に参加しましたが、当時喧伝されたミロシェビッチ大統領による「民族浄化」を阻止することにモラル的な

アフガニスタンへ派兵している国々

アメリカ	フランス	トンガ
イギリス	オランダ	大韓民国
ドイツ	クロアチア	モンゴル
イタリア	エストニア	アラブ首長国連邦
ヨルダン	マケドニア	スロベニア
ルーマニア	ポーランド	ウクライナ
ベルギー	ラトビア	モンテネグロ
グルジア	ハンガリー	エルサルバドル
トルコ	アルメニア	ギリシャ
ブルガリア	ノルウェー	アゼルバイジャン
オーストラリア	リトアニア	アイルランド
スロバキア	ルクセンブルク	アイスランド
スウェーデン	フィンランド	オーストリア
スペイン	ポルトガル	ニュージーランド
チェコ	アルバニア	マレーシア
デンマーク	ボスニア・ヘルツェゴビナ	バーレーン

ISAF（アフガニスタンにおける国際治安維持部隊）派遣国（2014年4月1日現在）

正当性を見出したのか。NATO諸国のお膝元の紛争だという喫緊性《きっきんせい》も、戦闘に参加する嫌悪感を乗り越えさせたのでしょう)。アフガン派兵は、何千キロも離れた完全に域外の戦場に、それも生身の人間どうしによる殺し合いが最大限に可視化される陸上部隊を送るという、ドイツにとって初めてのケースで、ドイツ世論は二分しました。最初は、国連が呼びかける「治安維持」のほうで世論を納得させたんだ。もっていく武器も、治安維持だったら軽装備(ピストルとか自動小銃)で済みそうだと思っていた。

でも、「敵」にとってはどうでしょう? 「治安維持」であろうが、相手は、アメリカと同じ敵として撃ってくる。もう「治安維持」どころじゃなくなる。こんなはずじゃなかった、投げ出したい、でもこのままにしておけない……。とにかく、もっと威力のある武器、大砲や戦車が必要だ。だけど、それじゃあまるで戦争じゃんという反戦世論も気になる。ドイツでも55名の犠牲が出ています(2014年6月現在。自殺者など含める。うち35名が戦闘による死亡)。

日本はどうしたかというと、アメリカのアフガン報復攻撃に対して即座に賛意を表明し、以来、民主党に政権が移るまで、海上自衛隊を、通称「海上阻止作戦」のため、インド洋に派遣しました。この作戦の目的は、「聖戦」のために世界から集まってくるテロリストたちの行き来、資金源となる武器や麻薬の輸送を海上で阻止するというものです。日本の海上自衛隊の任務は「給油活動」で、この作戦のために配備された他国の艦船が支障なく動けるよう、給水、給油をおこなうこと。

平和なインド洋上のガソリンスタンドと揶揄《やゆ》された任務ですから、人を殺すことも、殺されることもありません。実際、まったくその心配はありませんでした。日本人の意識では、この派遣が「参戦」という感覚はないようですが、「海上阻止作戦」は、実は、米・NATOの集団的自衛権のほうの下部作戦なのです。だから、国際法的に、日本は集団的自衛権を行使したのです。感覚的（日本の国内法的）にはそうじゃなくても、日本の外からはそう見える。なんか、日本らしいなー（笑）。

自衛が対峙する「敵」が変わってゆく

整理すると、国際法的に認められている武力行使は、個別的自衛権、集団的自衛権のふたつが固有の権利としてある。グズグズしていると燃えちゃうから、国連の許可はいらないから自分らでまずやれ、ただし「節度」をもって、国連的措置までガンバレ、と。この3つが基本です。

湾岸戦争では、すぐに消防署が、ボランティアを呼びかけちゃう悪者退治（国連的措置で、集団的自衛権を行使すること）が始まった。

テロリストとの戦いが始まると、国連的措置が集団的自衛権の行使の指揮下に入ってしまう「集団的自衛権主導型・国連的措置」がなされる。自衛という概念、自衛が対峙《たいじ》する敵の様相が激変することで、自衛する側の「集団」が世界をまたがるようになってゆくことは見てとれるかな。

ここで考えなければならないのが、先制攻撃についてです。つまり、自衛権の行使を始められるのは、実際に最初の一撃をくらった後だけなのか、それとも、その直前にやっちゃっていいのか、ということ。

先制攻撃には、ふたつの考え方があります。ひとつは「予防的先制攻撃」。これは、まだこちらは攻撃を受けていず、喫緊の脅威じゃないけど、そのままにしておけば将来攻撃されたり侵略されたりする、あくまで可能性の判断をもとに先制攻撃するもの。これは、国際法では違法とされています（国連憲章51条には、自衛権の行使は、「武力攻撃が発生した場合」とある）。

それに対して、「自衛的先制攻撃」とは、本当に敵の攻撃が差し迫っていて、もう時間の猶予《ゆうよ》がないときの攻撃のことをいいます。これは、国連憲章が指す自衛として認められる場合があると考えられているようです。

しかし、自衛のために先制攻撃しなければならない状況の緊急性って、誰がどう客観的に判断できるのか。「情報」によって判断しなければならないわけだけど、でも、その信用性は？

さらに、予想される最初の一撃が、核兵器だったらどうする？　その一撃でこちらは壊滅しちゃう……。この場合は、あくまで可能性に基づく情勢判断でも、想定できる被害があまりに甚大なので自衛的先制攻撃を認めざるをえない、ということになるかもしれない。だからアメリカは、後にでっち上げだとわかる情報でも、イラク戦開戦において、サダム・フセインの大量破壊兵器保有にこだわった。国際法違反ギリギリだったことは十分承知で。

こういう非常にやっかいな兵器を敵がもっている可能性に加えて、さらにテロリストという国家でない敵を想定しなきゃならなくなった。激変する世界情勢のなかで、いままでの憲法9条の憲法解釈が許す自衛で、これからもやっていけるのか。

——やっぱり、アメリカとセットになって、やっと……。

だから、そういうややこしいことはアメリカに任せて、日本は自分たちだけの「平和」に徹してきたのが、戦後からずっと続いてきた体制だった。そのあいだ、国連平和維持活動やアメリカがやる戦争に、いろんな理由をつけて、ちょこちょこと自衛隊を出してきた。

でも、莫大な戦費でヘロヘロになったアメリカが、これからも同盟国のさらなるコミットメントを要求することは続くと思う。そして日本の本土自身が、テロリストに狙われる近未来も想定しなくてはならないのかな。

2005年、ロンドンの地下鉄での同時多発テロでは、自爆テロ犯も含め56名が犠牲になりました。イギリスが、アフガン、イラク戦にも積極的に参加したことが、テロの標的になった原因と考えられています。アメリカ、そして、その同盟諸国がどんどん警戒態勢を強化してハードルが高くなっているから、同じアメリカのお仲間で、ちょっと平和ボケしたソフトな奴を狙おうなんて、僕がテロリストでも考えちゃう。

やはり、日本を守るには、9条を変えて、大手を振って集団的自衛権を含めた自衛をしないとだめだろうか？　憲法改正に向けて法的な基盤は整い、政権与党が国民投票にかけるといえば改憲が可能になる。たぶん、君たちもいつか、投票することになると思う。

——……実際には、攻められたりしない限り変わらなそう。日本人が殺されるくらいの事件が、国内で起こるとか。

君が言うように、日本人が巻き込まれる大きな事件が起こったら、それを契機に世論は豹《ひょう》変《へん》するかもしれない。そのへんの可能性を考えてみよう。

「このままでは大変なことに」——セキュリタイゼーション

何か人々の日常の静けさを乱すようなことが起きて、それが多くの人々の関心事になる。そして「今までのやり方じゃダメだ」という気持ちが社会に広がり、ルールを変えようという事態が起きる。このようなときの民衆の心理と政府の政策決定の関係を分析する手法が、国際関係論という分野の学問にあります。「セキュリタイゼーション（securitization）」というものです（1990年代、コペンハーゲン派という、この分野のひとつの学派がつくった理論です）。

セキュリタイゼーションは、ざっくばらんに言うと、次のようなものです。何らかの脅威の芽生えがあって、まだ人々はそれを認知していない。でも、あなたは、それをそのままにしておくと困ると考えている。対処するには、より多くの人があなたの考えに同調して、一緒に行動しなければならない。

そのためには、脅威の存在だけを説明しても説得力がないので、いろんな仮説を立てます。脅威をそのままにしておくと、誰がどう困るか、何が犠牲になるか。こうやって説得を試みるはずです。説得が成功すれば、みんなでその脅威に立ち向かおうということになる。

たとえば、福島高校とライバル関係の隣町高校が存在したとする。両校にはそれぞれ不良グループがいる。でも、福島高校のほうがちょっと弱い（笑）。あなたは、1週間後に開催予定の文化祭の実行委員長ですが、とんでもないことを耳にします。隣町高の不良グループが、福島高校の文化祭に乱入する計画を進めているというのです。

隣町高には、県下随一《ずいいち》の進学校である福島高校の入試を滑った生徒が多い。不良グループのリーダーとその取り巻き数人も不合格者で、福島高校に恨みを抱いているらしいのです。あなたは担任の先生に相談し、学校として警察に相談するよう頼みますが、否。警察＝国家権力を学問の場に入れるとは何事かと、逆に怒られる始末。

焦ったあなたは、福島高校の不良グループに相談します。危機が迫っていること、教師や警察はあてにならないことを挙げて、この問題に引き込むべく説得しますが、力で劣る福島高校不良グループは、ちょっとビビっている（笑）。

そんなとき、隣町高に友人がいる同級生に頼んでおいたスパイ情報が入ってきます。このところ隣町高の不良グループは頻繁に集会を重ね、着実にグループの人数を増やしているとのこと。ここで一条の光があなたの頭をよぎり、あなたは朗々とみなに話します。

あっちがそんなに大勢で乱入してくるなら、文化祭は大混乱になる。こっちが無抵抗に徹しても、混乱に乗じて乱闘が始まり、そうなると加害者と被害者の区別はほとんどつかない。その日は文化祭で、部外者もいっぱいいる。そのなかに、一般客を装って隣町高が送りこむサクラも大勢いるに違いない。この騒ぎは警察沙汰になり、彼らは乱闘の目撃者として、こっちに不利な証言をするだろう。当然、僕らの責任も問われる。これで僕らの一流志望大学への推薦入学の道は完全に断たれる、と。

この最後のくだりは効いた。せっかく苦労して屈指の進学校に入ったのに。人生設計が突然音を立てて崩れる結末が、現実味をもって目の前に立ちはだかり、みな、頭が真っ白。目が泳いでいます。そしてハッと我に返り、お互い目を見合わせる。次にみなの視線はリーダーに。そしてあなたは彼から、次の一言を引き出します。

「やられる前にやっちまおう」

漫画みたいな設定になっちゃったけど（笑）、イメージできたかな。

――あるものに対する危機感を、みんなが共有して、何か手を打たなければ、という事態になるまでのことですか？

うん。このような一連のプロセスをセキュリタイゼーションと呼び、それを仕掛けるあな

たを「仕掛け人（securitizing actor）」と位置づけます。

脅威によって犠牲になるかもしれない、だから保護しなければならない人やものを「推定犠牲（referent object）」とする。ここでは、脅威を放っておくと回り回って犠牲になる、君たちの大学進学への機会。

そして、仕掛け人がより大きな支持のために説得する人々を、セキュリタイズされる「聴衆（audience）」と位置づける。ここでは福島高校の不良グループだね。

これら、仕掛人・推定犠牲・聴衆を、セキュリタイゼーションの3つの要素と定義します。

福島高校の話を続けると、そうこうしているうちに、もうひとつのスパイ情報が入ってきた。あっちの不良グループが仲間を

脱セキュリタイゼーション

増やしているのは事実だった。でも、その真の目的が判明するのです。

隣町高には養護学級があり、不良グループのひとりのお兄さんが在籍している。福島高校と同日に開催予定の彼らの文化祭で、養護学級の催し物を手伝うために、仲間を増やしていたのだ。なんか、けっこう良い奴らみたいだ。でも、不良グループのひとりが、冗談半分に、「盛り上がった勢いで、福島高校に乱入しちゃおうか」と発言したのは事実だった……。

あなたと不良グループは目が点になる。突然、脅威がなくなった安堵《あんど》と、先制攻撃で盛り上がった熱狂が冷める一抹《いちまつ》の悲しさの両方が入り交じって、ずっこける。こういうのを、セキュリタイゼーションに冷や水をかける、「脱セキュリタイゼーション

（de-securitization）」といいます。

セキュリタイゼーションでは、脅威そのもの、それが客観的にどれだけ危険か云々《うんぬん》には興味がなくて、構成要素にも入っていない。あくまで、その脅威を利用する人、それによって影響を受ける人、そして、その脅威で犠牲になるかもしれない仮想被害に注目する考え方なんだよね。

このようなセキュリタイゼーションは、いわゆる権力者に政治的な手段として使われる傾向があるともいわれています。そういうときには「推定犠牲」を明確に、そして時に誇張することによって、「仕掛け人」は、もう通常の方法では対処が不可能だと主張する傾向があり、従来の原則やルールを破る権力者の行為を、聴衆が許す土壌をつくる。

そして「仕掛け人」からの働きかけだけでなく、セキュリタイゼーションの最初のきっかけをつくった事件が、あまりに予想外で社会が右往左往し、政治が明確な意志をもてない混乱状況が、セキュリタイゼーションの相乗効果となることも考えられます。

学問上では、たとえば移民問題や環境問題などに当てはめて使われたりもする。それまでは脅威ではなかったのに、何らかの出来事をきっかけに危機感を感じるようになり、自分たちの身を守るためにはルール変更が必要だと、法律を変えたりする、そういった政治決定に至るまでの過程を分析しているようです。

セキュリタイゼーションは、良いとか悪いとかの価値判断は扱いません。人間の本能と、それが集合体として増幅された結果なされる政治決定を、ひとつのプロセスとして冷静に客観視するツールだと思います。僕にとっての「平和と紛争」学にも、けっこう使える道具だと思っているんだ。

ところで、セキュリタイゼーションには、しっくりした訳語が、まだないんです。「安全保障問題化」と訳している人もいるけど、僕はちょっと違和感がある。日本では安全保障問題というと、国家の軍事的なものを指す意味合いが定着しているよね。何か国家間の関係や、国家のトップレベルの政治判断に関することだけを対象にしているような印象を受ける。

僕は、セキュリタイゼーションとは、「個々の人間が日常生活のなかで、自分自身と家族の安全を希求する本能的な欲求」と「戦争という国家の政治判断」が、実は直結していることを読み解くツールなんだ、というニュアンスを前に出したい。

何か良い訳語がないか、ずっと考えているけど、まだ思いつかない。良い訳が思い浮かんだら、教えてくださいね。

悪を阻止するためなら――「仕掛け人」の正義

実際に戦争に至った過去の事例を使って、セキュリタイゼーションを考えてみよう。さっき扱った湾岸戦争ですが、この戦争の開戦を決定するまでに起こった、様々な出来事のひとつに「ナイラの証言」というものがあります。

1990年、イラクのサダム・フセインがクウェートに侵攻しました。ジョージ・W・ブッシュのお父さんが大統領だったときのことです。1980年から続いたイラン・イラク戦争が何とか停戦したのが1988年。当然、戦費と破壊でイラクの国家財政はヨレヨレでした。イラクに、さらなる打撃を与えたのが、原油価格の下落です。イラクを含めた石油産油国で構成するOPEC（石油輸出国機構）という国際機関があります。あまり石油を産出し過ぎると原油価格が値崩れするので、産油の割当量などを決めるんです。

ところが、サウジアラビアとクウェートが、これを無視してどんどん石油を増産し、フセインは頭にきていた。もともとイラクとクウェートには国境紛争もありました。国境付近の両国の油田が地下でつながっていて、採掘権でもめていたのです。そしてイラクが国境に軍を配備する決断をして、一気に緊張がエスカレートしました。

エジプトなどの仲介もむなしく、1990年8月、フセインは10万ともいわれる軍をクウェートに侵攻させ、短時間でクウェート全土を制覇します。

国連はすぐに動き、イラクに対して、クウェートからの即時撤退要求を安全保障理事会が決議した。でも、フセインは国連決議を無視。クウェートの併合宣言までしてしまいます。これに慌てたのがサウジアラビアで、アメリカに助けを求め、イスラム教二大聖地のある自国に米軍を駐留させたと1章で話したね。

アメリカは、イギリスやフランスにも声をかけ、サウジアラビア内のイラク・クウェート国境付近に軍を集中させ、開戦ムードが高まってゆきます。一方、フセイン政権は一向にビビる様子もなく、イラク国内で逃げ遅れた外国人を拘束し、「人間の盾《たて》」にするなど気勢をあげつづける。そして、ついに安全保障理事会は、もしイラクが1991年1月15日までに撤退しなかったら、国際社会による武力介入を容認するという決議を採択した。

「ナイラの証言」とは、開戦ムードが高まりつつあるなか、アメリカ連邦議会の人権問題議員連盟でなされた、15歳のクウェート人の女の子、ナイラによる証言のことです。

イラク軍兵士は大規模な略奪をおこなっていて、ある一派が、クウェートの病院に押し入り、高価な保育器を奪うために、新生児を次々に取り出して床に放り出した。結果、多くの赤ちゃんが死んでしまった。この病院でボランティアとして働いていたという彼女は、涙ながらにそのときの様子を語りました。この証言は、今もユーチューブで見られます。

当時のクウェートは、イラクの占領下で海外のメディアが入れなかったのです。彼女の証言は信憑性《しんぴょう》をもってメディアに取り上げられました。ブッシュ大統領も、フセインを「ベビー・キラー」と呼び、この証言は、他の与党系議員にも引用されてゆきます。フセインの国際社会に唾を吐くような態度も影響したでしょうが、こうして開戦の用意を着々と進めるブッシュ政権の支持率が上昇してゆく。

そして1991年1月17日、開戦。アメリカを主体とする圧倒的な空爆、そして多国籍軍の進軍は、イラク軍を簡単に壊滅させ、イラクの戦闘員の死亡は2万人以上。アメリカの非政府の研究機関が推定したイラク市民の犠牲は、2千人以上にのぼると言われています。

ところが、終戦後のクウェートにメディアが入り始めると、とんでもないことが発覚します。イラク兵士が保育器を奪った事実も、新生児を死なせた事実も確認できなかったと、アメリカのマスコミが報じたのです。そして、ナイラには別の本名があり、実はクウェート駐米大使の娘であることが暴露されます。

クウェート大使館が、「クウェートの自由のための市民運動」というNGOを立ち上げ、「ヒル・アンド・ノウルトン」というアメリカのPRコンサルタント会社と契約し、「ナイラの証言」の台本だけでなく、同NGOの広報キャンペーンの戦略づくりをしていたことも明るみに出ました。

このケースにセキュリタイゼーションの3要素、「仕掛け人」、「推定犠牲」、「聴衆」を当てはめてみましょう。「仕掛け人」の主役は（アメリカの政治家の数名も初期の相談に乗っているでしょうが）フセインのせいで母国を失った在米クウェートNGO。そして、独裁者サダム・フセインのクウェートでの蛮行を、アメリカ社会に広く周知啓蒙することを商業案件として請け負ったPRコンサルタント会社。「聴衆」は、アメリカ一般民衆と政策決定者たち。では、「推定犠牲」は？

――赤ちゃんを殺している、そういう行為を見過ごしていいのか、ということ？

そうだね、たぶん遠いクウェートのことでありながら、新生児が虐殺されたということで、同情の距離が極限に縮まったヒューマニズムだと思われます。こうして「ナイラの証言」は開戦という政治決定を支持する世論形成に貢献したのです。

こういうことって、日本でも起こると思いますか？

——日本は、けっこう倫理を重んじるから、起きないんじゃないか……。

倫理ね。でも、たぶん、「仕掛け人」たち、そしていたいけな〝ナイラ〟ちゃんも、罪の意識は、当時だけじゃなく、今でもあまりないんじゃないかな。だって、悪いのは圧倒的にサダム・フセインのほうだから。クウェートに攻め入ったことにはフセインなりの事情があったのだけど、やっぱり軍事侵略はまずいよね。

それに、この「仕掛け人」たちの表向きの目的は、アメリカに戦争させることじゃない。あくまでクウェートの惨状をアメリカ社会に周知啓蒙すること。だから彼らにとって、侵略という圧倒的な国際悪を阻止するためには、「多少」のヤラセはしょうがないと感じていたんじゃないかな。

結果として戦争は起こり、一般市民が死ぬ。おそらく本当の「仕掛け人」は、この罪のない嘘の「仕掛け人」たちを利用した人たち、お父さんのほうのブッシュ政権ではないか。

戦争の意思決定者たちも、それに結果的に加担する人たちも、みな、それぞれの強い倫理観に導かれているのだろうと思う。だから、セキュリタイゼーションの仕掛け人の議論をこっちの倫理観で糾弾したって、単なる倫理観の対立として終わってしまう。

このヤラセ事件は、ＰＲコンサルタント業界では、大スキャンダルとして認識され、大きな教訓となったようだけど、それでもかたちを変えて繰り返されてゆくでしょう。

サダム・フセインは、この後、息子のほうのブッシュさんが大統領のとき、大量破壊兵器の保有という2回目のでっちあげで息の根を止められる。開戦の熱狂に冷や水をかける「脱セキュリタイゼーション」は、残念ながらはたらかなかった。

国連査察団は、イラクの大量破壊兵器保有の証拠は認められないと言ったのだけれど、アメリカは独自の「証拠」を出して、このまま放っておけば確実にそれが自分らに使われると、自衛的先制攻撃を正当化した。安全保障理事会が、許可をめぐって割れていたのに。

国連査察団は、「脱セキュリタイゼーション」に努めた格好に見えるけど、やっぱり大量破壊兵器を「もっている」「そうとも言えない」という陣営の単純な対立になってしまった。脱セキュリタイゼーションって、陣営内部の「聴衆」のなかから生まれ、内側から働きかけるものでないとダメなのかもしれない。

日本で「セキュリタイゼーション」を起こすとしたら

では、日本でセキュリタイゼーションを起こすとしたら、という架空の設定を考えてみよう。

東京電力福島第一原子力発電所の事故は、テロリストたちに大きなヒントを与えたと言われています。もちろん、原発は民用施設の最たるもので、それへの攻撃は戦時国際法違反ですが、そんなこと、彼らはなかなか考慮してくれないでしょう。

原発への攻撃というと、ミサイル攻撃とか、ハイジャックした旅客機で突っ込むとか、大げさなものを想定しがちですが、そんなことしなくても電源を切ってしまえばいいわけですね。数人が侵入して占拠し、電源を止めて立てこもるだけで、甚大な被害をつくれる。原発労働者なんかに工作員を潜《もぐ》り込ませて、内側から手引きすれば、簡単にできそうだ……。

こういうことを想定すると、日本には非常にわかりやすい仮想敵がいるわけです。たとえば、こんなことが起きたらどうなるだろう。

QUESTION

日本の、ある原子力発電所が数人のテロリストグループに1週間占拠され、電源を止められ、メルトダウン寸前までいった。

機動隊特殊部隊が突入し、テロリストと交戦、どうにか危機的な事態を回避できた。

犯人は全員射殺。アジア人だった。現場から金正日《キムジョンイル》のバッジが見つかった。

このような報道があったら、日本社会はどうなると思いますか？　実際にありうるかどうかではなくて、あくまで、これだけの情報が日本社会に提供されたとして、考えてみよう。もし、このような報道があったとき、日本や僕たちはどういう反応をするか。

——北朝鮮のバッジだけ見つかったとして、やったって言えるかな……。

——報道があったら信じるよ。まず、バッジが落ちていたという時点で、もしかしたら違うかもしれないとは思わずに、北朝鮮がやったんだというのは、国全体が疑いなく信じてしまうと思う。メディアも、これまで北朝鮮がやってきたことを報道するだろうし。

そのあと、北朝鮮に対してはどういう行動に出るでしょう。

——原発が狙われたということで、広島、長崎に原爆が落とされている国だし、強い反応が生じると思うけど、日本が主力で何かことを起こすというのは難しいと思う。国連に訴えて、たぶんアメリカと一緒になって……というような戦争のパターンはあると思います。

国連安全保障理事会では、バッジが落ちていただけの物証で、即、制裁決議とはいかないだろう。でも、この事件の前後に、ミサイル（人工衛星？）の打ち上げみたいなことが重なれば、非難決議くらい引き出せるかな。他にはどういうことが起こるか。

——原発が攻撃されたということで、原発を停止する動きが大きくなったり、自衛隊で守るとか、諜報機関を強化することになるんじゃないかと思います。

原発を即刻停止しろという世論は、すごく強くなるだろうね。日本政府がなかなか脱原発にならない状況で、脱原発運動にとっては決定的な追い風になるだろうけど……。

　警備体制は、絶対に強化するだろう。今は、原発専門の機動隊（警察）と海上保安庁の巡視船が警備にあたっていますが、自衛隊で守るための法改正も進んでいると聞きます。こういう事件があると、自衛隊の装備や訓練の大々的な見直しはもちろん、重要な軍事拠点が日本にあるアメリカにとっても他人事じゃない大問題のはずだから、日米の安全保障は、テロ対策に焦点を据えて、大転換を迎えるかもしれない。

　国連安全保障理事会の動きの遅さに業を煮やして、アメリカが国連決議を待たずイラクに侵攻したように、日米が北朝鮮を自衛的先制攻撃する可能性は？

――戦争まではいかない。議論しているあいだに薄れて、しばらく経ったら、そういえばあんなことあったね、という感じになると思う。

――報道されている期間はヒートアップするはずですが、報道がなくなったら、人々は忘れるんじゃないか。痛みを忘れるのが人間というか、ああ、爆発しなくてよかったなぁって忘れちゃうんじゃないかな。

　ヒートアップが収まるまでの期間が、脱セキュリタイゼーションにとっての勝負なんだろうね。架空の設定をさらに進めて、もしも突入した機動隊員や原発の職員に死者が出たら、もしも爆発してしまったら……我々が受けるショックは、たいへん大きなものになるはずです。そのとき、どのような反応や変化が生じ、あなたはどうするか？　こういうシミュレーションを助けるツールが「セキュリタイゼーション」だと捉えてみてください。

脱セキュリタイゼーションを生む能力

2010年3月、韓国の哨戒艦《しょうかいかん》（魚雷やミサイルを搭載した攻撃用の軍艦）が撃沈されました。天安《てんあん》沈没事件と言われます。船体が割れて沈没し、46名の韓国兵が死んでしまった。「撃沈」事件と報道され、大騒ぎになります。撃沈した相手は？　すぐに北朝鮮と結びついた。日本でも連日にわたって、兵士の葬儀で泣き叫ぶご家族の様子などが報道されたよね。韓国社会が怒りと悲しみで爆発しそうだった。

韓国政府はアメリカやイギリス政府と合同で検証を進め、海底から魚雷の残骸《ざんがい》を発見しました。その特徴から、この魚雷は北朝鮮のものと断定され、北朝鮮の魚雷攻撃によって撃沈されたと結論づけられた。

韓国政府は、報復攻撃も辞さないと北朝鮮非難を開始。その結果、安全保障理事会から非難声明を引き出し、国際社会による北朝鮮の包囲網が広がります。

日本政府は、もちろんこれに同調し、さらなる追加制裁を示唆し、北朝鮮糾弾の先陣に立ったことは言うまでもありません。北朝鮮は一貫して、「でっち上げ」という声明を繰り返しますが、誰もが北朝鮮の仕業《しわざ》であると疑わず、このまま何らかの報復がなされると思いきや、なんと韓国国内から、疑問が呈されたのです。

まずは、アメリカで活動する韓国人の学者グループが、これがもし殺人事件なら、この程度の間接証拠で有罪にするのは困難であり、冷静になるべきだとアピールする声明を出しました。続いて、この事件の調査を韓国国会から依頼された民間の韓国人の船舶専門家が、沈没が爆発によるものである可能性を否定し、座礁《ざしょう》か衝突による可能性が高いと発言して話題になります。その他にも、北朝鮮犯人説に疑問を呈する報道が出始めました。アメリカの原子力潜水艦が衝突したのではないかとも言われた。

ハンナラ党政権の、北朝鮮へのあまりの強硬姿勢に国民は不安を抱いたのでしょうか。同年6月の統一地方選で惨敗します。こうして、外敵が起こす事件としては、国内政治に利用できる（つまり有権者の支持を集中させる）最適のケースでしたが、結果は裏目に出てしまう。

46名の兵士の犠牲という大事件にもかかわらず、真相の究明はうやむや。韓国政府のでっち上げの証拠も、北朝鮮の犯行の可能性を完全に否定する証拠もないまま、現在に至ります。わかりやすい既存の敵、そして大勢の犠牲を伴った大事件が報復攻撃を引き起こしかけたときに、「脱セキュリタイゼーション」が強く機能したと言えるんじゃないか。

こんな脱セキュリタイゼーションを生む能力が、日本社会に備わっているだろうか。韓国社会は、反日運動の報道なんかを見ると、非常に熱しやすい国民性に見えますが、僕は、こと軍事に関しては、政治の混乱が引き起こす末路としての戦争を、具体的にイメージできる

「胆力《たんりょく》」が備わっているような気がするのです。

休戦とはいえ、朝鮮戦争以来ずっと、軍事的な緊張下に置かれていることも関係しているでしょう。そして、北朝鮮との融和路線、あるいは強硬路線が、時の政権の政争の具になってきた歴史から、政治への冷静でまっとうな不信感みたいなものが、自然に備わっていると思う。徴兵制が、国民の軍事の理解度に貢献しているのかもしれない。

もちろん、日本に徴兵制を布けとか、あえて軍事的な緊張をつくれなんて言ってるわけじゃないよ。それらがなくても、「脱セキュリタイゼーション」を生む能力を身につけることはできないか？　その可能性を探っていきたいと思うのです。

ひとつ断っておきたいのですが、脱セキュリタイゼーションを、反戦の道具と捉えると、うまく機能しないと思う。仮に本当に悪い敵がいたとして、奴らの好戦性を挫《くじ》くために、はたして戦争、もしくは武力行使という手段が、本当に最適かどうかを、我々自身が少しでも冷静に観察できる力をつけるために、脱セキュリタイゼーションを目指す。この程度に考えておきましょう。

政府が「安全」を民間から調達するとき

今日は最後に、僕がアフリカのシエラレオネでつくった「自警団」の話をします。

危機に備えるのは、人間にとって当たり前のことだよね。みんなに「危ない」と感じさせることで、成り立っている職業もある。警備会社が「鍵のない社会をつくろうよ」なんて言わない（笑）。「泥棒がいるから気をつけろ」じゃなければ商売が成り立たないでしょう。

警備や防犯は、警察や民間の警備会社がおこなっていますね。日本の民間の警備会社は火器（武器）による武装は許されていないので、警察のように市民の命は守れません。基本的には火器以外の威嚇によって財産やお金を守る、その程度のものです。

でも、海外の警備会社は武装しています。じゃあ、警察と警備会社の、いちばん大きな違いって何だろう？

――税金。公的な機関か、営利企業かということ。

そうだね。もちろん通常は、民間の警備会社が犯人を追い回して逮捕するなんてことはしません。基本的に威嚇と防御だけ。じゃあ、政府が民間警備会社を雇ったらどうなるか。

外務省の出先機関である在外日本大使館は、その受け入れ国の警察が警備の責任をもつこともありますが、その警察があまり当てにならない国では、武装した民間警備会社を雇っています。僕がいたアフガニスタンもそうです。

タリバン政権時、在カブール日本大使館は閉鎖していましたが、タリバン政権崩壊後、復興が始まると、他の先進国の大使館と同じように、日本も再開させました。アフガン政府は、警察も一からつくっている最中です。各国の大使館のために割けるような警察力はまだ育っていない。そんな警官をあてがわれても困っちゃうし（笑）。だから、日本も含めて、ほとんどの先進国の大使館は、外国籍の完全武装した民間警備会社を雇っていました。

このように、公的な機関の警備も民営化される傾向があります。民間であれば、数ある企業のなかから、よりよい業者を選べる。民営化は、ある意味、非常に効率の良いオプションなのです。

僕がいた、内戦が起こる前のシエラレオネは、民間警備会社の理想的なマーケットでした。大統領でさえ、自国の軍や警察を信用しない。だから彼自身の警護は、外国籍の民間警備会社が請け負っていました。

反政府ゲリラが蜂起《ほうき》すると、大統領の警護のガードを、これまた民間警備会社によって調達された傭兵《ようへい》で大統領親衛部隊のようなものに増強し、それでも軍を信用できない大統領は、軍の訓練強化や武器・弾薬の調達をも、民間警備会社に委託するようになった。こうなると軍事会社と呼んだほうがいいかもしれないね。ところが、反政府ゲリラ側も、別の民間軍事会社と同じような契約を交わしていて、一国の内戦が、あたかも民間軍事会社同士の戦いみたいな奇妙な体《てい》をなすまでになっていた。

大統領がこうだから、その他の政治家たちや官僚たち、そしてセレブたちも、安全と安心を金で調達する。じゃあ、金を出せない、その他大勢の一般庶民はどうするか。そういう人々のために、この国の田舎に駐在していた僕の経験を話します。

暴走してゆく自警団

シエラレオネは、西アフリカにある、人口600万人ほどの小さな国です。人間開発指数という、国連開発計画が1990年から出している指標があります。GDPや平均寿命、識字率などを数式化して国のランキングを決めていますが、シエラレオネはそのランキングが始まった1990年からずっと最下位で、現在も最下位グループに位置しつづけています。とくに乳幼児の死亡率はダントツです。

この国は有名なダイヤモンドの産地で、その他の鉱物資源にも恵まれている。これらが上手く国民のために運用されていれば、シエラレオネは「天国」のような国になるとよく言われます。でも、そうならない。ひとつの政党の独裁が独立以来ずっと続き、汚職がはびこっていた。政治家や高級官僚が、できるだけ安く資源を持ち出したい外国資本からのワイロ漬けになり、ほとんど「密輸」同然に、本来、国民の福祉に還元されるはずの資源が収奪されてゆく。

当然、「世直しを」という勢力が出てきます。1991年、ついに反政府ゲリラが蜂起して内戦が勃発しました。この内戦は9年以上続き、50万人の一般市民が犠牲になった。国民の8人に1人が亡くなったということですね。

僕がこの国に初めて赴任したのは1988年、みなさんはまだ生まれていないね。アメリカに本部を置く国際組織の現地事務所長として、4年間をここで過ごすことになったのです。当時のシエラレオネは国庫がカラ。国民の生活を守るための公共サービスがまったく機能していない状況にありました。加えて、警察官や裁判官の給料が払われないから、法が働かない。何をやっても、ワイロを払えば罪に問われない。結果、強盗、殺人等の一般犯罪が日常茶飯事になる。ほとんどの警察官も犯罪に手を染めているような状況でした。

僕は、人口およそ12万人のマケニという町で家族と暮らし、医療施設や学校設備、農業を振興する、資金規模ではこの国最大の国際援助活動を指揮していました。マケニは、当時の大統領の出身地で、僕は大統領と仲がよく、外国人なのに、彼に任命されて市会議員もやっていたんです。

1991年、腐敗した政権を倒そうとする「革命」が起きました。それが、RUF（革命統一戦線）という反政府ゲリラです。年寄りたちが牛耳《ぎゅうじ》る旧態依然の社会を一掃したいと、とくに若者層の支持を多く引きつけていった。彼らの革命ソングは泣かせるよ。「僕らの任務はシエラレオネを救うこと　僕らの任務は人々を救うこと　僕らの任務は祖国を救うこと」。

革命というのは、悪い奴らだけを、できるだけ短期間に殺して政権を倒してしまえば、後世になって歴史は肯定するのかもしれない。でも、どこかで歯車が狂い、ズルズル長引くと、単なる大量殺人になってゆく。ゲリラというのは、君たちのようなふつうのお兄ちゃんたち

シエラレオネ
ギニア
マケニ
フリータウン
シエラレオネ
リベリア

が、大した訓練もなくいきなり銃をもたされて戦うみたいな感じ。通常の軍隊なら、まず大切なのは、食料、弾薬等の補給線の確保です。これがなかったら戦争にならない。

ゲリラは、基本的に現場調達です。当初はいくらか補給ができても、戦いが長引けば簡単に絶たれてしまう。当然、お腹が減ります。すると農民たちに、革命への「協力」を無心《むしん》するようになる。貧しい農民がそれを渋ると、「革命に協力しないのか、じゃあ、お前は政府側の人間だな」と、略奪し、さらに殺害をもするようになる。本来、革命が解放すべき民衆を、革命が殺し始めるのです。

こうして民衆にとって、いつ襲ってくるかわからないゲリラの恐怖に怯《おび》える時代が始まります。だけど、政府は何もしてくれない。

僕が暮らしていたマケニもそういう状態でした。そこで市会議員の僕は、議会で、ある提案をします。自警団をつくることです。警察署長が全面的に賛成してくれて、満場一致で賛同されました。すぐに勇気ある屈強な若者が20名ぐらい名乗り出てくれた。警棒や槍、本当に撃てるかどうかわからない旧式の猟銃などで気勢をあげ始めます。

僕は資金援助を申し出た。民間警備会社を雇う金にくらべたら、微々たるものです。タダで良いメシがたらふく食えると噂を聞いて、どんどん志願者が増え、１００人くらいになったでしょうか。町ぐるみの自警団の誕生です。

マケニ自警団は、僕の家と事務所を優先して巡回し、家族を守りたい僕にとっても心強い

RUF

し、一般市民の評判も上々。言い出しっぺの僕は非常に鼻が高かったのですが、だんだん自警団の行き過ぎた行動が目につくようになるのです。

ゲリラが町を狙うときには、まず、一般人のふりをした偵察要員を送り込んでくるんだ。だから、自警団は、路線バスのターミナルで乗降客一人ひとりの身体検査を始めました。見ない顔がいると、「どこから来たんだ」と尋問《じんもん》する。始めはそれだけで済んでいたのに、隣の町でゲリラを拘束したとか噂が立つと、切羽詰まってくる。尋問した相手がちょっとでも抵抗すると、暴力を使うようになり、みんなでボコボコにするようなリンチ事件も起こるようになってしまった。警察も見て見ぬ振りです。

そうこうしているうち、ついに人を殺してしまった。それもボコボコにしたあと、後ろ手に縛り、どつきながら町を行進するのです。「RUFだ。ゲリラのスパイだ」とはやし立てながら。捕まった彼は、もうヨレヨレで声を上げる力も残っていないようだった。

僕は、ちょうどそこを自動車で通りかかったのですが、僕の現地人運転手は（すごく気だての良い優しい奴でした）急停車し、車から飛び降り、その容疑者を殴り始めたのです。笑いながら。そして、群衆が大きくなると、自警団のメンバーは、用意しておいた古タイヤを彼の背の高さまでかぶせて灯油をまき、それに火をつけて焼き殺してしまいました……。僕は、車内でじっと静観していただけです。僕が直接目撃したのはこれだけでしたが、この「タイヤ焼き」は町のひとつの流行になってしまいました。

――……その人は本当によそ者だったんですか。

わかりません。こういう事件が市議会で問題になることもなかった。町の人々にとっては、迫り来る極度の恐怖感を払拭《ふっしょく》し、空虚な雄叫《おたけ》びを上げる手段として、この「タイヤ焼き」を求めたようです。容疑者の人権を考える余裕なんて、誰にもなかった。

シエラレオネは、もともと多民族、多宗教国家で、僕の町でも、それらに起因する武力対立の歴史があったのですが、この危機に際しては、自警団をシンボルとするマケニという町への帰属意識が高揚し、「よそ者」に対して極度に排他的になり、不審者を殺してゆきました。反政府ゲリラの侵攻が始まり、町や村を次々に陥落していた当時、すでに多くの人々は隣国のギニアに逃げ、大量に難民化していた。僕が所属していた国際ＮＧＯは、この地域で政府の代わりをしていたようなものです。もし僕が撤退を決定すれば、住民の最後の頼みの綱がなくなる。だから僕は、活動の継続にこだわったし、自警団を組織したのも、すべて「人々の安全と幸福」のためでした。

その後、僕はこの町を離れ、比較的安全だった首都に移り、活動は現地スタッフを遠隔操作することで継続しました。しかし、ついにゲリラの侵攻を受け、運が良い人々は逃げて難民となり、そうでない人々は、僕のスタッフを含め多くが殺され、命拾いした人々もゲリラが支配する恐怖政治の毎日を過ごすことになります。僕の事務所は、ゲリラの本部基地として使われました。

僕が、ＲＵＦ（反政府ゲリラ）の危機に対処するために必要だと訴え、実質、セキュリタイゼーションの「仕掛け人」となり、町でつくられることになった自警団は、結果、多くの人を殺しました。僕に罪悪感があるか。まったくないとは言えませんが、あの時、あの状況では、ああするしかなかった……。何よりそれは、「人々のため」だった。それだけです。

安全を国家が提供できないとき、我々は自ら武器をとり、何の罪悪感もなく、殺傷も厭《いと》わない自衛に駆り立てられる。

セキュリタイゼーションの「仕掛け人」を攻めたって無理です。だって、罪悪感がないんだから。でも、すべては「仕掛け人」が育《はぐく》む、極めて主観的な正義感から始まるのです。それに、より多くの支持を集めるため、大衆が抱く危機意識が操作される。そうして主観的な正義感は、客観的な政治意思へと昇華するのです。このメカニズムを理解することこそが、僕たち自身が、脱セキュリタイゼーションを身につけることなのだと思います。

セキュリタイゼーションを成功させてしまうのは、実は「仕掛け人」ではなく、「聴衆」である僕たち自身なのですから。

3章
もしも自衛隊が海外で民間人を殺してしまったら

国連は官僚組織

今日は、お友達やご近所ではなく、はっきり言って、その国が消滅しようが日本人には痛くもかゆくもないような国、そんな遠く離れたところで重大な危機が起こったときのことを考えましょう。

まず、「消防署」にたとえてきた、国際連合の話から始めよう。僕もかつて、国連の一員でした。このなかで、国連で働きたいと思っている人はいる？

——具体的に何をするのかイメージがつかない。国連職員って、どうやってなるんですか？

——給料はいいですか？

悪くないよ（笑）。基本給は、日本の外交官と同じくらいかな。その他、危険なところで働く場合の特別手当とかもあって、結構おトク感がある（笑）。

国連に入るには、日本の公務員試験のような選抜試験もあって、これは若いときから国連を目指す人向きかな。まず中に入って、いわゆる役人としてコツコツ上を目指す。

これに対して、たとえば、ある国で紛争が勃発して、みんなでこの国を安定させようという決定がなされたとき、国連としてはできるだけ早く「消防団」を現場に送りたいでしょう。同時に、世界が注目する国際外交の場で、自国の人間をできるだけ上のポストに突っ込みたいという各国の思惑が絡み、様々な駆け引きがあって、世界中から即戦力が集まる。こんな感じで僕みたいな人間が、いきなり国連の仕事をやるようになるケースもあります。

国連、すなわち国際連合は、未曾有《みぞう》の地球的規模の犠牲者を出した第二次世界大戦終結後、1945年10月に誕生しました。二度とこんな戦争を繰り返さぬよう、終戦後の新しい秩序を世界につくるために設立されたんだ。英語表記は、United Nations。大戦中の日本の敵だった「連合国」が、そのまま継承されたものだね。

国連の基本事項を記した国連憲章には、「敵国条項」というものが盛り込まれました。あんなにコテンパンにやっつけたのに、また悪さをする懸念が払拭《ふっしょく》できなかったのでしょう、連合国の敵、つまり日本を含む枢軸国《すうじくこく》を警戒するものです。2章で、世界のすべての問題を安全保障理事会が扱うのは大変だから、国連憲章は、ご近所どうしの取り組みを奨励していると話したね（148ページ）。そして、それが武力行使になるときは、安全保障理事会の許可が必要になると。でも、「敵国（元枢軸国）」が相手だったら、その許可はいらないのです。この「敵国条項」は削除されず、今でも残ったままなんだ。

こんな国連ですが、現在の加盟国は193ヵ国（2014年11月現在）。戦争や平和に関して、国家が集団的に何かを決定する仕組みのなかで、最大の規模をもつものです。その中核が、第二次世界大戦の五大戦勝国（アメリカ、旧ソ連のロシア、イギリス、フランス、旧中華民国の中華人民共和国）を中心とする安全保障理事会です。安全保障理事会は国連の最高決定機関で、5つの常任理事国と、任期2年の非常任理事国の10ヵ国、計15ヵ国で成り立っています。

日本人は、国連という組織に、NGOみたいな精神に導かれて世界中から人々が集《つど》うところ……といったようなイメージをもっているかもしれないけど、ちょっと違う。国際公務員と言うことがありますが、その通り、官僚なのです。

日本の国会でも、発言する大臣や閣僚の横にひかえている人たちがいるよね。外交関係の審議であれば、外務省の官僚たち。国連の場で、日本の国会における官僚のように働くのが国連職員です。そして政治家の「閣僚」にあたるのが安全保障理事会。こう考えるのが一番わかりやすいでしょう。

それに付随して、国際問題の特殊な分野を扱う専門組織がある。たとえば、子供の問題ならUNICEF（国連児童基金）、農業問題ならFAO（国連食糧農業機関）、労働問題ならILO（国際労働機関）、開発全般の問題ならUNDP（国連開発計画）、環境問題ならUNEP（国連環境計画）、難民問題ならUNHCR（国連難民高等弁務官事務所）などなど、たくさんあります。これらをよく、国連職員仲間の冗談で、アルファベットビスケットをひっくり返したようだ、と言います。つまり、やたらゴチャゴチャいっぱいある、というたとえだね。

僕の国連官僚としての職務経験は、東ティモールで国連が暫定政権を運営したときの県知事、そしてシエラレオネで内戦を終わらせるためにおこなった武装解除の責任者でした。

その後、日本政府の仕事としてアフガニスタンで武装解除をやったときは、国連組織と仕事しながら外から観察する機会に恵まれたのですが、これがほんとに大変だったんだ……。

たとえば武装解除する民兵のなかに、少年兵もいるよね。するとＵＮＩＣＥＦが、俺たちも噛《か》ませろってしゃしゃり出てくる。そもそも人が民兵になってしまうのは、それ以外に職業がないから、つまり労働問題だからってＩＬＯが横から乱入。いや、武装解除後の民兵たちが一般市民として生きてゆく道を提供するのは、国の開発復興に大きな影響があるのだからとＵＮＤＰがやってきたかと思ったら、ほとんどの民兵たちは武装解除後、農業に就くはずだってＦＡＯが割り込んできたり……。

国連が働く現場では例外なく、国連組織どうしのライバル意識を調整し、どうやってムダを省いていくかが、最大の課題のひとつになります。

日本でも、一体何をやっているんだかわ

からない公益法人の数々がありますね。あの感覚で国連を捉えるのがわかりやすいと思います。でも、官僚が、こういう状態を自己批判し、改革の斧《おの》を振るえるかというと、なかなかできない。中にいる内は無理だよね。僕がこう言えるのも、今は外にいるからです。

僕が東ティモールにいたときも、現場は苦悩の連続だった。それに、国連といえども、外国人がやる統治は、現地人から嫌われるんだ。どんなに一生懸命やっても。

僕が知事をやっていたコバリマという県は、東ティモールとインドネシアの国境地帯だと話したよね。虐殺を逃れてインドネシア領にたくさんの人々が避難したのですが、国連の統治が始まり、安心した人々が帰ってくるようになった。僕がいた県は、その入り口です。

帰ってくる人たちの中には、インドネシア統治時代に優遇されて恩恵を受け、自分と同じ東ティモール人を虐殺していた併合派《へいごうは》民兵たちも混じっている。それに気づいた住民の通報を受けると、各国から派遣された警察隊（国連文民警察と言います）が駆け付けて、併合派民兵を拘束します。その後、取り調べをおこない、司法の場に送らなければならないのですが、ここで大問題がある。犯人を捕まえても、留置所がなかったらどうする？

——容疑者に帰ってもらうわけにはいかないし……それは困る。

そうなんだよね。取り調べは何日もかかるけど、容疑者をどこで寝かすのか。ご飯はどうするか……。当時は、まさに焼け野原で、使える建物は残っていなかった。僕ら自身がテント生活だったんだから。かといって、手錠してイスに縛っておくわけにもいかない。虐待になっちゃうからね。

拘束した容疑者の人数は増える一方で、もう手に負えなくなってきた。僕たちが事務所として使っていたKOBE HOUSE（プレハブの仮設住宅）のひとつを留置所にしても足りない。本来なら取り調べが終わったあと、身柄を裁判所に移して司法手続きをしますが、当然、裁判所も復興中です。

小学校とか診療所とか、なんて言うか「癒し系」の復興事業って、すぐ国際社会から援助金が集まるんだ。君たちだって、「子供たちの学校がありません。寄付してください」って言われたら、グッとくるでしょ？　でも、「留置所をつくりますから、寄付ください」じゃあね（笑）。こういうメンタリティーって、政府間援助でも同じ。小学校なんてポコポコ立つのに留置所、そして刑務所がない。はっきり言って、こっちのほうが大事なのに！

それと、本当に困り果てたのは、虐殺の犠牲者の遺体をどう保全するかということです。併合派民兵たちは、インドネシア領に逃げる前、証拠隠滅のために死体を積み重ねて焼却しようとしたのです。それがたくさん焼け残っていた。

もちろん遺族たちは、一刻もはやく弔《とむら》って埋葬したい。でも僕らは、将来開かれるであろう戦争犯罪法廷の証拠として、遺体を保存しておかなければならない。だから、検死官と冷凍施設を早急に送るように、国連本部に要請しつづけていた。でも、国連のお役所仕事で一向に埒《らち》があかず、ついに大部分の遺体が野良犬にもっていかれてしまった……。これは遺族が怒るよね。ここから住民の、僕らに対する不満が鬱積《うっせき》していったのです。

知事の僕は、まず現場の本部（東ティモールの首都、ディリにあります）に、留置所を建設する資材を提供してほしい、留置所があればなんとか堪《こら》えられる。手配に時間がかかるんだったら資金を送れ、こっちで業者を手配するからと、連日打診していた。

僕たちは、国連警察の署長もみんなで金を出し合って、容疑者にメシを食わせていたんだ。なんで自分の給料から出さなければいけないの、と思いながら。でも、ディリからの返事は、「ニューヨークの本部の許可がいる。申請しているけど梨の礫《つぶて》だ」って。仕方ないからニューヨークに直談判してみたけど、ディリの本部を通せとしか言われない。

半年くらいそんな状態が続いて、僕は、拘束者を全員、いったん自宅に帰して「保護観察下」に置くと決めたんです。KOBE HOUSE のキャパも限界で、苦渋の選択だった。

でも、どれほど住民の代表たちに事前説明しても、だめでした。「虐殺者」を解き放つとは何事かという民衆の怒りが爆発したのです。保護観察下の容疑者たちが、集団でリンチにあう事件も起きた。そのたび、武装した国連警察隊を出動させるはめになる。

そうしているうちに、怒り心頭の民衆は、僕の県知事事務所への大きなデモを起こすようになった。そして、デモ鎮圧のために国連平和維持軍が出動する。民衆の平和の維持のために来たはずの僕らが、民衆へ銃口を向けなければならなくなった。幸い死者は出さなかったけれど、部隊出動を命令しなければならない僕は、本当に悲しかった。

そんなとき、常任理事国の代表団が視察に来たのです。当時は、国連が初めてやる暫定統治ということで、東ティモールが世界の注目を集めていたんだ。海外のメディアを大勢引き連れ、何台ものヘリコプターで、国連外交のトップたちが焼け野原にやってきた。僕のフラストレーションは頂点に達していて、国際メディアが大勢いる前で、「アホな官僚のせいで、国連平和維持軍が、罪のない一般市民を殺す」って言っちゃったんです。

それが功を奏して、代表団が帰ったあと、即、資金が届いた（笑）。けれど、それだけじゃすまなかった。国連の内部批判を、メディアの前でやるとは何事かと、国連事務局から、僕を守秘義務違反で懲罰審議にかけるという通知がきたのね。でも、僕の発言で現場の危機が回避されたのだから、結局は始末書だけで済むことになったのだけど。始末書書きながら、つくづく思ったね。僕に官僚は無理だって。

……と、ノッケから国連批判で始まっちゃいましたが、あんまり文句言ってもしょうがないんだよね。国連に取って代わるものを、今のところ人類は持ち合わせていないのだから。

「拒否権」で消防署が動かないと……

――国際連合の働きが、いまいちわかりません。アメリカがダントツに強いから、国連とアメリカって、同じように取れちゃう。

発足した当時、本部をどこにするかで、五大戦勝国はもめたみたいだけど、結局、アメリカの資本で土地から建物から面倒をみてニューヨークに建てられているからね。アメリカが態度デカイのはしょうがない。

消防署がみんなの税金で成り立っているように、国連の財政は、加盟国が出し合う「分担金」というもので成り立っています。分担金は、各国のGDPに基づいて計算されるので、豊かな国ほどいっぱい払わなければいけない。もちろん、一番GDPの大きいアメリカが、一番の拠出国《きょしゅつこく》です。全体の20パーセント以上の分担率。でも、最大の拠出国でありながら、もうひとつ有名なのが、そのお金を滞納すること。

――……この3日間で、アメリカへの不信感がハンパないです。

あ、それは良くないな（笑）。どこの国にも問題はあるけど、いちばん影響力が大きいから、どうしても話題にしちゃうんだ。僕は反米主義者じゃないですよ。ジャズが大好きだし、軍人も含めてアメリカの友人がいっぱいいます。自らの失敗を暴くのもアメリカ自身だし、良いことでも悪いことでも最先端を行っているのがアメリカだよね。

国連の分担金に話を戻すと、日本はアメリカに次いで2番目の拠出国で、遅れずピシッと払う。11パーセント強の分担率です。消防署は大切だし、ちゃんと納めるのはいいことだね。だけど、ちょっと注文つけながら払うくらいはしたほうがいいんじゃないかと思う。もっとスリム化しろとか、いい加減「敵国条項」を削除してよとか。いくらなんでもね。

国連の分担金の拠出額と分担率

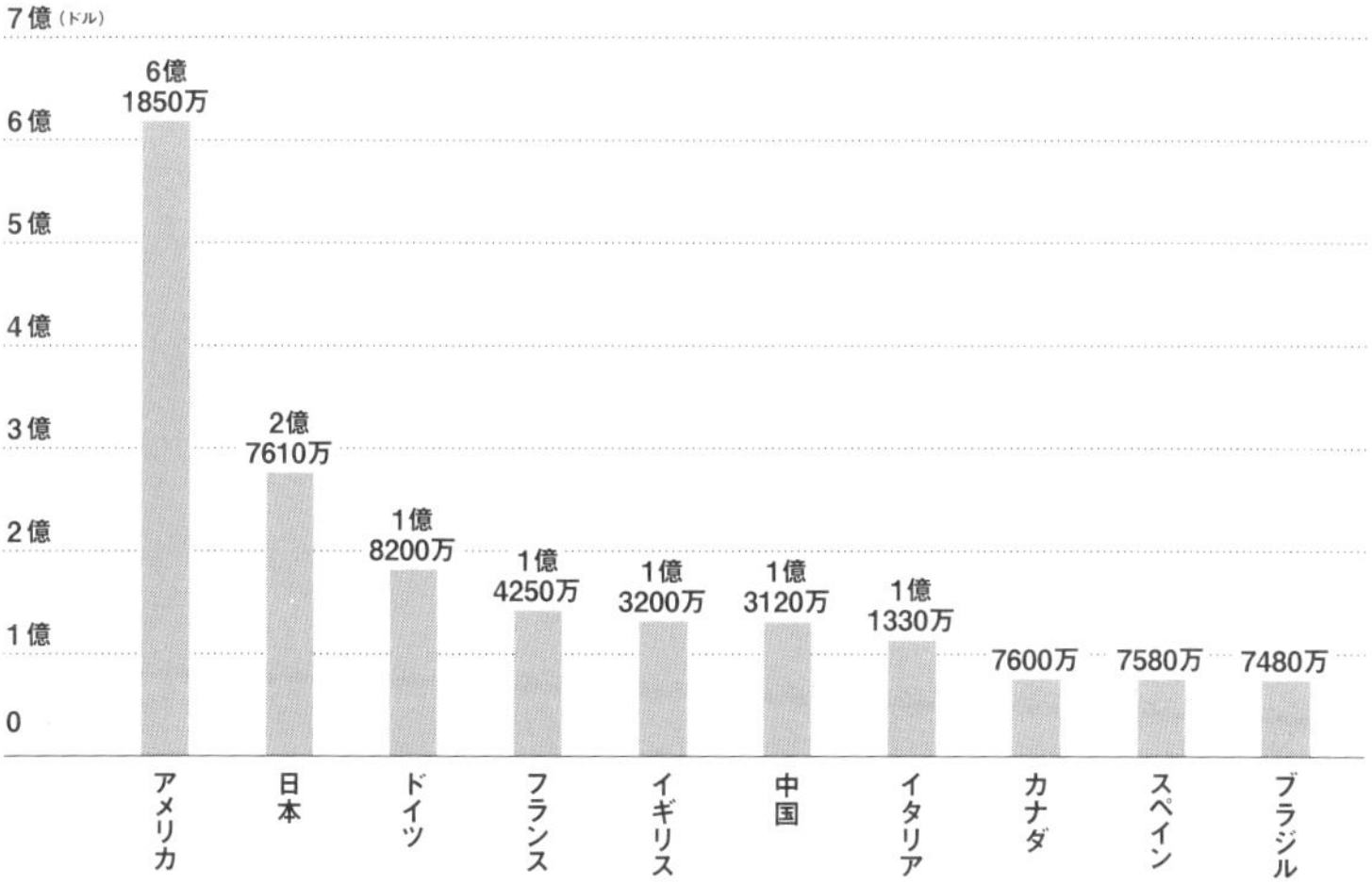

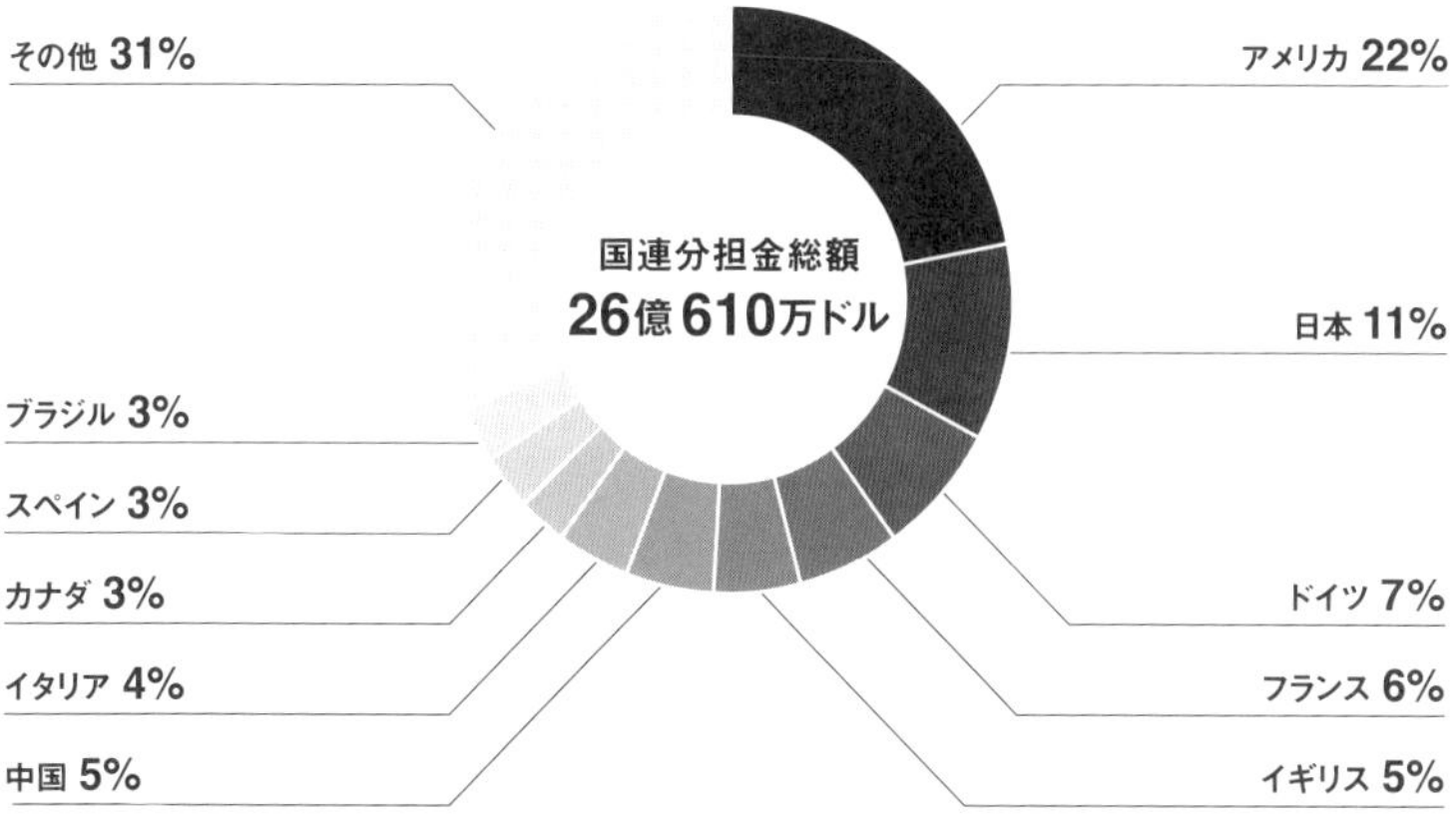

外務省HP「2011-13年 国連通常予算分担率・分担金」（2013年）より作成

報道で「PKO」というのを目にしたことがあると思うけど、Peacekeeping Operations、国連平和維持活動のことだね。まさに消防署の消防隊。ご近所や同盟国でなくても、困っている国があったらみなで助けようとする「国連的措置」（いわゆる集団安全保障）で、安全保障理事会が決定する。決まったら、加盟国に呼びかけて、各国から消防隊となる国連平和維持軍がかき集められます。

こうやって、みんなに支えられている国連だけど、官僚体質に加えてもうひとつ、生来の問題の最たるものと言える性《さが》がある。常任理事国には、「拒否権」というものが平等に与えられています。もっているのは5ヵ国だけ。これのおかげで、常任理事国は「拒否権の怪物」と言われたりする。なにせ一国でも反対したら、何も決まらなくなってしまうのだから。

多数決で物事が決まらないって、実感としてわかるかな。みなさんのクラスのなかで、拒否権をもっている個人がいたら、クラスの決め事はどうなる？

——絶対決まらない……。

そうだよな。「拒否権」の存在を問題視する、それをもたざるものから見た改革の動きもあります。けれど、五大国はこんな大きな力を手放したくないし、結局、それを決議するのも五大国だから改革は進まないという悲観的な見方もあり、現にできていません。

そして、重大な人道的危機が起こったとき、安全保障理事会が拒否権で硬直してしまい、何も手が打てないまま見過ごされる——そんなことが実際に起こってしまうのです。アフリカのルワンダという小さな国で起こった実例を話しましょう。

怖いのは、武器ではなくて人間です

映画『ホテル・ルワンダ』（２００４年）を観た人はいるんじゃないかな。

――現代社会の授業で観ました。

ホテル・ルワンダは、外国人も泊まる一流ホテルで、このホテルの現地支配人、ポール・ルセサバギナさんが映画の主人公です。ポールさんは実在の人物で、武装勢力に追われた住民をホテルにかくまい、虐殺から救った実話が映画化されました。

ルワンダは、目立った資源もほとんどなく、どの先進国にとっても、あまり戦略的に重要な国ではないのですが、１９９４年に民族対立から大量虐殺が起こり、世界の注目を集めることになります。僕は、この国に行ったことはないけれど、当時の現場に深くかかわったロメオ・ダレールさんというカナダ人と、ＮＨＫの番組で対談したことがあるんだ。ダレールさんは、現地に派遣されていた国連平和維持軍の最高司令官でした。

19世紀以降、アフリカはごく一部をのぞいて、欧米列強の植民地になっていました。ルワンダは１８８９年からドイツの支配下に置かれ、第一次世界大戦が終わった後は、ベルギーの植民地になります。

ルワンダの当時の総人口は750万人。フツとツチというふたつの主要民族と、他にもごく少数ですが、先住民のトゥワという民族の人たちもいます。人口的にはフツが大多数を占めていますが、経済力、政治力はツチが独占していました。ベルギーが分割統治（民族を分断し、その一部を優遇することによって忠誠心を植え付け、残りの人々を支配する）をして少数派のツチを優遇し、エリート化したのです。

一説によると、ツチとフツとでは部族的な違いはあまりなく、言葉も同じだし、文化や生活習慣でも見分けがつかないのだそうです。ツチとフツが結婚することもある。肌の色がそんなに黒くなく、鼻の高い人たちが、「お前はツチだ」と区別されたともいわれます。

1962年、ルワンダは独立を果たしますが、虐《しいた》げられていたフツの恨《うら》みは鬱積《うっせき》し、独立前からツチとフツの武力衝突が起こっていました。独立後しばらくして、フツがクーデターを起こし、初のフツの大統領が生まれる。ツチの一部は国から逃れて武装ゲリラ化し、1990年に内戦が勃発。数年後、国連の仲介により、いったん停戦協定が結ばれます。そして、両陣営が合意のうえ、停戦が壊れずに話し合いが継続するよう、中立な立場で監視する国連平和維持軍が投入される。このときの最高司令官が、ダレール将軍です。

しかし1994年、フツの大統領を乗せた飛行機が何者かによって撃墜される事件が起き、停戦は崩壊してしまう。

フツの過激派グループは、地元のラジオ局を使い、「ヘイト・キャンペーン」を繰り返し

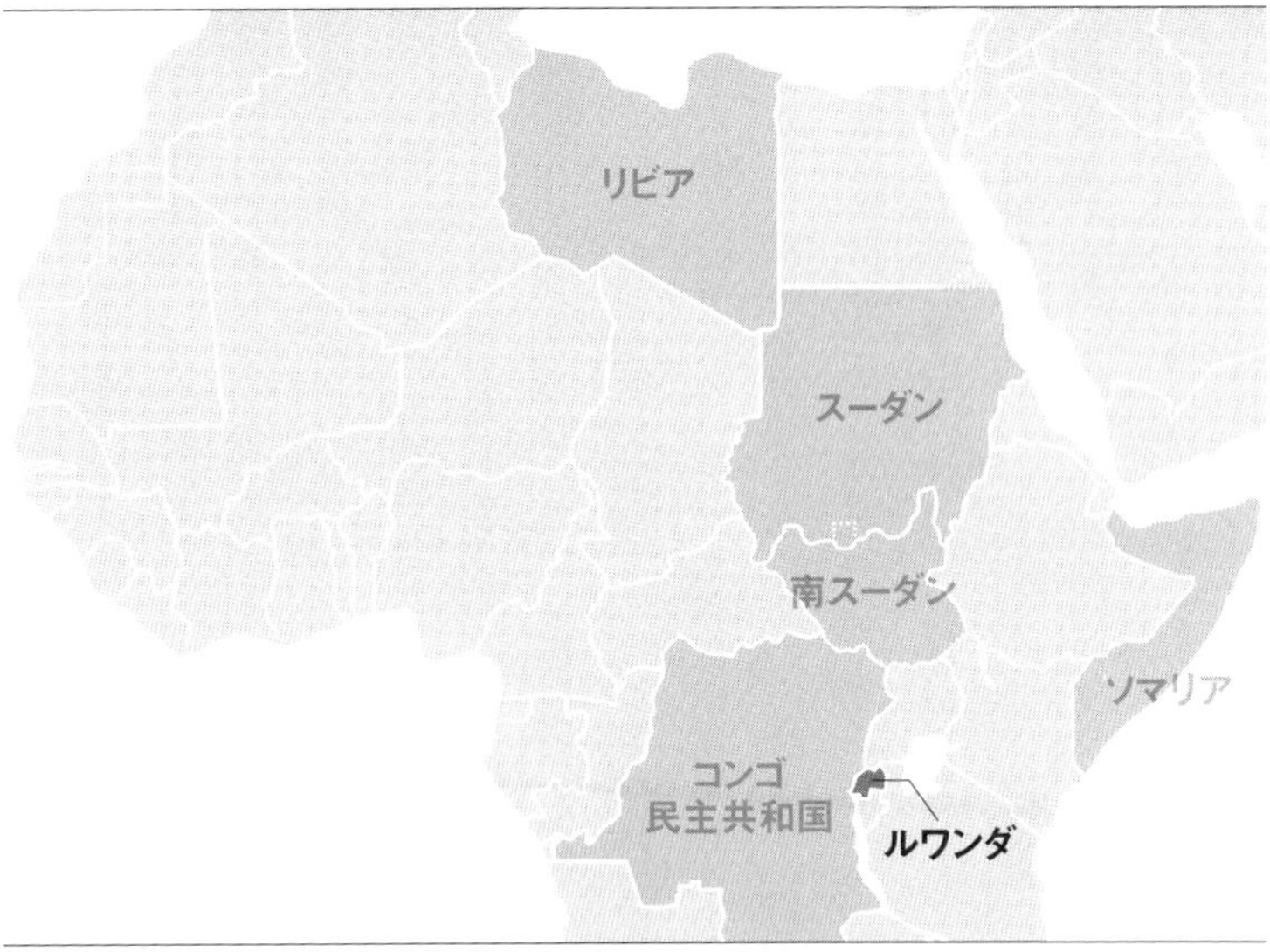

ました。歴史を思い返せ。ツチがいる限り、フツに未来はない。ツチを人間と思うな。そう繰り返し、民衆に刷り込んだのです。そして、幼児、成人、性別の区別なく、100日間で60万人から100万人が殺されました。フツによってツチが、そしてツチに寛容な穏健派のフツの人たちが殺されたのです。

――1日に1万人……。

この殺戮《さつりく》には、いわゆる大量破壊兵器は一切使われていません。どちらかというと家庭にある道具、農作業のナタなどが使われた。民衆が民衆に襲いかかったのです。

原爆投下による広島の犠牲者は14万人、長崎の犠牲者が7万人といわれます。つまり、原爆をはるかに上回る殺傷能力を、家庭用道具をもった人間が示したということです。これを考えると、本当に怖いのは、武器そのものより人間なのかもしれない。

このとき、「ツチはゴキブリだ」というプロパガンダがよく使われました。「ゴキブリは蝶を生まない」、「ゴキブリが生むのはゴキブリだ」。昔からフツを蹂躙《じゅうりん》してきたツチは、いつまでたっても改心せず、未来永劫《えいごう》同じだ。ツチは、まだフツを支配する夢が捨てられず、今度はフツへの「ジェノサイド」を目論んでいると。

これは、「鏡に映った言いがかり（Accusation in a mirror）」というプロパガンダの手法のひとつで、こちらが敵に対して仕掛けたいと目論んでいる行為を「敵がこっちに仕掛けてくるぞ」と逆転させて、そのためのデマを流布《るふ》するものです。ツチが死体を埋めるための巨大な穴を掘っているという噂が広がり、ツチの反政府ゲリラが戦闘用のために掘った塹壕《ざんごう》の目撃情報とマッチしたりして、その信憑性《しんぴょうせい》が決定的なものになってゆく。

一方で、民衆を虐殺行為に向かわせるには、それなりの時間がかかったはずです。煽動的なメディアメッセージが蔓延《まんえん》し、リンチ事件が多発してきただろうし、一目でそれとわかる「親衛隊」が跋扈《ばっこ》し、大っぴらに犯罪行為をやっても、警察も誰もとがめなくなってゆく。

このあいだ、現場にいた、ダレール将軍率《ひき》いる国連平和維持軍は何をしていたのか？　何もできなかったのです。

「敵のいない軍隊」による軍事作戦

ここで、こういったケースでの国連の介入について、簡単に説明しましょう。2章で自衛権を、自宅の火事にたとえて話したよね（129ページ）。自分の家の火事は、まず自分で消火活動する。もしかしたら、いつも親しく付き合っている家も助けてくれるかもしれない。これらを個別的自衛権、集団的自衛権の行使にたとえました。それに対して消防署の消火活動である「国連的措置」についてです。

ルワンダのような内戦の場合は、こんな状況だろうか。家の「主権」の主であるお父さんとお母さんが取っ組み合いの夫婦喧嘩をしていて、その横で赤々と燃えるストーブを蹴飛ばしそうです。そばには、給油しようとして蓋《ふた》をあけたままの石油缶もある。隣の家族は、窓の外から怖々と様子を見ていて、ストーブの火を消したいのだけど、ドン引きしちゃって動けない。この家の火事に、消防署である国連としてどう対処するか、安全保障理事会が決定します。

消防隊の火消しのやり方には、いくつかの段階があります。まずは、夫婦が仲を取り戻し、自分たちの責任で火の用心できるよう、やさしく話しかけて仲介する。夫婦の同意を前提にした、家の主権を重んじながらの解決方法だね。国連憲章の第6章（紛争の平和的解決）に書かれています。

国連憲章第6章活動

国家主権って、日本で耳にするときは、領土問題とか、自分の権利が侵されたときにワイワイ主張するもの、みたいな感じで受け取られがちでしょう。国家が最高の独立性をもっていて、誰もそれを侵害できない、アメリカであろうがルワンダであろうが、みな平等で同じ。つまり国家が基本、いちばんエライということだね。

国連憲章にも、国連は基本的に加盟国の国内で起きていることに干渉する権限はないとあります（第1章「目的及び原則」の第2条第7項）。いわゆる内政不干渉の原則だよね。

それは裏を返せば、国家が、国民の安全を保障する責任を負っているからこそ、その独立性が認められているとも考えられる。国家主権とは責任であるということで、今はこういう考え方が強くなってきているよ

国連憲章第7章
非軍事的措置

うです。

では次に、夫婦喧嘩の暴力がどんどんエスカレートし、もう半狂乱で、双方が正気を失っている場合。呼びかけても叫んでもダメ。ついにストーブを蹴飛ばした。そういうときには強制措置がとられます。

消防士が、夫婦にバケツ一杯の水をぶっかける。夫婦の同意がなくてもです。これで正気に戻ったら、倒れたストーブを自分たちで処置できるかもしれない。それでもだめだったら、消防士が中に入ってふたりを引き離し、倒れたストーブを消火する。

目を覚まさせる水ぶっかけは、非軍事的措置のたとえです。紛争当事者への経済制裁や渡航禁止など、非軍事的に相手の目を覚まさせて、落ち着かせる（国連憲章第7章41条）。

国連憲章 第7章
軍事的措置

消防士が割って入るのは、軍事的介入といえます。当事国の同意がなくても（というか責任をとれる当事者がいない）、国連加盟国に派兵を要請し、介入する（国連憲章第7章42条）。こういう行動は、総称して「7章活動」といわれます。国連憲章は、国家主権主義、つまり内政不干渉の原則を掲げる一方で、どうしようもないときの強制介入も担保しているんだね。

僕が参加したシエラレオネの国連平和維持活動では、内戦中とはいえ、主権国家としてのシエラレオネ政府はありました。でも、国連平和維持軍というかたちで「軍事介入」した。別に戦争しに行ったわけじゃない。政府と反政府ゲリラの同意のもとでの介入です。

こういう紛争当事者の同意がある介入、

それも当事者の誰ともケンカするわけじゃない「敵のいない軍隊」による武力介入が必要になってきた。国連決議的には7章に基づいていますが、伝統的な国連憲章の第6章と第7章のどちらでもスパッと説明できない。ということで「6章半活動」と言ったりします。これ、正式な言い回しじゃないですよ。

現場の国連平和維持軍は見ているしかなかった

さて、ルワンダに話を戻しましょう。ルワンダで、ダレールさんが指揮したのは「6章半活動」で、フツ系のルワンダ政府とツチ系の反政府ゲリラとのあいだで、一応の停戦がなされ、双方の合意のもと、中立な立場での国連平和維持軍を派遣し、和平につなげようとする活動でした。停戦の監視が目的ですから、武器の使用基準も非常に厳しく、基本的に国連平和維持軍自身の正当防衛しかできないことになっています。もちろん、わざわざ悪者を捜索したり、やっつけに行ったりする権限は与えられていません。派遣を決定した加盟国も、あまりリスクのない、お気軽なミッションだと思ったはずです。部隊の規模は2千5百名になりました。

ところが、フツの大統領が乗っていた飛行機の撃墜事件を契機に事態は悪化し、フツの敵意が爆発します（大統領暗殺の実行犯は、大統領を穏健派と見なすフツの過激派グループの仕業《しわざ》という見方が強いのですが、現在も真相は定かではありません）。そして、その敵意は国連にも向けられ、国連平和維持軍のベルギー部隊の兵士10名が命を落とします。このとき、一緒に拘束されたガーナ兵5名は解放されたのですが、植民地の歴史の恨みが作用したのか、ベルギー兵は拷問の末、惨殺されるのです。これでベルギー政府は撤退を決定し、他の国も、それに続きました。

現場のダレールさんたちは、ニューヨークの国連本部に逐一報告していた。過激派が武器を集積しつつある。至る所で殺人の訓練がおこなわれていて、このままだと本当に取り返しのつかないことが起こると。

君たちが最高司令官だったら、国連本部にどういう要求をしますか？

――もっと権限を増やしてほしい。

そうですね。でもそれは、こちらの人数が多いときです。国連平和維持軍が大勢いれば、武力が脅しとなって、相手の反撃する意欲をくじけるかもしれない。しかし、各国の撤退は加速し、ダレールさんの部隊は300人になってしまいます。

――300人は少ない……。

つらいね。そして、ついに司令官のダレールさん自身にも撤退せよという命令が出されるんだ。でも彼は、心を同じくする部下と一緒に残る決心をするのです。そして国連平和維持軍の増員を訴えつづけますが、安全保障理事会は、その要請を却下します。

このときはタイミングも悪かった。常任理事国のなかで、ダレールさんの要請に反対した勢力にアメリカが入っていますが、却下せざるをえなかった理由があるのです。

『ブラックホーク・ダウン』が描かなかったこと

同じアフリカ大陸の東部に位置するソマリアでは、1980年代から複数の武装勢力による熾烈《しれつ》な権力闘争の内戦が起こっていました。1991年、当時の政権が反政府勢力によって倒されてから、政権がまとまらないまま内戦状態が続いていた。

この事態を憂慮した安全保障理事会は、「7章活動」として武力介入を決議し、アメリカを中心とした多国籍軍を派遣します。国連決議で認めた武力介入の目的は、あくまで人道援助を民衆に届けるためと、対立する勢力同士が和解し、民主国家を築く環境をつくるための治安確保です。対立勢力の一部をやっつけて、こっちの思い通りの政権をつくるという目的ではありません。

当時のアメリカは、民主党のクリントン政権。世界の警察として、国際秩序の維持のために、国際紛争に積極的に武力介入していたころでした。このソマリアへの多国籍軍にも、アメリカは大部隊を派遣していたのです。

そして1993年10月、事件が起こった。このときのことを描いた映画、リドリー・スコット監督の『ブラックホーク・ダウン』(2001年)を観た人はいるかな。

——戦闘シーンがリアルだって、話題になった。

そうだね。戦闘に加わった米兵たちの、仲間を見捨てないバンド・オブ・ブラザーズ(戦友の絆《きずな》)的な匂いがプンプンする映画で、9・11の後、アメリカがアフガニスタンを攻撃してから2ヵ月後に公開されました。

当時、武装勢力のなかでも突出したアイディード派というグループがいて、アメリカ軍は、単独で特殊部隊による作戦を決行します。そのグループのリーダーたちを、急襲で捕獲しようとしたのです。

作戦当日、特殊部隊を乗せた武装ヘリ、ブラックホークが、首都モガディシュの密集した地区にある、彼らの隠れ家と見なされていたビルを目指して、米軍基地を飛び立ちます。目標に近づき、特殊部隊がロープで下降して、隠れ家に突入という手はずだったのですが、気配を察した武装勢力の民兵たちから攻撃を受け、ブラックホークは街中に墜落する。
そして、現場に遅れて到着した米軍の地上支援部隊と、ソマリアの民兵たちとの大規模な市街戦が始まった。この戦闘は2日間続き、米兵18名が死亡します。

ソマリアの民衆の怒りは、ここで収まらなかった。米兵の遺体を街中引き回し、いたぶりつづけたのです。その映像が、アメリカの茶の間に放映されました。もし自衛隊員が、そんな目にあったらどう思う？　もうたくさんだ、なんでよその平和のために、こんな目にあわなければならないのか！と思うでしょう。

アメリカでも、海外派兵に対する世論の支持は急激にしぼみ、アメリカ政府はソマリアからの全面撤退を決定します。その後、安全保障理事会は多国籍軍を全面撤退し、国連事務総長はミッションの失敗を認めました。ソマリアはその後も、内戦状態のまま置かれるのです。

生々しい戦闘シーンで有名になった『ブラックホーク・ダウン』ですが、この映画には描かれていない事実がある。実は、安全保障理事会が武力介入を決議する前、クリントン政権の前のブッシュ政権（お父さんのほうです）の1992年、すでに米軍はソマリアに派遣されていたのです。1991年に当時のソマリア政権が倒されたと話したけど、その政権は親米だった。ソマリアには豊富な石油資源があって、アメリカの石油会社数社に採掘《さいくつ》権が与えられていたんだ。親米政権を倒した反政府武装勢力の主力グループが、アイディード派なのです。

アメリカ軍のアイディード派を狙った作戦は、ブラックホーク・ダウン以前からおこなわれていた。アメリカ軍による攻撃が一般市民を多く巻き添えにし、すでに反米意識が高まっていたのです。

ブラックホークの撃墜で起こった戦闘では、18名の米兵の犠牲だけが話題になりますが、大規模な市街戦です。相当に多くのソマリア人側の犠牲があったはずです。数は確定されていませんが、民兵だけで数百人、赤十字国際委員会によれば、200人の一般市民が市街戦の巻き添えで死亡したといわれます。

アイディード派の戦闘員だけでなく、アメリカへの怒りから、銃を手にした一般人もいたでしょう。こういう背景は、この映画からはまったく伝わってきません。勇敢な若い米兵が戦うのは、理由もなく攻撃してくる気のふれた黒いイスラム教徒、みたいに描かれている。

ソマリアでは、アメリカが、資源にかかわる自身の国益のために、安全保障理事会の7章活動を主導します。20名以上の犠牲を出したパキスタン軍を含む、最大3万8千人の多国籍軍が派遣されました。アメリカ軍は、名目上は多国籍軍の一部ですが、ほとんど単独行動をとっていたといわれます。

このソマリアでの失敗が、アメリカの既得権益のあまりないルワンダに影響を与え、そしてダレールさんの多国籍軍増強の要請に影響を与えたことは、想像に難《かた》くありません。ダレールさんのもとを訪れた、ある国の代表者は、彼に向かって、こう言ったそうです。白人兵士ひとりを送るためには、8万5千人のルワンダ人の死が必要だと。

ダレールさんはその後、司令官を辞任して帰国しますが、PTSD（心的外傷後ストレス障害）にかかり、自殺をはかって一命をとりとめる。僕が会ったときは、病気を克服し、カナダ議会の上院議員になっていました。そして今も、ルワンダのこの悲しい経験が二度と繰り返されないよう、国連が真に機能するための啓蒙活動を積極的におこなっているのです。

「保護する責任」が実行されるまで

武力介入を尻込みしたせいで民衆を見殺しにした、このルワンダの悲劇は、第二次世界大戦のアウシュヴィッツの悲劇とオーバーラップするかたちで、国際社会に教訓を与えました。そして2000年、ダレールさんの母国のカナダを中心に「保護する責任」という概念を生み出します。英語で言うと、Responsibility to Protect、略してR2Pといいます。

国連は主権国家の集まりで、内政不干渉が原則だね。主権とは「責任」ですから、もし、ある国家が「責任」を負えない、もしくは負わないと判断されるときには、国際社会、つまり国連が「責任」を負うというのが、「保護する責任」の考え方です。その際には武力介入もありえると。

――これまでとは、何が違うんですか。

それまでの7章活動は、ソマリアのように、誰の目にも明らかに主権が崩壊しているよう

保護する責任

な状態でなされていた。内政干渉といっても、干渉する内政がない、みたいな状況だね。もしくは国連平和維持活動のように「6章半」として、主権を担う政権に気を遣いながら、同意をとったうえで控えめにやってきた。

「保護する責任」は、民衆が苦しんでいるという事実を捉え、政権が何らかのかたちで機能していたとしても、その主権を担う政権の能力と可能性を見限り、強制措置の7章活動をやる、ということを意味します。もちろん武力介入は、外交的な勧告などの働きかけや経済制裁などの非軍事的な措置が尽くされた後の最終手段である、という但《ただ》し書き付きですが。

昨日まで、同じ国連加盟国のお仲間であった国家を、他の加盟国たちが寄ってたかって主権の座から引きずり下ろす。それも、他のお仲間にまったく迷惑をかけていない、その国のなかだけの問題をつかまえて。平たく言うと、そういうことです。

当時のルワンダの例で言えば、中立性の手前、権限が制限されていた国連平和維持軍に、安全保障理事会が権限を与え、フツ系だった当時の政府の国軍、そしてフツの過激派に対して必要であれば、武力行使をできるようにするということだね。そのときは、もはや「敵のいない軍隊」ではなくなる。もし、これができたなら、おそらく犠牲となった命の多くは救われたでしょう。だから説得力があるんだ。

——「保護する責任」って、拒否権をもっている常任理事国がかかわっている国に対しても、使われるんですか。

そこなんだよね。たとえば中国化に抵抗するチベット人への大規模な人権侵害が報道されているけれど、強制措置である7章活動を決めるのは、中国を含む常任理事国ですから、安全保障理事会の議題にもあがらないでしょう。チェチェン紛争を抱えるロシアもそうです。常任理事国は、自国の問題を安全保障理事会で扱うわけがない。

「保護する責任」を推奨する人々は、北朝鮮もその照準に入れます。独裁政権が国民の生活を顧《かえり》みず、強大な軍備の維持増強に邁進《まいしん》し、大部分の国民を慢性的な飢餓に陥《おとしい》れて殺していると。auto-genocide（静かで構造的な大量虐殺）という言葉を使う。でも、前に話したように、中国の強いバックアップがある限り、北朝鮮が国際的に完全に孤立して、兵糧《ひょうろう》攻《ぜ》めが功を奏すことはない。

このような事情から、「保護する責任」は、安全保障理事会内でコンセンサスを得ることはなかったのです。国連総会（全加盟国が参加する審議機関）では、それなりの議論の進展はありますが、議論に留まっていた。しかし、ついに２０１１年、「保護する責任」が実行に移されたのです。前に話題にのぼった国だね。

——リビア。

そうです。チュニジアで始まった「アラブの春」では、カダフィ政権下のリビアでも、反政府勢力が武装蜂起します。カダフィ政府軍と反政府勢力の衝突が生んだ犠牲は、半年で5万人あまり。大変な人道危機です。

このときの国連安全保障理事会決議では、「市民と市民の居住区を保護するため」に、「必要なあらゆる措置」を取ると明記しました。カダフィ政権の崩壊やカダフィ個人の拘束・殺害は、目的に入っていません。これでやっと中国、ロシアが拒否権を発動せず「棄権」にまわり、否決を免れました。こうして、誕生から10年以上を経て、「保護する責任」は安全保障理事会によって承認されるのです。アメリカ、イギリス、フランス、イタリアを主力に、NATO軍が実行に移しました。

NATO軍が地上軍を送ったとしたら、カダフィ政府軍と交戦状態になることは必至で、人道的介入の体裁をとるのは難しい。だからNATO軍の軍事作戦は、空爆に限定されました。でも、反政府勢力にくらべて、カダフィ政府は圧倒的な軍事力をもっています。「市民を保護する措置」とは、市民に対する攻撃をやめさせることで、カダフィの軍事拠点を破壊することに他ならない。これはカダフィ政権を崩壊させることと、どう違うのか。

こうして、次々と軍事拠点を失い、反政府勢力に追いつめられて、ついにヨレヨレになったカダフィは拘束され、なぶり殺されます。そして、その個人ビデオ映像は、世界のメディアで報道され、君たちの目にもふれたと思います。独裁者の末路です。

部外者が、ある国の政権を転覆させるのは、内政干渉の最も極端な行為でしょう。内政不干渉を原則とする国際社会が、何かを契機に、それをガラッと変える。そこでは必ずと言っていいほど「人道的」な緊急性が語られる。リビアでのケースを契機に、「保護する責任」という、武力も厭《いと》わない内政干渉の口実が確立したように思います。

「保護する責任」は、どんなとき、どうやって使うべき?

誰だって、内輪の問題には干渉してほしくない。みなさんのお父さん、お母さんの夫婦喧嘩に、突然、赤の他人が入ってきたら、どう?

――それはやばい(笑)。

でも、殴り合って流血騒ぎになったらどうだろう? 夫婦の問題が、子供への虐待や育児放棄につながっていたら、ある種の強制的な介入はしたほうがいいんじゃないか。日本でも、実際にこのようなケースで子供が犠牲になったあと、行政は何をやっていたんだ！という声が上がりますね。介入の是非の判断って、どうやってやればいいんだろう。

たとえばルワンダのケースでは、どこまでフツ政府の了解をとれるかが問題だけど、フツ側の鉄砲玉のような民兵に対して武力をチラつかせた威嚇や、民兵の拠点を強制的に封鎖するぐらいはやるべきだったのではないかと思う。どちらにしろ、民兵たちとの交戦は絶対に避けたいので、その戦意をくじくため、こちら側は圧倒的な軍事力を誇示する必要がある。でも、安全保障理事会が腰砕けだったんだね。武力行使は、やらないほうがいいのは当然だけど、それが必要な事態は現実にある。

保護する責任について、みなさんはどう考えますか。

――難しいです。「保護する責任」の意義はわかるけど、常任理事国の利害によって操作できてしまうものだし……。

そうだね。さっきの火事になりそうな家の夫婦の問題だと、突入した消防士が、実は夫婦喧嘩の原因そのものだったみたいな……。どうやって見分けたらいいだろう？

――まず、介入される国の人たちの支持が得られるかを考えてみたのですが、介入したときは良かったと思うかもしれないけど、介入後に、以前より状況が悪化することもある。国民の支持も常に一定ではないだろうし、国民の立場によっても違うし……。

国連に入ってきてほしいかどうかは、リビアのケースでは、まずカダフィ派か、反カダフィ派かによって違っただろう。カダフィを支持する民衆はたくさんいただろうし、どちらでもいいという人も大勢いただろうから。どちらにせよ内戦の混乱のなかで、すべての国民の意思を尊重し、介入の了解を得るのは不可能だよね。

僕の大学院のゼミでは、毎年、「保護する責任」の議論をするんだ。イラクやアフガニスタン出身の学生は、アメリカやNATOの介入に対する根本的な猜疑心《さいぎしん》をもっていますが、彼らに限らず、イスラム系の学生全般に、その感覚はあるようです。

授業では、まず「保護する責任」誕生のきっかけとなったルワンダを扱います。やはりアラブ系の学生にとって、「ブラック・アフリカ」は、感覚的に上から目線で同情できるのかな。貧しい可哀想なアフリカ人を見殺しにしてしまったという同情を、深く共有できる。

そして次に、リビアに議論を向けます。彼らの反応はどうかというと、アメリカを中心とする外国の「内政干渉」への警戒は、はっきりとある。でもその一方で、「カダフィは本当に悪い奴だった、あいつが死んでうれしい」という本音も出てくるんだ。

——難しい……。

アメリカを中心とする常任理事国の直接的な利害やライバル関係に「保護する責任」が翻《ほん》弄《ろう》され、やるべきときにできなかったり、利用されたりしてしまう。それを回避することって、できるだろうか。

――「保護する責任」の決定を安全保障理事会から離して、安全保障理事会から独立した国連軍が存在してもいいのかなと思ったのですが。

それをまさに、ダレールさんが話していたんだ。ルワンダで国際社会のアクションが遅れたのは、すべての責任を五大常任理事国に押し付け過ぎているからだ。彼らに、世の中のすべての問題の責任を取らなくてもいいんだよ、と言ってあげればいい。だから安全保障理事会とは別の集まりを「保護する責任」用につくればいいって。

で、その集まりに誰が入るのかというと、彼は「中堅国家」に期待をかけていたよ。

――中堅国家?

「保護する責任」を誕生させたカナダを筆頭に、日本、ドイツなど、経済大国だけど五大国ほど世界に既得権益の根を張り過ぎていず、自国の権益保護のために、よその国の政権を転覆させたりする心配があまりない、そんな国々。そういう国だったら利害抜きで、純粋な人道性を見極められるかもしれないということだね。

それと、さっき君の言った国連軍って、常備軍のことだよね。問題が起こったら安全保障理事会がそそくさと議論、決議して、各国に要請してかき集めるのではなくて、本当の消防隊のように、火事があろうがなかろうが、いつでも待機している軍隊のことでしょう。

国連には、常備軍の議論がずっとあるのですが、いまだに実現していません。アイディアとしては興味深いのだけど、そのディテールを考えると、けっこうややこしい。

――国連の傭兵《ようへい》みたい。

そうだよな。出生国にではなく、国連に帰属する兵士たちということになるわけだけど、国連がどこかに基地をつくって待機させておくのか。それとも各派遣国が、個別に国連用の特別部隊をもって、お呼びがかかるまで待機させておくのか。どのくらいの兵力を想定し、どんな破壊力の兵器をもたせるか。コストは誰が負担するか。これって官僚組織としてのさらなる肥大を招かないか（またアルファベットビスケットが増える……）。

国連の傭兵的なアイディアは、「国連緊急平和部隊」という構想になっていて、アメリカや日本の一部の議員も強く提唱しているんだ。でもね、道具って何でも、もっちゃうと使ってみたくならない？　たいした用もないのに（笑）。それに官僚組織って、予算削減！なんてことにならないように、役に立っているところを無理に取り繕《つくろ》ったりする。大義とか公益よりも、自分が所属する部署の守りに走っちゃう官僚の心理だね。

常備軍があると、それに頼る気持ちが定着しちゃって、非軍事的な解決を目指そうとする努力を怠ってしまう気がするんだ。それって、第二次世界大戦の深い教訓、二度と同じ過ちを起こさないという決意のもとに生まれた外交の場としての国連の、ひとつの敗北のような気がする。ちょっとナイーブかな。

――国連の外で「保護する責任」をやる、ということはあるんですか？

実は「保護する責任」は、国連より地域共同体のほうが先を行っている感がある。アフリカには、アフリカ連合（AU）という54ヵ国が加盟する大きな地域機構があります。欧州連合（EU）をモデルに、アフリカを統合することを目標にしているんだ。アフリカ連合制定法では、内政不干渉を原則としながら、重大な人道的危機に際しては「アフリカ連合の介入する権利」を定め、なおかつ「加盟国がアフリカ連合の介入を要求する権利」も定めている。

アフリカ連合多国籍部隊は、貧しい国々の集まりではあるけれど、装備もあまり十分ではないまま、スーダンの激戦地、国連が入る前のダルフールでも、そして「ブラックホーク・ダウン」後のソマリアでも、現場で奮闘しています。「アフリカの問題は、アフリカが解決する」という思い、そして欧米諸国の身勝手な介入を牽制《けんせい》したいという意気込みが伝わってくる。ご近所どうしだし、固有の文化や風習を理解する土地勘もあるよね。

それでも、ひとつの懸念があります。アフリカ連合制定法の「加盟国がアフリカ連合の介入を要求する権利」という部分です。

シエラレオネの内戦にも、ご近所の介入がかかわっているんだ。シエラレオネの政府は腐敗だらけのどうしようない状況だったから、革命を掲げた反政府ゲリラが蜂起したとき、当時の僕たちは、政権は簡単に潰《つぶ》れちゃうだろうと思っていた。軍隊、警察は、みな腹をすかせて士気がなく、機能していなかったから。だから大統領は即、助っ人を頼んだんだね。

シエラレオネが位置する西アフリカには、西アフリカ諸国経済共同体というものがあります。この経済協力機構には、軍事部門があって、ここの呼びかけで招集された西アフリカ各国の多国籍部隊が、シエラレオネ政府に加勢に入るのです。

この加勢がRUF（革命統一戦線）に対抗したおかげで、革命は内戦化し、結果、あんなに多くの市民を犠牲にした原因となったんじゃないか。もし加勢がなかったら、「革命」は簡単に成就《じょうじゅ》していたと、僕は思っています。でも、本当に危ない連中でしたから、政権を取ったら国がどうなっていたか。それはそれで怖いですが。

海外派遣に慣れてゆく自衛隊と日本人

ダレールさんは、社交儀礼かもしれないけど、日本にすごい期待をかけてくれているんだ。カナダと一緒に「保護する責任」をやるのは日本しかいない！みたいに。期待をかけてくれるのは日本人としてうれしいのだけど、憲法9条による制約を考えるとね。

もし、彼の言う中堅国家の「保護する責任」理事会みたいなものができて、日本がカナダと一緒にその推進国になったとしたら……。それは、自衛隊の今以上の積極的な派遣を意味するし、それを支える法整備、もしかしたら9条の改正が必要になってくるかもしれない。

ここで、日本人と「保護する責任」について考えてみましょう。まず、日本国憲法の前文を読んでみてください。

> われらは、平和を維持し、専制と隷従、圧迫と偏狭を地上から永遠に除去しようと努めてゐる国際社会において、名誉ある地位を占めたいと思ふ。われらは、全世界の国民が、ひとしく恐怖と欠乏から免かれ、平和のうちに生存する権利を有することを確認する。
>
> われらは、いづれの国家も、自国のことのみに専念して他国を無視してはならないのであつて、政治道徳の法則は、普遍的なものであり、この法則に従ふことは、自国の主権を維持し、他国と対等関係に立たうとする各国の責務であると信ずる。

ちょっと泣かせるでしょう。まあ一国平和主義じゃいけない、と言っていることは確かだと思います。「保護する責任」を先取りしているとも読めるかな。意気込みはすごい。だけど、どこまでコミットできるか？　憲法9条は、その字面を見ると、コミットを非軍事的なものだけに限定している。では、軍事的なコミットが必要な重大な危機に対しては、管轄外《かんかつがい》ということだろうか。

こういう問題を突き詰めると、やっぱり憲法自体に問題があると思う向きもあるかもしれないけど、日本国憲法が起草された60年以上前には、同じ国の人間どうしが激しく殺し合う内戦に、国際社会がここまで介入するなんていうニーズは想定できなかったでしょう。だから、国連でも「敵のいない軍隊」とか言って解釈で実績を積み重ね、そして今では、内政不干渉の原則と「保護する責任」がせめぎ合っている。

日本もこれまで、国際的な人道危機に際し、責任ある経済大国として、9条に気を遣いながら実績をつくっていったね。一番最近の自衛隊の派遣は？

――南スーダンです。

南スーダンは2011年にスーダンから分離独立した、世界でいちばん若い国です（199ページ地図）。まだスーダンと油田の権益をめぐる緊張関係があり、国内にも民族対立を抱え、治安が安定していない、非常に脆弱《ぜいじゃく》な国家です。だから安全保障理事会は、国連平和維持軍の派遣を承認しました。新しい南スーダン政府の承認のもと、国軍と警察を側面支援することが目的です。この国連平和維持軍の一部として、2012年1月、約300人の自衛隊員が派遣されました（以降、延べ約1600人派遣。2014年1月現在）。

――現地の気温が50度と聞いて驚きました。気候条件だけを考えると、慣れない自衛隊員を送って任務にあたらせるのは効率が悪いのでは……と思ってしまうのですが。派遣の目的がよくわからなくて。

自衛隊が「軍隊」かどうかの議論は後に譲るとして、軍事組織だからね。派遣前に現地調査をして、現地の事情に合った装備の調達、予行演習など、綿密にやるもんだよ。

そして、自衛隊派遣は、細々としたものはいろいろあるけど、数百人規模の大部隊派遣のものは、1992年のカンボジアの国連平和維持活動以来、実績を積み上げている（2014年3月現在、国連平和維持活動では、延べ人数で約9千名が派遣されています）。もう「慣れない」という形容詞はあたらないかもしれない。

日本には、国連平和維持活動に協力するための「ＰＫＯ協力法」というものがあります。１９９１年の湾岸戦争のとき、日本は１３０億ドル（当時のレートで１兆７千億円）ものお金を出します。終戦後、クウェート政府は協力してくれた国々に感謝を表明したのだけれど、破格の資金援助をした日本は、それに含まれなかった。これがひとつの外交トラウマになったと、よく聞くでしょう。ＰＫＯ協力法は１９９２年、自民党政権下で、お金じゃなく、自衛隊が人的な貢献をできるようにつくられた法律です。ここで、国連の平和維持活動で自衛隊が活動することは憲法の範囲内であるという解釈がなされました。

自衛隊の部隊派遣に一貫しているのは、その目的が治安維持ではなく、あくまで道路や橋などの必要不可欠なインフラ整備（とくに治安維持を担う国連平和維持軍の活動にとって必要なもの）であることです。だから、そういうことをやるのが専門の「施設部隊」を送ってきた。

日本政府は、これを「後方支援」、つまりドンパチが起こりそうな状況は他国の部隊にまかせて、自衛隊がやるのは、ドンパチの起こる心配のないところで、彼らを側面支援する活動と呼んできた。もちろん、憲法９条を考慮してのことです。

それでも、「ＰＫＯ協力法」成立直後、カンボジアの国連平和維持活動への派遣が決まったときは、日本国内で、ものすごい反対運動が起きたんだ。自衛隊の海外派遣は著《いちじる》しい違憲行為だ、日本を軍国主義に逆戻りさせる企《たくら》みだと、わざわざカンボジアの自衛隊の駐屯地まで出かけて行って抗議したグループもいたんだよ。けっこう根性入ってた。

でも、カンボジア派遣から20年以上経った今は、どうだろう？　目立った反対運動はないね。昔はあった主要新聞のなかの批判的な記事も、影を潜めている。

たぶん日本国民の多くは、自衛隊が外に行くことを、取り立てて問題だとは考えないようになったんじゃないかな。実績をコツコツ積み上げ、そして派遣された自衛隊も失敗といえるような事件を起こしていない。日本人の、自衛隊の海外派遣へのアレルギーは、着実になくなっていった。

「自衛隊を送る軍事的ニーズは、現場にはありません」

アレルギー除去に画期的な貢献をしたのが、小泉純一郎さんです。彼は、一国平和主義じゃいかんという憲法前文の精神を前に立てて、9条の限界に果敢にチャレンジし、それまでなされていなかったかたちでの自衛隊派遣を実現してゆきました。

まず2001年、国連平和維持活動ではなく、9・11直後のアメリカとNATOによる「集団的自衛権」の行使であるアフガニスタン戦。その下部作戦であるインド洋での海上自衛隊による給油活動について、2章で話したね（153ページ）。もちろん、日本国内では集団的自衛権の行使とは言わず、「テロ対策特別措置法」という時限立法で乗り切った。

次は2002年、東ティモールの国連平和維持活動に、自衛隊約700名の後方支援部隊を派遣しました。僕が東ティモールを出た2年後のことです。もうこのころは、自衛隊が外に出かけて行くことへの日本国民のアレルギーは、完全になくなっていたと言っていいでしょう。メディアは、史上初めて派遣された女性隊員を「ジェンダーの進歩」だと追っかけをやったくらいだから。

東ティモールに自衛隊を出すという決定がなされたとき、僕は官邸に呼ばれて小泉さんと話したんだ。シエラレオネで武装解除をしている最中、息抜きの休暇で日本に帰ってきたときのことでした。何を話したか、聞きたくない？

――（笑）聞きたいです。

東ティモールに送られた自衛隊は「後方支援」です。後方支援は、治安維持の責任を負った戦闘部隊が円滑に活動できるよう、軍事戦略的なインフラ整備をするのが仕事だって話したね。当時の東ティモールでは、装甲車の走行やハリケーンで痛んでしまった道路、橋などの整備がその仕事だった。僕がいたころには、パキスタンの工兵部隊がやっていたんだ。

国連平和維持軍はその国の安定のために派遣されるのですが、外国の軍隊が跋扈《ばっこ》するわけで、最初のうちは歓迎されるかもしれないけど、しばらくすると、やっぱり嫌われてくる。

これが初めての外国、みたいな10代の兵士を大勢抱える部隊もあります。地元社会と摩擦が起きないほうがおかしいよね。だから意図的に奉仕活動をする。故郷の民族音楽や踊りを披露したりするんだ（兵士がやるんですよ）。いちばん喜ばれるのが小学校なんかの修復かな。でも、これらは、あくまで外国の軍が土足で入ってきていることに対する地元民の嫌悪感を抑えるための「人心掌握《じんしんしょうあく》」、つまり軍事作戦の一環です。

自衛隊の東ティモール派遣をめぐる国会の答弁では、人道援助が強調され、東ティモールはまだ危険だから、自衛隊しか人道援助ができないと説明されていました。

でも、僕がいたころ（自衛隊が入る2年前）すでに急速に治安は回復し、国連平和維持軍は段階的な縮小を開始していたのです。日本政府と国連本部とのあいだで、どういう取り引きがあったかわかりません。僕は、東ティモールを離れてからも、同じく本国に帰った多国籍軍の司令官連中と連絡を取り合っていたのですが、「なんでこの時期に？」「何か特別な事情？」なんて話題になっていたんだ。

常識的に考えたら、国連平和維持軍を縮小するとき、まずどの部分を先に帰すかというと、「後方支援」部隊に決まっています。彼らのやっていることは、治安が回復すれば、民間の土木業者に業務委託できるからです。このほうが軍事組織を置いておくより格段に安い。

僕が離任したときは、インフラ事業はすべて、隣国オーストラリアから進出し始めた土木会社か人道援助NGOに委託していた。それも護衛なしで（僕がいたのはインドネシアとの国境で最も危険だと言われていたところです）。

だから僕は、小泉首相に、「この時期に、自衛隊を送る軍事的ニーズは、現場にはありません」と申し上げた。「国連平和維持軍司令部は、戦闘の可能性は非常に低いと判断していますし、事実、民間のNGOがどこでも何の心配もなく活動できる状況です」とも。治安の問題をあえて挙げるなら、住民の抗議デモぐらい。でも、そういう状況になったとしても、国連平和維持軍が住民に銃口を向けることは、本来あってはならないことだと。

ただ、自衛隊員に犠牲は出ると思ってください、と言いました。国連平和維持活動での殉職は、実は戦闘の死亡より、事故によるもののほうが多いのです。銃の暴発、不発弾処理の事故、車輌事故、ヘリの墜落とか。「必ず犠牲者が出ますから、その場合は、最大限の敬意を払ってあげてください。そのときは首相自ら出向いて、遺体と一緒に帰ってくるぐらいのことが必要でしょう」とお話ししたんだ。彼、じっと一点を見つめていたな。

その後、小泉さんは、安全保障理事会の決議なしでアメリカが踏み切ったイラク戦争にも自衛隊を派遣しましたね。「戦争時」に参加したかどうかは、ちょっと微妙です。

2003年3月の開戦から数週間でサダム・フセイン政権を崩壊させ、ブッシュ大統領が「戦闘終結宣言」をしたのが5月。アメリカは、すぐに連合国暫定当局をつくり、ここでは国連安保理の承認を経て、日本の戦後のGHQのように占領統治を始めた。自衛隊は、これに協力するかたちで「国づくり」を目的に送られたのだけど、この後も、ゲリラ化した民兵たちとの市街戦は熾烈《しれつ》を極め、アメリカが最終的にイラク戦に区切りをつけたのは、オバマ大統領になってからだからね。

自衛隊に割り当てられた地域はサマワという都市で、比較的安全なところだったけど、自衛隊が戦争に参加しているか否かは判断が分かれる。それを象徴するものとして、自衛隊が活動しているところは「戦闘地域」かどうか、国会でもめた。戦闘地域なら、それはつまり戦争だから、9条的にこの派遣は違憲行為であるという論争だね。不毛な議論が続いた。

戦闘の激しさとか、事件の頻度とかいう意味で、グレードの違いはあるかもしれないけど、どこでも戦闘地域に決まってる。だってこの戦争、敵はゲリラとか民兵だよ。彼らは民衆の日常生活のなかに潜んでいて、どんなところでも自爆テロは起こるんだ。

サマワに送られた最初の隊長で「髭の隊長」と呼ばれた佐藤正久《まさひさ》さんは、福島高校の卒業生だってね。彼とは面識があるんだ。兵士は、迷彩服を着るでしょう。敵に察知されないように、木が多いところでは緑っぽいものを着て、乾燥した砂漠のようなところでは砂色のものを着る。イラクでは、アメリカをはじめ多国籍軍は、もちろん砂色の迷彩服を着ていた。でも自衛隊は、逆に緑色の迷彩服を着たんだ。そして日本の国旗をヘルメットや迷彩服に何ヵ所も貼って目立たせていた。これじゃあ、迷彩服じゃなくて「目立ち服」だね。

これは自衛隊の苦肉の策だったらしい。隠れたりしない。俺たちは平和を希求する日本から来たんだって、地元社会にとけ込む人心掌握の努力をしたそうです。それが功を奏したかどうかわからないけど、結果、誰も殺さず、誰も殺されず、与えられた任務を粛々《しゅくしゅく》とこなした自衛隊は、あっぱれだと思います。

ちなみに、それまでの国連平和維持活動への派遣のときは、拳銃と自動小銃ぐらいだったのにくらべて、サマワに自衛隊が携行した武器は、戦車の攻撃などに使う無反動砲など、殺傷能力の高い重装備になりました。「保護する責任」に移行する国際社会の情勢に、日本もゆっくりではありますが、着実に歩調を合わせているように思えます。

武器をもった「中立」ってありえるのか?

国際社会が「保護する責任」のための強制措置の方向に動いている今、自衛隊の海外派遣も、さらに「進化」するのだろうか。いずれ自衛隊が「保護する責任」に関与する、もしくは加わることってあるのか。どう思いますか?

――難しいですが、大きな犠牲が出るのを止められるのであれば、介入したほうがいい場合もあるんじゃないか。自衛隊の派遣はいいという前提で考えたのですが、相手国民の同意は必要だと思います。政治的に中立な立場で、原則、非戦争。万が一戦闘になったときのために厳格なルールを決めて……あとは指揮官の裁量にまかせるしかないんじゃないかな。

ＰＫＯ協力法には、自衛隊を派遣するための原則があります。そこに盛り込まれている「ＰＫＯ参加5原則」は、今言ってくれたのと同じことが書かれている。停戦の合意がなされていること、紛争当事者の同意、中立の原則、これらの条件が満たされなかった場合の即時撤退、武器の使用を最低限に抑えることなどが規定されています。

武器は、基本的に、自衛のためにもっていくということだね？

――もちろんほしいと思います。武器なしでは危険ですし、犠牲が出てしまう。

ＰＫＯ参加５原則は、「敵のいない軍隊」の最たるものだね。でも、ダレールさんがいたルワンダのように、「敵のいない軍隊」の活動をやっているうちに、武装集団が現れて、攻撃をしかけてきたらどうしよう。

自衛隊への攻撃なら、正当防衛ということで、慎重にやれば武力行使は許されると思うけど、それが住民への攻撃になったら？　住民たちが助けてくれと、自衛隊の基地に逃げてきたなら、それを追って攻撃をしかけてくる連中への反撃は、正当防衛に見せかけることができるかもしれない。でも、そうじゃなくて、急行すれば間にあわないこともない距離のところで住民が殺されていたら、わざわざ出かけていき、それを阻止することができるのか。

実は、南スーダンの国連平和維持軍の権限には、住民を保護するための武力行使が認められています。悲劇のルワンダの教訓がありますから、伝統的な国連平和維持活動も「進化」しているんだ。現実に、南スーダンがそういう状況になったら、どうする？

――即時撤退。戦争に巻き込まれるということだから、９条的にも撤退するしかない。

つまり、自衛隊に「保護する責任」は果たせないということだね。でもね、僕は自衛隊の人たちと接する機会が多いから感じるのだけど、もし今、派遣されている南スーダンがそんな事態になったら、当時のダレールさんと同じように、いや、それ以上に住民と運命をともにする隊員が出てくると思う。こういう義侠心《ぎきょうしん》、日本人は強いと思うんだよね。

自衛隊が、「戦争」ができないという平和を希求する自国の憲法を理由に、もし最初に撤退して、他の国もそれに続いたら。そして、その後、住民が虐殺されてしまったら、もしかしたら日本は「見捨てた」という人道的理由で、国際世論を敵にまわさなければならないかもしれない。当初は、ＰＫＯ参加５原則が当てはまる穏やかな状況でも、現場は急変する。じゃ、さよなら、というふうにはいかないのです。

――……自衛隊というものでは無理で、保護する責任を行使するなら、憲法を改正して、軍にする必要があるんじゃないか。でも、「保護する責任」が悪用されるのはどういうときかを考えると、表面上は人道的と見せかけて、結局は国益のためだから……。そもそも中立の立場に立つというのは無理じゃないかと思います。

武力をもった中立ってありえるのか、ということだね。もし、その「中立」に攻撃がしかけられたら。ルワンダのように現場は激変するし、僕が東ティモールで経験したように、国連による「平和維持」にもかかわらず、憎さあまって、民兵たちを追いつめて蜂の巣にしてしまうこともある。「中立」も、結局は人間です。

自衛隊を「軍」にすべきだと言う人たちもいるね。このことは、また後半に考えてみよう。

お金だけ出すって、恥ずかしいこと？

ではここで、架空の設定を立てて整理してみましょう。あなたが住んでいる町に、大金持ちで、お城みたいな家に住んでいるセレブ一家がいるとします。超金持ちだから、いたるところに監視カメラをつけ、防犯システムを強化している。でも、そんなに嫌らしい人たちじゃない。町内の清掃作業にもちゃんと出てくるし、集会所の修理に私財を投じてくれたり、大きな恩義をみんなが感じている。

ある日、この超金持ちの家で、放火未遂事件が起きます。金にまつわるややこしい問題もあるでしょうし、個人的な恨みをもつ者の犯行じゃないかと噂されている。セレブ一家は警察に通報しますが、金持ちだからって、特別扱いしてくれるわけじゃない。だから自分で守るしかないと、自宅の防犯システムをさらに充実させ、もう、ほとんど要塞《ようさい》のようです。

そうこうしているうちに、今度は、セレブ一家の近くのゴミ収集場で不審火が起こります。超金持ちは町内会を招集し、町全体が狙われているのだから、みんなで防犯体制を強化しようと訴え、路地という路地に自腹を切って監視カメラを設置する。そして自警団を組織することを自治会に提案するのです。自治会の役員のなかには、ちょうど若者たちの風紀も乱れてきたし、防犯と一石二鳥だと思う人も多く、この提案は実行に移されます。

一方、消防署は、継続する不審火を憂慮し、警察署と協力して、パトロールの強化を約束しますが、消防署も警察署も、この家だけにかまってはいられない。そのキャパ不足を補完してくれる、そして批判もかわしてくれるということで、自警団を容認するどころか支援するようになる。自警団のやり過ぎの行動も黙認するようになってゆく。

これを世界の状況に置き換えてみると、超金持ち＝アメリカ、消防署＋警察署＝国連という構図かな。国連のなかには、常任理事国の中国やロシアもいるし、必ずしも諸手《もろて》をあげてアメリカをサポートするものではない。一方で、アメリカは突出した軍事力を誇っていて、国連がどうまとまろうと、アメリカの軍事力を上回るものにはならない。

みんなは、セレブ一家に協力しつつも、これほど緊張していなかった昔を懐かしむ気持ちも感じ始めている。君の家のご両親もそうです。君の家は豊かで、でも控えめな家。ちゃんと税金を納め、警察署が防犯キャンペーンをやるときも、ビラ配りから、会合でのお菓子や飲み物の世話までやる。セレブ一家とは親しく、監視カメラも重点的に数台設置してくれている。近頃は自警団に誘われているけど、適齢期の息子は優しい性格で優等生。来年、受験も控えているし……。

平和憲法をもっていて、その影響で、条件付きで警察や消防署、自警団に協力しているのが、今までの日本の立ち位置ですね。

ところで、国際社会に責任があるのだから、お金を出すだけじゃなく、人、つまり自衛隊を出さなければいけないって、よく日本の政治家が言うでしょう。それって本当なのか。

軍隊に関することって、「男気《おとこぎ》」のイメージが強いよね。だから、自衛隊を出さないと男がすたるみたいな、そんな調子の日本の保守系の政治家っているでしょう。自分が行くわけじゃないのに……。確かに国連平和維持軍や多国籍軍の現場は、まだ男の世界だよ。非軍事の部門で現場にかかわる女性は飛躍的に多くなってきているけれど。

でもね、今、我々が想定する「敵」というのは、テロリストとか民兵、つまり、職業軍人じゃない場合が多い。一般人の延長のような人々が、彼らなりの信条や正義感に駆られて、兵力も兵器の威力も圧倒的に勝る我々に、捨て身で挑んでくるんだよ。男気って言ったら、彼らのほうに軍配が上がると僕は思う。女性だって、体に爆弾巻いて突っ込んでくるんだ。東ティモールで、多勢に無勢で民兵を追い回した僕らなんて、男気とは縁遠かった。

それと、自衛隊を出さないとアメリカから非難されるって、日本の一部の政治家や評論家、メディアが言うでしょう。「ブーツ・オン・ザ・グラウンド（地上部隊を出せ）」と言われるって。僕は、アメリカ軍を含めた多国籍軍の上層部と付き合ってきたけど、そんなこと言われたこと、一度もないよ。冗談の席でも。アメリカ人がこれを言うとしたら、政治家や偏ったメディア、それか軍でも、あまり教育の機会に恵まれなかった下っ端兵士じゃないかな。

だいたい多国籍軍や有志連合というのは、「みんなそれぞれ、無理して来ているんだもんね」っていうのが基本姿勢なんだ。武器使用基準も、その軍事作戦を支持する世論も、それぞれ違う各国の軍が寄り合うのだから、司令部としては統括がたいへんです。潤沢な資金さえあれば、いっそ自分らの仲間内でやってしまったほうがラク……。これが本音だと思う。

だから、ややこしい事情の部隊が参加するより、金だけの支援のほうがうれしいときもある。まあ、一番ややこしい事情を抱えているのは日本の自衛隊だろうけど。そこんところの日本人の感情の問題を知り尽くしているのは、実は当のアメリカだからね。

どんな仲間内だって、それぞれの事情がある。たとえばＮＡＴＯの一員として、アフガニスタンで「戦争」にかかわっているドイツ。ナチスという圧倒的加害者としての自己への反省から戦後復興した国だね。軍の海外派兵に対して、日本と同じか、それ以上の反対が国内にあるはずです（与党内でも反対の声があるなか、ドイツの最高裁である連邦憲法裁判所の合憲の判断を仰いで、最終的に派兵を決断した）。隣国フランスだって警戒する世論も根強かったでしょう。

そんなドイツ軍に無理をさせて、もしアフガンの一般市民を大量に傷つけてしまったら、ただでさえ敏感なドイツ国民に一気に厭戦《えんせん》ムードが広がる。残念ながら事故は起きてしまい、ドイツ世論は荒れに荒れました。もしドイツが撤退を決断せざるをえなくなったら。同盟戦線の離脱ほど、アメリカにとって政治的な痛手はありません。厳しい戦況のなか、同盟国間の外交には、責任の押し付け合いの葛藤があったでしょうが、結果的に、イギリス（「テロとの戦い」当初からアメリカと一心同体だった）と同じように戦えって、ドイツには言ってない。すくなくとも僕が現場で一緒にやってきたアメリカ軍はそうでした。

そのかわり、ドイツは、タリバン政権を倒した後のアフガン暫定政権をつくるお膳立てや、アフガン警察の創設など、非軍事だけど、極めて内政に深くかかわる干渉で、NATO諸国のなかでは〝温和〟なイメージを活かして、見事にアメリカを補完してきた。平和外交で有名なノルウェーも同じです。

多国籍軍の統合指揮って、こういうものなんです。仲間には、ジャイアンもいるし、のび太くんも、しずかちゃんも、出来杉くんもいる。みんながジャイアンを目指さなくたっていい。それぞれの長所短所をそれぞれで補って、総合力として戦うのです。

でもね、あえて「ブーツ・オン・ザ・グラウンド」って、向こうが言ってくるとしたら（まあ政治家だろうけど）ちょっと日本を辱《はずかし》めて、もっと金を搾り取ってやろうという魂胆がミエミエだよね。僕が彼らの立場だったら、同じことをやるだろうから。それが、外交の駆け引きというものです。だから、それにまんまと乗るほうが問題だと思う。

とにかく、「軍事＝男らしい、非軍事＝女々しい」という精神構造は、どんな虐殺行為も武勇伝にする野蛮さと同一線上にあるものだし、こういうもので政治を動かそうという考えは、本当に幼稚だと思う。軍事を男気で語るアホな論調に挑戦するために、「女々しい」なんて性差別的な言葉をあえて使いました。許してね。

さて、君の町内に、ちょっと可哀想な、貧しい一家が住んでいるとしよう。昔の僕んちみたいな。こんな家庭が、町内の防犯に協力を求められたら、お金は出せないから、人を出すしかないよね。発展途上国はそうなんです。

国連平和維持活動の場合、人を出すと、けっこう儲《もう》かる。国連は、兵員を出したら、兵士の数やもっていく装備に応じて、加盟国の分担金から、派遣国にお金を払うシステムがある。「償還金《しょうかんきん》」というんだ。貧しい国々にとっては、派兵が貴重な外貨稼ぎにもなるのです。

たとえばパキスタンは、国連平和維持軍への貢献でいうと世界一という側面もある。アフリカの内戦など、危険で誰も行きたがらないところには、パキスタン軍は欠かせない存在です。殉職者《じゅんしょくしゃ》、つまり自国の戦争ではなく、赤の他人のために血を流すことにおいて、パキスタンは突出しています。日本国憲法の前文を勲章として贈りたいぐらい（笑）。

日本にも、これまで自衛隊を国連平和維持活動に派遣してきた分、国連からお金が支払われているんだよ。償還金は、日本の防衛省が指定する銀行口座に支払われますが、数年前、防衛庁（当時）が、すでに払い込まれた償還金約20億円を歳入として国庫に入れるのが遅れて、メディアが話題にしたことがあったんだ。日本にとっては、取るに足らない額なのでしょう。

アメリカ、イギリス、フランスなどの先進国は、自分たちの「戦争」や、何かと利害のあるリビアみたいなところでの有志連合軍としての7章活動は別として、国連平和維持活動には、ほとんど兵を出しません。

僕が知る限り、国連平和維持活動に大きな部隊を出す国って、3つのタイプしかありません。ひとつは、外貨目当ての途上国。ふたつ目は、ルワンダにおける旧宗主国《そうしゅこく》ベルギーのような、何かその国に道義的に責任感のようなものがある国。3つ目は、インドネシアが良い

国連ミッションへの軍事要員・警察要員の派遣状況

外務省HP「国連ミッションへの軍事要員・警察要員の派遣状況」より作成

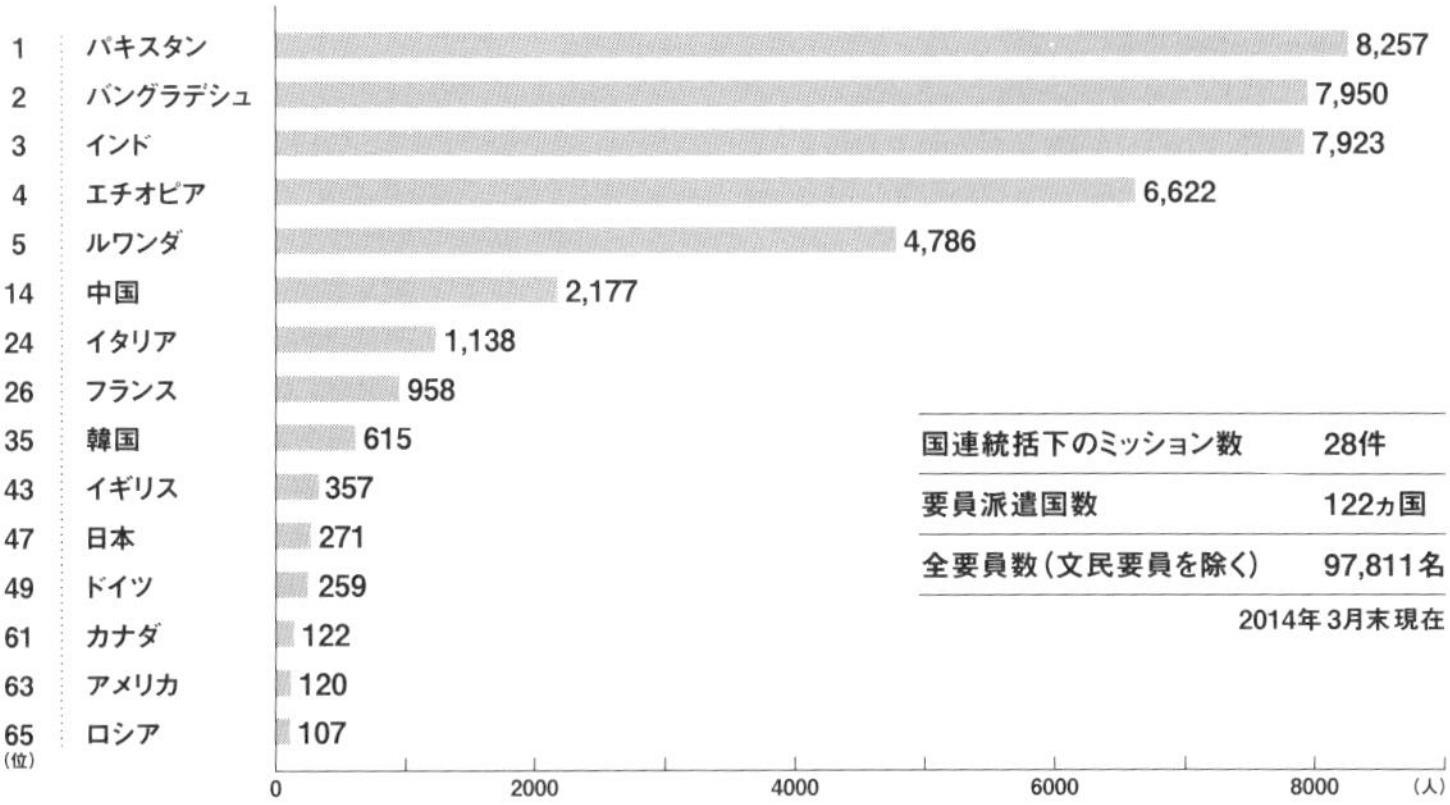

派遣数の上位5ヵ国、G8諸国、近隣アジア諸国の派遣状況。
日本はUNMISS(南スーダン)に271名の要員を派遣。ただし国連によって経費が賄われていない要員は、国連統計上に含まれない。

例かな。圧政の象徴のような国軍だったけど、その国自体が民主化に舵《かじ》を切り、これからは開かれた経済大国としての明るいイメージを国内外に示したい。で、国軍のイメチェンのために国連へ、ということだね。中国もそうかもしれない。

日本は、どれにも当てはまらないけれど、国連償還金が払い込まれたことを忘れるぐらいじゃ、ある意味、喉から手が出るほどそれがほしい国々の権益を侵《おか》しているのかもしれない。

もしも自衛隊が海外で民間人を殺してしまったら?

日ごろから有事のときの訓練をしている軍事組織は、人道援助機関としてもたいへん有効な組織です。東日本大震災では、緊急援助がままならない震災発生直後から、自衛隊は縦横無尽《じゅうおうむじん》に活躍したよね。

――本当に助かりました。

軍事組織は自己完結型。自分たちの衣食住にかかわる補給も移動手段も外に頼る必要がない。ことが起こったとき、一番先に駆けつけ、活動を維持できる。

2004年のスマトラ島沖地震でアチェに大津波があったとき、僕も現場に行ったけど、津波が起こった直後に活躍したのはアメリカ軍だった。アメリカ軍は、世界のどこで何が起こっても、24時間以内に駆けつけて救援活動できる体制にあると、アメリカ大使館の友人は豪語《ごうご》していた。この迅速さはどんなNGOや国連の人道援助団体が束になってもかなわない。

このように、軍事組織にしか対応できない人道援助のニーズは、歴然としてあります。でも、そのニーズをつくりだすのが、天災の他は戦争で、それを担うのも軍事組織です。イラクなどでは、アメリカ軍が人道問題をつくりだす一翼を担った。人道援助で優れている軍隊が、戦争で人道問題をつくる。これは自衛隊にも当てはまるわけです。

イラクがとくに心配でした。自衛隊派遣史上、最強の武装で赴《おもむ》いたのだから。もし自衛隊が、人間を、それも民間人を殺してしまったらという議論を、日本国内で徹底的にやるべきでした。「非戦闘地域」だから想定外みたいな議論で日本人は避けてしまったけれど、どんな軍事組織でも、それを海外に出すときに避けて通れない問題があるのです。

2章で、民間軍事会社のことを話したよね。ジョージ・W・ブッシュ政権になってから、軍事の民営化は一気に進んだといわれ、イラクでは、その存在が一躍有名になりました。なぜ軍事の民営化が進むかというと、いちばんの理由は経済性です。正規軍だったら、同国人の雇用、訓練、その生活保障、何から何まで国家が責任を負わなければならない。民間会社であれば、同じ力量の人材を、たとえば発展途上国からでも廉価《れんか》で雇うことができる。

そして、もうひとつの理由は責任回避です。正規軍の兵士が、彼の地で罪を犯せば、外交問題になる。民間会社であれば、委託した業務上の過失として、その雇い主としての国家の責任は問われるだろうけど、うまくやれば民事賠償でことが済むかもしれない……。

こうして、民間軍事会社は、正規軍の領域だった戦闘行為にまで、その食指《しょくし》を動かすようになります。そして2007年、イラクで起こったのがブラック・ウォーター事件です。

ブラック・ウォーター社は当時、アメリカ最大の民間軍事会社でした。同社の武装要員は、イラクでアメリカ国務省要人の移動警備にあたっていた。ある日の移動中、街角に差しかかったところで戦闘が起こり、17人のイラク人が犠牲になったのです。

ブラック・ウォーター社は、民間人に紛れた民兵による待ち伏せ攻撃があり、民間人の犠牲は、業務上のやむをえない過失であると主張しました。まだ裁判の決着はついていませんが、犠牲者のうち少なくとも14人は無抵抗のまま射殺されたというアメリカ連邦捜査局の見方が有力になっています。

イラクは、アメリカの侵略直後から占領統治下に置かれますが、そのとき、アメリカ連合国暫定当局（CPA）の発布した条例のひとつが、アメリカを中心とした多国籍軍兵士に対するイラク法からの「訴追《そつい》免除」でした。イラクの法は、外国人兵士が犯す過失、犯罪に対して手出しができないというものです。通称、CPA17番条例といいます。

「日米地位協定」でも、日本の領土で起こる米兵の犯罪は、いつも問題になるね。日本、アメリカのどちらに裁判権があるのかと。イラクの条例では、アメリカと連合国政府に雇われた民間業者の「訴追免除」も含まれていました。後に暫定当局からイラク側に行政の権限が委譲されましたが、ブラック・ウォーター事件当時は、まだ新生イラク政府とアメリカ政府のあいだに地位協定は締結されていず、この条例を引きずったままだったのです。

通常、軍をもつ国には「軍法」というものがあります。軍隊は、その社会において、最も殺傷能力のある道具を独占して保持することが許された集団です。だから民間人より厳しい法体系で彼らを統制する必要がある。命令無視や敵前逃亡、そして敵を利する行為は、状況と国によっては死罪になることもあります。

ところが、民間軍事会社の武装要員は正規兵ではありません。民間人なので、軍法の適用を受けないということになる。つまりイラクの現地法でも裁かれない、アメリカの軍法でも裁かれない。じゃあ、どの法で彼らを裁くのか？　これがアメリカで大問題になったんだ。

その後、この事件を契機として、アメリカ議会は政府が契約した民間軍事会社の傭兵《ようへい》たちの犯罪に、アメリカ国内刑法を適用するという法案を可決しました。

このケースと同じ構造を抱えているのが自衛隊です。自衛隊も「軍」ではないからね。

——自衛隊法は、違うんですか？

自衛隊法を軍法と見なすこともできる。けれど、問題は裁きです。日本は憲法上の制約で、軍人だけを裁く法廷の軍法会議をつくれません。だから自衛隊員も民間人と同じ、一般の裁判所で裁かれることになります。とすると、自衛隊員にも日本の通常の刑法が適用されることになる。

日本の刑法には、日本国外で犯した罪を日本で裁く「国外犯規定」があります。国外犯規定は、故意の殺人罪や傷害罪を犯したときは処罰の対象になりますが、過失、つまり誤って人を傷つけたり、殺してしまったり、事故で民間人を巻き添えにしてしまったというような任務に伴う罪は、この対象外なのです。自衛隊員が犯した罪が過失と認められれば、刑法の適用はないと解釈できる。

そして、自衛隊のイラク、サマワへの派遣では、当時の連合国暫定当局と日本政府間の覚え書きで、自衛隊はCPA17番条例の適用を受けていました。つまり、法的には、軍でない自衛隊は、ブラック・ウォーター社と同じ問題を、潜在的に抱えていたことになる。

自衛隊は、こんなあやふやな法環境で赴《おもむ》くリスクを背負いながら、本当に幸運なことに、誰も殺さず、一発も撃たず、無事、任務を完了しました。

——……その後、イラクの地位協定はどうなったんですか。

2008年、アメリカはイラク政府と地位協定を結ぶことになります。米軍は世界のいろんな国に駐留しているから、それぞれに地位協定がありますが、米兵の過失・犯罪の裁判権は、一般的に公務中のものはアメリカに、公務外は受け入れ国にということで落ち着いているようです。ただ、公務中かそうでないかの判断は曖昧で（まあ、アメリカ側が公務中と言えば公務中になる）、そこが日米間の争点になってきました。

ブラック・ウォーター事件の後ということもあり、イラク政府はかなり強気で交渉に臨んだようです。結果、アメリカ側は大きな譲歩をすることになった。米兵による犯罪は、公務中はアメリカに、公務外はイラクにという一般的なものに落ち着きました。ですが、アメリカ軍に雇われた民間軍事会社のすべての過失・犯罪はイラク側に裁判権があります。

さらに、アメリカ・イラクの地位協定には、こんなことが書かれているのです。アメリカ軍がイラクに持ち込む、すべての武器・物資を検査する権利をイラク政府が有する。イラク国内でアメリカ軍がおこなうすべての軍事行動は、イラク政府の許可を必要とする。イラク国内に駐留を許された米軍は、イラクをベースに他国を攻撃することは許されない。最後に、2011年末をもって、アメリカ軍は完全撤退すること、と。

イラクの「完全なる主権」によって、地位協定がコントロールされている。これは日本とアメリカとのあいだでは、残念ながら、できていないことばかりです。

軍法に話を戻すと、僕は、軍法、もしくは、それに代わるものがないまま、自衛隊を海外に行かせるというのは非常にまずい、というか無責任だと思っています。

——国連平和維持活動では、軍隊の法的な問題って、どうなるんですか。

もっと深刻かもしれない。なぜなら、国連は通常、受け入れ国に対して、国際公務員が享受している外交特権と同じようなものを、国連平和維持軍の兵士に対して求めるのです。つまり、公務外、公務内の区別なく現地の司法から「訴追免除」される。

僕は東ティモールで、ニュージーランド歩兵攻撃大隊とパキスタン工兵大隊の約1200名の兵士を文民統括する立場にいたけれど、若い兵士たちが、ほんとに問題をしでかしてくれるんだ。どれほど司令官たちにキツく言い渡してもダメ。極度の緊張でフラストレーションが溜まっているのか、地元の女の子に手を出してしまう。

こういうとき、ちゃんとした沙汰《さた》を下さないと、地元社会を敵にまわしてしまって人心掌握《しょうあく》どころではなくなる。でも、国連には軍法会議にあたるものがないのです。現地の司法からは訴追免除。で、どうするかというと、地元住民の怒りを鎮《しず》めるために、こう言うしかない。「犯人を本国送還するけど、ちゃんとした軍法をもっている国だから、厳しく罰せられるはず……だから、堪《こら》えてね」と。

自衛隊は、幸運にも、このような問題を一度も起こしていません。たぶん自衛隊のみなさんは、軍法のない軍事組織の問題をいちばん認識していて、アホな政治判断に文句も言わず、薄氷《はくひょう》を踏む慎重さで、任務を遂行してきたのだと思います。

でも、これがいつまで続くか。今は、国連平和維持活動の任務に「住民の保護」が入ることが常態化し、公務中の事故を、より想定しなければならない国際情勢なのです。

南スーダンのお隣のコンゴ民主共和国において、安全保障理事会は2013年8月、国連史上初めて、「先制攻撃」を厭わない介入部隊（intervention brigade）を承認したのです。「住民の保護」といっても、駆けつけたときには遅い。住民はすでに餌食《えじき》になってしまっている。だから、悪さをする前にそういう武装勢力を「無力化」する必要があると。もはや「敵のいない軍隊」ではないね。

これからも日本伝統の「後方支援」は続くだろうけど、どんなに基地に閉じこもっていても、安全を求める住民をかくまわざるをえない状況は、容易に予想される。問題は、こういう武装勢力の常として、排他的な民族意識を操《あやつ》り、群集心理に駆られた一般市民の群れとともに攻撃を仕掛けてくることなんだ。戦闘員と非戦闘員の区別は容易じゃない。膨《ふく》らむ攻撃的な群衆を前にして、恐怖から無差別に発砲してしまう。「後方支援」とか「非戦闘地域」と、そもそも事件が起こらないという想定で政局を乗り切ってきた今までのやり方は、人道主義が「住民の保護」をどんどん好戦的にしている現在、もはや通用しないと思う。

僕は、本当は自衛隊に出て行ってほしくない。他に軍隊を出したい国はいっぱいいるし、日本が無理して出さなくてもいいんじゃないかと思う。それでも派遣するのであれば、国内で議論して、法的な地位、海外での法体系を確立しなければいけない。

僕は、選択肢はふたつしかないと思います。ひとつは軍法をつくること。すると、自動的に憲法を改正しなければならないかもしれません。「軍」という言葉は、明らかに9条2項に矛盾しちゃうものね。「軍」を使わず、現行の刑法や自衛隊法、公務員法を改訂して対応できるのか、わかりません。どちらにせよ、自衛隊は、その武力だけじゃなく、法的に「軍」になるということですから、国民的な議論が必要でしょう。

もうひとつの道は、自衛隊は個別的自衛権に専念してもらって、集団的自衛権の行使と国連的措置（集団安全保障）については、武力行使以外の方法を考える、ということです。

戦争の「火の用心」を実現するには

――本当の「保護する責任」では自発的に、その国を助けたいと思って行く姿が理想で、武装しないで何かできれば、それがいいとは思いますが……。

自衛隊が、武力を行使せずにできる「保護する責任」ってあるかな？

――交渉とか、そういうことになる。

戦争が起こる前に何かできないか、ということだね。「保護する責任」では、武力介入だけが脚光を浴びがちだけど、武力介入しなくてもいいように、もう少し前から介入する「予防する責任」（Responsibility to Prevent）が大事、ということもいわれています（「保護する責任」は概念上では、「予防する責任」、「対応する責任」、「再建する責任」という3つの要素で成り立っている）。

火事にたとえると、武力介入が消火活動、「予防する責任」は火の用心かな。消火活動って、昔の「火消し」みたいに華々しいし、消火した後の達成感もすごいよね。一方、「火の用心」は地味。火事が起きないのが当たり前だから、その努力はあんまり感謝されない。でも火事になったら、努力が足りないって責められちゃう……。それに「予防する責任」は、考え方としてはいちばん大事なのだけれど、具体的にやるとなると難しい。

たとえば、ルワンダで大量虐殺を予防するにはどうすればよかったか。ダレールさんが言うように、抑止力としての国連平和維持軍を増強すればよかったかもしれないけれど、これは軍事的介入だね。非軍事的な「予防する責任」の行使っていうと、何ができたと思う？

――……経済制裁？　ジェノサイドをやったら、経済制裁するぞと脅しをかけておく。

人間、腹がすくと怒りっぽくなる（笑）。こんなにヒモジイのはあいつらのせいだ、なんて、さらに対立を深めちゃうんじゃないか。経済制裁は、保護すべき国民を、逆に飢えさせてしまう危険性がある。

ルワンダのような貧しい国なら、日本みたいな援助大国は、虐殺が起こるずっと前から、開発援助というかたちでかかわりをもっていたはずだよね。ことが大きくなる前に、何かしらできたかもしれない。

このように、制裁ではなく、援助することで予防するという考え方は、「予防開発」とい

予防する責任

って、一応、概念として提示されてきたのです。悪政でも何でも、援助を通して現政権と友好な関係をもちながら、「ちょっと最近、軍事費が急増していない?」とか、「少数民族がいるあの地域、開発援助が届いていないみたいだけど、どうして?」とか、相手の耳が痛いことをどんどん言ってゆく。他の援助国も一緒になってやったら、効果は倍増する。

これは一種の内政干渉だね。でも、あくまでポジティブに援助しているのだから、その誹《そし》りはちょっと薄まるかな? どちらにしろ、制裁より、ずっと軽度な内政干渉です。

もし、欧米がやったら、やっぱり旧植民地支配者だから反発が大きいかもしれないけど、日本の立ち位置はいいよね。人畜無害のイメージだから。もちろん、第二次世界大戦で迷惑をかけた国は難しいけど、アジアでもバングラデシュより西とか、アフリカなんかではいいと思う。インドネシアでも、かつて迷惑をかけた割には、その前の圧倒的に長いオランダ植民地支配の陰に隠れているのかな、そんなに悪くない。

でも、日本はこういう立ち位置を積極的に前に出してきたかというと、そうは言えない。日本が最大のＯＤＡ（政府開発援助）援助国のひとつである、インドネシア、スリランカでは、内戦が長年続き、大勢の人たちが犠牲になってしまった。

予防開発を本気でやろうと思ったら、まず相手の国のことを知らなければならない。それも、ふかーく内政に食い込む、諜報能力みたいなものが必要になるだろう。

日本人は、第二次世界大戦の反省からか、諜報というと何か危険なものと感じる人もいるかもしれない。僕はアフガニスタンの日本大使館にいたけど、他国の大使館が諜報合戦をやっている現場で、日本は、ほとんど〝引きこもり〟だった。これは仕方がない面もあるかな。諜報のためには、ある程度危険な場所に行かなければ人と会えない。もし日本の大使館員が事故にあったら、メディアは「誰が命令したんだ！」とか騒ぐかもしれない。ただでさえ外交官の暮らしぶりが贅沢だなんて叩かれてきたんだから、萎縮《いしゅく》しちゃうよね。

アメリカをはじめとする大国がやってきたのは、「戦争に勝つための諜報」なんだろう。でも、「戦争を回避するための諜報」だって、あると思うのです。たとえば、「強硬な現政権側にも、過激な反政府勢力にも、穏健派のAとBがいて、このふたりをどこか安全なところに招待して話し合わせたら……」みたいな画策とかね。こういう諜報能力が日本の特技になったら、「予防開発」をリードできるだろうか。

ただ、「予防開発」は基本的に、援助が必要な貧しい国に適用できるものです。じゃあ、そうじゃない国、たとえば石油大国の当時のリビアなんかには、やっぱり強気だから、問題が起こったら、経済制裁のような強制措置しかないのか。

でも、武力衝突が起きてからでも、大量虐殺が引き起こされて、国際社会が武力介入する前にやれることは、ケースによっては、あるのです。

軍人が非武装で介入するとき

国連が、平和維持のために介入する措置のなかには、停戦監視、もしくは軍事監視と呼ばれるものがあります。

ある国で内戦が起こり、長い戦いを経て、和平が完全に達成されるとき、必ず通らなければならないものが、停戦という状態です。まだ双方とも、戦争をあきらめたわけじゃない。でも、長いあいだ戦っていると、お互い満身創痍《まんしんそうい》になって、もしかして完全勝利はないんじゃないか……という思いが、指導者たちの頭をかすめるときがあるのです。

こういうとき、国連みたいな第三者が、すかさず双方に呼びかける。「ちょっと、撃つのを1週間だけでいいから止めて、頭冷やしてみない？」と。そして、指導者たちを安全な第三国に連れて行ったりして、このままではどんな末路が待っているか、具体的に想像できるように説得する。この最中に、現場でまた撃ち合いを始めちゃったら、和平工作は頓挫《とんざ》します。だから、現場の停戦を監視する人間が必要なのです。

場合によっては停戦だけでなく、武装解除など幅広い任務を課せられるので、軍事監視団と呼ばれます。各国の軍人で組織されますが、武力介入の前に、まず平和的解決という国連憲章の基本的スタンスの下、非武装が原則です。これは、国連の歴史において、武装した国連平和維持軍によってなされる活動の前からある、いわば国連本来の機能なんだ。

停戦合意は、最初は口先、もしくは署名だけ。でも、それを唯一の護身の武器として、武装するのが当たり前の軍人が、あえて非武装で、いつ撃ち合いが始まるかもしれない現場に入ってゆく。停戦状態の維持に体を張るわけです。これ、自衛隊はできるかな？　武器をもたない自衛隊を送るって、どう思う？

——予防する責任なら、そのほうがいいかもしれないけど……。

軍事監視団は、一兵卒ではなく、指揮官クラスの経験のある軍人しかなれない。これが、同じ「軍人」である紛争当事者に、僕みたいな民間人にはどう頑張ってもできない威力を発揮するんだ。「軍人」には、ほぼ万国共通のランクと、軍人魂みたいなものがあるから、彼らの懐《ふところ》に入りやすいんだね。これは、実際に監視団と行動をともにした経験から言えます。

――……でも、武装なしでというのは、やっぱり危険だし、戦争を止める力になるんでしょうか。意味をなさない気がするのですが。

ルワンダでは、ダレールさんが指揮した国連平和維持軍とともに、国連軍事監視団が送られたんです。国連軍事監視団は、その非武装が醸《かも》し出す中立性を活用して、虐殺のために民兵を先導するルワンダ国軍や、それらの民兵組織と友好的な関係をつくるために努力しましたが、失敗し、団員から3名の犠牲者を出しました。

停戦が合意されても、それに反発する奴らが、敵対勢力双方に必ず現れるのです。「俺たちを差し置いて勝手にやりやがって！」とか言って。そういう奴らは分派して、もっと過激なグループをつくって和平の抵抗勢力になる。そして、和平の使者である中立な人間をターゲットにして、国際社会をびびらせるために残虐な殺し方をしたりする。軍事監視団には、いつもこのリスクが伴います。

軍事監視団は、武器を携帯しないから、自衛隊にとっては、9条の問題をクリアできそうですね。でも、「後方支援」や「非戦闘地域」での活動より、格段に危険です。自衛隊に、そのリスクを負わせるべきだろうか。

――……それに自衛隊が参加したケースはありますか？

実は自衛隊は、過去の国連平和維持活動において、この業務に派遣されているんだ。数百人規模の「後方支援」部隊にくらべて、国連軍事監視団は各国数名の派遣がふつうなので、あまり日本では話題にされないんだよね。1992年からのカンボジアには16名。最近では2007年のネパールへ6名の派遣をしている。

ネパールでは、ずっと続いていた王政に対して、マオイストと呼ばれるネパール共産党毛沢東主義派が反旗を翻《ひるがえ》し、内戦状態になります。一般市民を巻き込む多大なる犠牲の後に、両者は連立政権樹立に向けて交渉を始めますが、その期間、ネパール国軍とマオイストのゲリラ部隊がお互い大人しくしているように、彼らから引き離された武器の監視を含めて、自衛隊が停戦監視を担いました。もちろん非武装です。

僕は自衛隊のこういう派遣を、もっと評価して、積極的にやってもいいんじゃないかな、と思っているんだ。

「首をつっこまなくてもいいんじゃないか」

一般の世論では、これまでの「後方支援」での自衛隊派遣について、政府が必要だと言えば、あまり強い反対意見はないようだね。君たちのなかで、それでもやっぱり自衛隊派遣に反対だという人がいたら、考えを聞かせてください。どんなことでもいいよ。

——やっぱり、軍ではなくて、自衛隊という立場なので、自衛という、日本国民を守るためのものであるということが、あるべき姿なんじゃないかと思います。何もしないことで、その姿勢を示すというのが理想なんじゃないか。

国防に徹せよと。

――うん、でも実際、そうすると、国際的な関係で難しいと思うけれど……。

――もちろん国際関係が大事というのはあるけど、日本にもたくさん問題がある。そういうことをやる前に、他の場所に首をつっこむというのが、間違っているんじゃないかと思う。偏《かたよ》った考えですが。日本自体の国力として、まず自立できるというのが大事だと思う。できれば、もう一回鎖国して。

――……統一に向かおうとしている世界から孤立しようとしている（笑）。

僕も、かつてインドに出発したときからずっと、今でも親しい友人や親戚から、そう言われるね。日本にもいっぱい問題があるのにって。僕の側から言い訳するとしたら、エネルギー問題かな。中東や途上国の原油に頼らなければ国がもたない。だから、そういう地域の安定が必要で、不安定だったら安定にしなきゃ、と。

日本がエネルギー的にちゃんと自立できていればいいのかな。そうすると原子力っていうことになるのか？……でも原子力だってウラン燃料、使用済み燃料の再処理など、他国への依存というのはあるし、難しいね。鎖国……太陽光と風力で鎖国するか（笑）。

――（笑）。まあ無理ですが、そういうことをしてほしくないという意識が強いです。

——派遣が正しいか正しくないかはわからないですが、反対する人がいないと、もし間違いが起こったとき、とりかえしがつかない。だから、そういうのを間違いだと指摘して、止められたらいいなと思います。

バランスの問題だよな。そうだよな……僕も「現実はこうだ」なんてあまり言わないで、もっと感情的にギャーギャーと、僕だけの理想を言ったほうがいいのかな。どうせ僕が言った通りにならないしさ。

——現実味のない意見ですが、平和というものを求めるなら、私は軍隊の存在自体がおかしいと思う。海の向こうで人命が失われたりして、救助しに行くのはいいですが、確実にその人たちの力になれるかというと、そうとも言えない。それに大きなリスクがあるというのは……薄情かもしれないけれど、そこまで首をつっこまなくてもいいんじゃないか。私は軍の存在自体に疑問を抱いているので、自衛隊は派遣しなくていいんじゃないかと思います。

僕ね、これだけ介入の失敗を現場で見てきて、ほんと、一切、介入というものがなくなったら、どんなに素敵かと思うことがある。でも今、地球上で一番難しいのは、介入しないことかもしれない。

4章

戦争が終わっても

9条ディベートって、何のため？

こんにちは。今日で4日目、後半戦です。あともう少し付き合ってくださいね。これまでの感想とか、何か僕に聞きたいことがあれば話してみてください。

――今まで名前も知らなかった国の現実を知って、平和に対する考え方が変化しています。でも、それ以上に気になるのは、伊勢崎さんに投げかけられた問いや、自然と浮かび上がる疑問の「答え」が、みんなと話しても、講義後にひとりで考えても、わからないことです。自分はこういう気がする……と思っても、みんなの意見と衝突させると、すぐ揺らいでしまう。自分の意見をもつには、物事を考えるための引き出しが、まだまだ足りないのかなって。

答えがわからないっていうのは、僕もまったく同じ。とくに現場にいると、目先のことばかりに対処して、自分のやっていることは本当にこれでいいのか、何か大きな意味で大切なことを損《そこ》なっているんじゃないかと悩んでばかりです。

平和とは、戦争と戦争の狭間《はざま》にあるものだと言う人がいるけど、その間隔が短かかったら、明らかに戦争終結と戦後復興のやり方が間違っていたことになる。シエラレオネでは、僕がかかわった内戦終結から10年以上経っているけど、どうなんだろう。また同じような戦争が起こっても、僕たちのやったことは、もう責められないのかな……。

今日は、戦争の終わらせ方と、終わったあとのことを話します。役目を果たした軍隊やゲリラをどうするか。厖大《ぼうだい》な人命を犠牲にした戦争犯罪にどう対処するか。二度と同じ悲劇が繰り返されないという安心を、いかに人々に提供できるか。僕がかかわった戦争終結後に起こる様々な問題に触れながら、「戦後」がどのようにつくられてゆくかを考えてみよう。

さて、ここまでの3日間で、たびたび憲法第9条のことが話題にのぼりましたが、これも、まさに日本の戦後復興のやり方を導いてきたものですね。もう60年以上、平和だけど、これって、これからもずっと続くと考えていいのかな。9条を変えるべきだという意見も見られるけど、みなさんは、どう思う?

——……9条は、ある意味抑止力になっているから、無理に変える必要はないと思います。アフガニスタンの米軍への給油だったり、議論になったりするけど、それでも直接前線には行かない。他国の軍とくらべて、自衛隊だけって言われちゃえば、そうなんですけど……。ひとつの抑止力としての効果はあるんじゃないかと思います。

9条を保持することで、アメリカの危険な要求を、全部じゃないけど、はねのけられるということだね。9条を押し付けたの、あんたたちでしょって、ちょっと開き直れる(笑)。

——私は9条の存在が、他国には認知されていないということに驚きました。つい数年前まで、日本が戦争するなんて考えたこともなかった。逆に北朝鮮やロシア、アメリカ、中東ではいつ起こってもおかしくないと思ってた。でも、9条のことを知らない外国からしてみれば、過去に戦争してきた日本なのだから、日本はいつか戦争する、攻撃してくるかもしれない、と思われてもおかしくないのだと感じて、なんだか不思議な気持ちがしました。

うん。でも、こんなに世界の隅々から資源を輸入して、こんなに世界の隅々まで製品を輸出して、それ以外に生き延びる術《すべ》のない経済大国が、第二次大戦後は一度も戦争していないんだよーって、言うと、みんな、へー、そんな国もあるんだーっていう感じだけれどね。9条のことを話題にしなくても。

——……そもそも9条について話し合うことがパターン化していて、それ自体、9条は良いということが前提みたいな感じになっている。結論が出ないまま、どんどん時間が過ぎて、これからも、この状態が続くんじゃないか。

9条と現実の乖離《かいり》の問題に、真剣に悶《もだ》えているフリをしながら結論を出さない……。うん。僕ら大人たちは、ずっとそうしてきたのかもね。そうだよな。

——けっこう卑怯な……。でも、それが今のところ、いちばん損もないし、日本人の結論を出さない良いところを使っている。だけど、どちらかというと、僕は守るというより、変化のほうが格好いい感じを受けていて、このまま矛盾が続くのは嫌だな、変えたいなという気がする。良いにせよ悪いにせよ、変化ってパワーになるじゃないですか。

——……何が起こるかわからないよ。

変化はカッコいいよね。ものごとが停滞しているときには、ちょっと気に入らない奴でも改革者を心待ちにしたい気持ちが、僕らのなかに生まれてくる。

でも……そうか、「改憲したい人、手を挙げて」みたいなことは、学校の授業でずっとやってきて、かなり醒《さ》めているわけだ。みんな、もう9条に関して手を挙げるのには疲れたんだね。

――疲れているって、ぴったりの表現だと思う。9条が良いか悪いか、変えるかどうかって、小学校のときからやっているけど、一体何をやっているんだろうって、ずっと思っていました。小学生のころは、それが自分にどのように影響しているかもピンとこなかったので、「まあ、今のままで……」くらいしか思えなかったのを覚えています。

今、僕は、たぶん君たちがなかなか先生たちを前にしては言わない本音に触れているのだろうと思うけど（笑）。僕の小中高時代は公立学校だったけど、社会科系の先生たちって、9条護憲平和主義みたいな人が多かった。その熱心さに、あえて異を唱えなくてもいいや、なんか目を付けられるのも面倒臭いし、みたいな気持ちかな。わかるなー。

2日目の講義で「原発にテロリストが潜入して1週間立てこもり、銃撃戦のうえ犯人が死亡。現場で北朝鮮バッジが見つかった」という設問を考えたよね（169ページ）。日本は報復攻撃みたいなことはしないって、みんな言っていたけど、今も考えは同じかな？

――やっぱり9条の議論になって、そのうちに熱が冷める。

――ある種の方法ではある。良いのか悪いのかはさておき、効果的。国連にはできない（笑）。国連にできないって、すごいな（笑）。事件の真相を追求するというより、9条の議論にすべてを収束させちゃうということだろうか。日本の外交は弱腰とか揶揄《やゆ》されるけど、それは9条が醸《かも》し出す寛容性かもしれない。でも、あえて9条の名の下に事件をうやむやにすることによって、今まで9条の下で享受してきた「平和」が変化することを制御する心理とも言えるかもしれない。

もちろん、今の国連安全保障理事会の政治は、「保護する責任」のように、うやむやとは真逆の方向で、よその国のレジーム・チェンジ（体制変換）まで、やってしまうのだけどね。

——日本でしか通用しないけど……。

うん、その日本でしか通用しない平和観を形づくっている9条を、みんなは誇りに思う？

——……。

もう、9条のことで手を挙げるのには飽きたよね（笑）。まあ、そういうことで……。でも、9条の話は、くじけず、もう少し一緒にやっていこう。

——はい（笑）。

非暴力は、軍隊を否定すること？

前回の講義の終わりで、「軍隊なんてないほうがいい」と話してくれた人がいたよね。

——はい、私です。根本的に平和というものを考えたら、軍という存在がどこにもなければ、戦争なんて起きないって、ずっと思っています。

憎むべき暴力の象徴として軍隊を捉えるのは、わかりやすいよね。軍をなくすということは、敵をなくすということです。敵は、恐ろしいものだから敵なんでしょう。天災であろうが人災であろうが、敵国であろうが同じ。だから、軍をなくす＝敵をなくす＝恐怖をなくすということだよね。これって、できると思う？

——最悪な事態を想定する想像力をもっているのが人間なのだから、恐怖をなくすというのは……。

うん、根源的な指摘だね。その恐怖を克服するために、人間は知恵を絞り、天災に備え、技術を革新してきた。軍需産業が、人類の技術の発展を引っぱってきたという側面もある。第二次世界大戦の桁違いの犠牲への反省から生まれた「無軍」の日本でさえ、後に自衛隊をもつことになった。でも、はたして非暴力とは、軍隊を否定することなのだろうか？

そもそも、軍隊がなければ人間は大量殺人を犯さないのかというと、そうとは言えない。ルワンダの虐殺では、民衆が家庭にある道具を使って、軍事組織がやる「戦争」と同じような規模の殺傷をしてしまったのだから。そういう民衆の殺傷行為を止めることを期待されたのが国連平和維持「軍」。でも、止められなかった。このへん、どう考えたらいいのだろう。

今日の授業で扱うシエラレオネでの僕自身の経験でも、武装解除という、戦乱の世が和平に至るために実行しなければならない作業には、中立な軍隊が必要だった。それなしには、危なくて、殺気立った敵対勢力を調停するために入っていけない現実がある。

軍隊の是非ばかりに気をとられていると、憎むべき暴力の本質が見えなくなると、僕は思うんだよね。でも、軍隊は必要最小限のものがいい。そこを見極めることが大切で、軍隊が完全になくなる世界は、正しい夢として、とっておけばいいんじゃないかな。軍隊が悪用されず、いかに「平和利用」されるようにするか。たぶん現実はこれで精一杯で、それさえできないでいる状態です。

だけど、それをなくせる瞬間は、時々、ほんと時々だけど、やってくる。僕も以前、その稀《まれ》な機会に恵まれたのです。結局、失敗したけれど。それは何度か話した、内戦終結後の東ティモールでのことでした。

一般的に、いったん軍をつくってしまうと、後になったらなくすことはおろか、縮小するのも難しい。その理由は、日本の場合を想像してもわかるでしょう。もしも自衛隊を縮小するなんて議論になったら、北朝鮮が、中国が攻めてきたらどうするんだって声が上がる。そしてどういうわけか、こういう議論は、「お前らは日本を愛していないのか!」みたいなものに発展する。どうも軍隊の問題は、その国のナショナリズムに直結する傾向があるんだね。

国をゼロから立ち上げるとき、まず必要になるものは?

東ティモールの話に入る前に、ちょっと考えてみよう。戦争によって、社会のシステムがすべてズタズタに破壊されてしまったとする。人々が暮らしていくためのライフライン、行政の仕組み、国民が税金を払う義務感のような気持ちまでも含めて全部破壊されて、それらをゼロからつくるとき、まずいちばんに手掛けるものって、何だと思う？

——やっぱり、衣食住？

人が生きていくための必需品だね。国連や外国の援助団体が緊急援助として、食料や衣料などをタダであげます。でも、それはいつか終わる。そんなに甘くないぞ、いい加減自立して自前でやってねって。そういう国を独り立ちさせるには、何からつくる？

——政府。

行政だね。政府の機関からつくらなければいけません。財務省、教育省、厚生労働省とか、いろいろあります。こういうのは、プレハブで事務所をつくり、人材募集して訓練すれば何とかなりそうだ。人、建物が一応そろったら、次は？

——……根本のルールを決めなくちゃいけないから、法律？

うん。戦乱の時代、社会は銃によって支配されていた。もうそういう時代じゃない。法が人間を、社会を支配する世の中をつくらなければならない。これを「法の支配」といいます。
戦争は昨日終わったけれど、新しい1日は、やっぱり夫婦喧嘩から始まったりする（笑）。
人間が家族や集団で生きる限り、問題は日常の至るところで起こるよね。夫婦喧嘩から、混乱のなかでめちゃくちゃになった土地の所有権をめぐる係争、そして窃盗、暴力などの一般犯罪。暴力団やマフィアみたいな組織的なものも、だんだん出てくる。だから取り締まらなくてはならない。まず刑法がいるけど、でも、法律を一からつくっているヒマはない！

だから、たとえば東ティモールの場合は、しかたがないから、敵国インドネシアの支配当時の刑法を、ちょっと改正して使っていた。もちろん、かつて独立派を苦しめていた「令状なしの逮捕権」みたいなものは削除してね。

その後、憲法は、国連の暫定政権が、素案《そあん》を白紙からつくりました。法律をその国のものであると認めるには、国会の承認がないといけませんが、当時の東ティモールには、まだ国会がなかった。東ティモール人の参加がなくては、ちょっと格好が悪い。だから東ティモールで最初におこなわれた選挙は、憲法を制定するための評議員を選ぶものだった。

そして各地でタウンミーティングのようなものを開いて、新しい憲法の草案のお披露目をする。大統領制にするか首相制にするかとか、軍の最高統括権は誰にあるかといったポイントを伝え、その後、この評議員たちの採択によって憲法を制定しました。

——ＧＨＱみたい。

そうだね。戦後のＧＨＱは、こういう国連の暫定統治のモデルになった。僕たちも、いつも自分たちと比較していたんだ。

こうして法のかたちができあがりますが、まだ紙に書いたものでしかありません。これを実際に社会で運用するには？「法の支配」を人々の日常生活にもたらすものって何だろう。

――警察と裁判所？

そうです。裁判所は建物も必要ですが、裁判官、検察、弁護士等の司法を司《つかさど》る人材が必要です。ただ、こういう人材を自前で継続的に輩出するまでには、法科大学をつくることを含めて、25～30年かかるといわれています。息の長い支援が必要なんだ。でも、当座の話なら、外人を雇えば何とかなりそう。あまり数もいりません。

ですが、まず、法を破った人間を捕まえ、司法の場に引き出す「警察」が、かなり大勢必要です。じゃないと、「犯罪」になめられちゃう。数千、場合によっては数万の単位の人材が必要になります。外国人で長期間まかなうには金がかかり過ぎるので、できるだけ早く現地の人材を訓練しなければならない。

日本人でも、警察がいらないという人は、あまりいないんじゃないかな。社会犯罪は日常の一部。お巡りさんは、普通に路上にいてもおかしくないね。

では、日常が非日常に転じたとき、どうなるか。これを東日本大震災で、君たちは経験したわけだね。通常は、駐屯地で庶民の日常から隔離されている自衛隊が、お巡りさんと同じように見かけるようになる。今回は天災だったけど、これが敵の攻撃だったら、自衛隊が目の前で戦うのを見ることになるかもしれない。

僕が生業としていた国際協力の世界では、こういった非日常に備えるために軍事力をもたせる、という考え方をします。そして、軍と警察という、ふたつの暴力装置が、ひとつの国家権力によって独占されている状態を秩序と呼び、その秩序があって初めて、紙に書いた法に実効力が生まれると考えるのです。

当時の東ティモールは、24年にわたるインドネシアの軍事支配から、やっと解放されたばかりです。民衆が望むのは、軍のない世界に違いない。僕はこの国に行くまで、そう思っていました。でも、そうじゃなかった。銃に苦しめられて、肉親を殺され、自分自身も被害にあった人たちが求めるのは、自分たちが信頼する権力が、より強い武力で、自分たちを守ってくれることだったのです。僕は、これが現地に行くまでわからなかったんだ。

初代大統領が、「非軍事国家に」と言ったのに

1999年10月、僕は国連に任命され、インドネシアと東ティモールの国境線の半分に隣接するコバリマという県の知事として赴任したと話したね。暫定政府というのは、まず国連スタッフである外国人の手で一時的に国のかたちをつくり、それを東ティモールの人たちに権限移譲して、ひとつの独立国になってもらう、という筋書きです。

さっき、GHQみたいという話が出たけど、決定的に違うのは、日本は戦争に負けて占領されても、日本人の政府があったことです。東ティモールの場合は、インドネシア人がずっ

と政府をやっていて、その人たちが急にいなくなったので、行政の空白ができた。東ティモール人は、インドネシア人の下働き的なことばかりさせられていたため、独立しても、すぐに行政を担える人材がいなかったのです。

僕ら外国人がしばらく政府をやる必要性は、誰の目にも明らかだったのですが、前に話したように、僕ら、とことん嫌われたね。早く出て行けって、石も投げられたよ。多国籍軍で武装している僕たちに投げてくるんだよね。どんな理由があろうと、やっぱり外国人が、それも武力を盾に居座るべきじゃない。支配するなんて気持ちはなくても、どうしたって現地からはそう見えちゃうんだ。

そんななか、僕たちの暫定政府は、「法の支配」に向けて、試行錯誤を始めます。警察と軍隊をつくるといっても、こんな小さな国で？という疑問が、僕らにはあったのです。当時の人口は80万人。東京の杉並区と練馬区を合わせたよりも小さな国家です。こんな吹けば飛ぶような国、どんな外敵が狙うのだろう、軍がなくてもやっていけるんじゃないかと。

――ここで軍をつくらなくてもいいんじゃないかと国連が考えたことと、日本が戦争に負けて、アメリカが軍をつくらないようにしたのとは、意味合いが違うんですか？

うん。日本の戦後統治をしたＧＨＱは、日本という狂犬が二度と歯向かわないように、という意図だと思う。東ティモールでの僕らは、ただ、軍というのは国家予算配分のなかで突出して大きな出費で、一度つくると半永久的に国家財政に大きな負担となりつづけるのだから、もうちょっと考えたほうがいいと。インドネシアとは経済交流も進んでいるし、軍の必要性を国民が冷静に認識できるようになってからでも遅くはない、そう考えていたのです。

そして何より、後に東ティモールの初代大統領になるシャナナ・グスマンさんが、「東ティモールは、21世紀最初の非軍事国家になる」と、よく海外のメディアに向けて言っていたんだ。彼は、インドネシア闘争時代にはゲリラ部隊の総司令官だった人で、国民の英雄です。

かつてのゲリラ部隊のリーダーがそんなことを言ったから、おおっ！て、僕ら最前線の国連スタッフ一同、意気に感じたのです。このサイズの国であるからこそ、もしかしたら「理想」が実現できるかもしれないと思った。

しかし、結果的に、軍はつくられてしまいました。ということは、「敵」が想定されたわけだけど、じゃあ、こんな小さな国を攻める「敵」って、何だと思いますか？

——インドネシア。

そうです。東ティモール人は、そう信じて疑わなかった。あれだけインドネシアに蹂躙《じゅうりん》された人々ですから無理もありません。

でも、当時の地政学上の分析では、インドネシアが再び東ティモールを侵略するなんて、まず、ありえない。インドネシア自身の内部で、民主化の真っ最中だったからです。これからインドに次ぐアジアの経済大国になるのに侵略だなんて、国際社会に唾を吐くようなことをするとは、とても考えられない。

果たせなかった「やわらかな国境」

僕はこのとき、コバリマの県知事として、「敵国」インドネシアと目の前で対峙《たいじ》する立場にいました。そして、国連平和維持軍を2個大隊（ニュージーランド軍とパキスタン軍、各600名ほど）文民統括していた。この国連平和維持軍が、国境の東ティモール側を守ります。その対面には、緩衝《かんしょう》地帯を挟んで、同じ規模のインドネシア軍がいて、こちらに銃口を向けています。お互いに銃口を向けつつ、それでも衝突したり、戦闘状態になったりしないように、国境上で場所を決めて武装を解き、定期的に話し合いをするのです。

ふだんは、国境近くでパトロール中、部隊どうしが突然遭遇《そうぐう》して、お互いビビって発砲し合うなんてことが起こります。そういうときに、両軍の司令官が歩み寄って、事件を振り返り、必要なら謝罪し、時には合同調査をして、また歩み寄る。このように緊張関係にあるものどうしで、普段から交流をもつ仕組みを「信頼醸成《じょうせい》装置」といいます。小さな事件が、全面的な戦闘に発展しないように、軍事組織同士で交流するのです。

僕は、インドネシア側の県知事と共同で、この国境会議を運営する役割を担っていました。その会議の日時や場所を設定するつなぎ役が、非武装の国連軍事監視団です。監視団だけが唯一、国境を超えてインドネシア軍と接触する権限を与えられていたのです。

コバリマの県境は2003年以降、変わっている。

このインドネシアとの会議では、将来の国境のビジョンも模索していたんだ。われわれ国連平和維持軍は、いずれ撤退する。われわれ国境のビジョンとして考えていたのは、国連平和維持軍の撤退に合わせて、インドネシア軍も段階的に撤退しようというものです。そして、国連平和維持軍がゼロになるとき、インドネシア軍もゼロに、つまり国境の非武装化がなされる。

もちろん国境の取り締まりや警備は必要です。密輸業者も出てくるでしょう。だけど、それは警察の仕事だよね。国境警備隊をつくって配備すればいい。ちゃんと税関もつくる。こういう非軍事的に管理された国境を「ソフト・ボーダー（やわらかな国境）」といいます。

仮にインドネシアが仮想敵国だとしても、

国境が非武装化できれば、東ティモールに軍をつくる必要はなくなるわけです。僕らは国境で、こういうビジョンを「敵国」インドネシア軍と話して同意を得ていた。そして、このような信頼醸成が可能だと、僕ら現場がまず手本を示して、それを上の政府レベルが決定するところまでもっていければと考えていたんだ。

ところが、東ティモール国軍をつくる決定がなされてしまいました。まだ新しい憲法が起草もされていない、2000年9月のことです。なぜか？　完全独立後の国を担うと嘱望《しょくぼう》されるリーダーたちのなかに、「インドネシア脅威論」を強く主張する者が出始めたからです。もうこのころは、市場に出回る日用品はすべてインドネシア製といえるほど、経済依存が進んでいたのに。たぶん、外敵に国民の関心を集めることによって、自分たちへの求心力を高めたいという心理が働いたのでしょう。

そして、「国境の向こうでは、東ティモールを再び侵略するために軍事訓練をおこなっている」という、帰還難民による目撃情報が、まことしやかに流されました。これはまったくのデマだった。僕らは、そのインドネシア軍当人と国境上で頻繁に会議しているし、軍事衛星からの映像でも、そんな痕跡《こんせき》はどこにも見られなかった。

僕らはリーダーたちを集めて、「そんな脅威はありえない」と説明し、独立派ゲリラとしてインドネシア軍と戦った幹部たちを、インドネシア軍との信頼醸成会議に同席させたりしたのですが、だめでした（独立派ゲリラたちは民衆に尊敬され、敬愛されていたので、その影響力を期待したのです）。恐怖の宣伝には、たちうちできなかった。

そして、国連の意思に反して、東ティモールの一部のリーダーに同調する諸外国があらわれるのです。東ティモールは資源をもっているんだね。オーストラリアとティモール島のあいだには、海底油田がある。これがほしいオーストラリアは、将来の独立国家のリーダーとなる人たちに取り入り始め、軍創設の支援を申し出た。軍という、いわば国を支配する行政組織に深く関与すれば、この国をコントロールしやすいと考えたのでしょう。かつての宗主国であるポルトガルも、オーストラリアに同調しました。

――グスマンさんが非軍事国家にしたいと言っていたことを、東ティモールの一般の人たちは、どんなふうに受け取っていたのですか？

当時、グスマンさんがそう言っていたのは、海外メディアの前でだから、あまり一般の東ティモール人たちには届いていなかったんじゃないかな。日本の新聞もさかんに取り上げたんだよ。彼は、そういう支援国のウケも狙っていたのだろう。

僕は、独立派ゲリラ部隊の幹部たちと一緒に仕事する機会に恵まれましたが、彼らは非軍事国家の誕生に肯定的だったんだ。インドネシアからの独立という唯一の目的を達成した。もう思い残すことはない。司令官の命令があれば、即時、部隊を解散し、国に迷惑をかけないように静かに生きてゆくと言っていた。僕がシエラレオネやアフガニスタンでやったように、武装解除をネゴする必要はまったくなかった。彼らは本当に統制のとれた、そして高潔なゲリラ部隊だったんだ。

　ところが、ニューヨークにいる国連官僚は、ステレオタイプに考えた。こういうゲリラは和平後、必ず「配当」を要求してくる。それらが叶《かな》わないと不満を蓄積し、潜在的な危険分子でありつづける。だから、配当、つまり金、もしくは職業訓練などの社会復帰のための恩恵を十分握らせて大人しくさせるしかない、と。そういう恩恵が、武装解除のために必要な場合はあります。でも、それぞれの現場は、それぞれに特殊なんだ。

　そして、国連のある機関を通じて、ゲリラのリーダーたちに耳打ちした。「で、何がほしい？」って。最初の彼らの反応は、「へっ？」というものだった。当たり前だよ。最大で唯一の恩恵は独立、それで十分と考えていた人たちだからね。僕が付き合っていた幹部は、国連のこの申し出に怒っていた。バカにしているのかと。

　でも、お金の力は恐ろしい。この「配当」のささやきは、一部のゲリラ兵たちの欲を刺激しました。当時、一方では、海外で長いあいだ難民として生活し、教育を受けた東ティモール人が帰ってきて、我が物顔で新しい国づくりに参加し始めていたのです。そういうのを見たら、ゲリラ部隊も、「自分たちは？」って思うよね。俺たちが戦ったおかげで独立したのに。でも俺たち、戦うことしか知らない……。じゃあ、新しい国家の軍人になるのも悪くないかなーって。

　そしてもっとアホなことが起こりました。この独立派ゲリラ部隊は過去の激戦で数を減らし、僕らが暫定統治をしていたときは700名程度でした。しかし、「配当」のことを聞きつけた、その他のふつうの人たちが、俺たちも独立のために戦った戦闘員だと名乗り出したのです。国連官僚の思い込みの「配当」が、民衆のエゴに火をつけた。配当事業の対象者は1万人を超すまでになりました……。整然と武装解除できたチャンスを国連自身が壊し、本来は国民の安全のためだけにあるはずの軍事をめぐる国民的議論が、「配当」を求める利権と化してゆきました。

ゼロから軍をつくるとき

軍事的なニーズがなくても、軍はつくられる。脅威がなくても、脅威はつくられるのです。東ティモールは小さな国だからこそ、軍事にかかわる人間の性《さが》を単純明快に示しています。まあ、こうして軍隊はできちゃいます。もうしょうがない。そうなったらできることは、優良な、そして身の丈《たけ》にあった軍をいかにつくるかで、これに集中するしかない。もし君たちが、ゼロから国軍を設計するハメになったら、最初にどういうことを考慮する？

——国の予算。軍事費をどのくらい使えるかによる。

ない袖《そで》は振れないものね。ですが、外国がある国の軍創設を支援する場合、同じ国際協力なのに、非軍事の分野では当たり前の配慮がなされない、軍事支援特有の問題があります。

昨今、医療や農業、エネルギーなど、非軍事の分野の国際援助では、必ず持続可能性(sustainability)が最重要項目として議論されます。無償、つまりタダの援助でも、将来、その社会が援助なしで事業を維持できるようにするのは、支援する側の義務とする考えが定着しているのです。

もちろん、農業やエネルギー分野と違い、軍は自身で利益を生みません。金を使うだけ。それでも国家の財政状況をちゃんと予測し、それに見合った軍をもたせることが必要なのですが、復興し始めたばかりの国家の将来予測は、そんなに簡単にできるわけがない。だから軍の創設を急いではならないのです。でも、国内のナショナリズムの高揚と、その国に権益を築きたい支援する側の欲とで、軍はつくられてしまうのですね。他には?

――軍人希望の人がどれだけいるか?

東ティモールに限らず、戦乱後の世の中では、軍人希望者、ほんと多いんだよな。選抜するのに、いつも苦労する。兵士は、やっぱり体力が必要だよね。ガタイが大きいほうがいいし。東ティモールのゲリラの英雄たちは、ギリギリの補給しかなく、栄養失調の状態で戦っていたから、見た目はヨレヨレだった(笑)。

少しは彼ら以外の人材も必要だということで募集すると、けっこう血色の良い、強そうな若者が集まってくる。そして、素性調査をすると、インドネシア統治時代に良い目に合ってきた人間だったなんてことがわかってくる。そうすると、かつて敵対していた者たちが同じ軍にいなきゃならなくなる。これって、どこでも問題になるんだ。とくに内戦で、敵味方に分かれて戦っていた勢力が、和平に合意し、連立して戦後復興してゆく場合だね。

たとえば、同じ島国で、分離独立運動が続いていたスリランカでは、2002年、政府と反政府勢力が停戦し、独立で国をふたつに分けるのではなく、反政府勢力の言い分を聞いて自治を認め、引き続きひとつの国としてやっていこうということになったんだ。でも、お互いの部隊を合わせて正規軍にするにしても、こんな小さな国にそんな大きな軍はいらないし、維持もできない……。どうする？ そもそも昔の仇敵《きゅうてき》どうしが、一緒の国軍に？ こういう和平後に必ず訪れる、やっかいな問題を議論しているうち、お互いの信頼はこじれて、ついに停戦が破られ、全面戦争状態に戻ってしまった。難しいねー。ほんと軍って、やっかい。

軍の規模を決めるもの、あとは何だろう？

——相手の軍を見て決める。

敵、つまり脅威の大きさですね。脅威とは「恐怖」のことで、これに立ち向かうために人間は、防御と抑止をする。たとえば、町内で何か事件が起きたとき、家の鍵がひとつでは心細くなって、ふたつに増やしたりするのと同じ。これは防御です。そして、外からわかるように防犯カメラをつけたりするのは抑止。市販されている防犯カメラは、ハリボテのものもある。これをハリボテにするのか、本物を買うか、最後に決め手になるのはお金だね。

東ティモールでは、最前線でインドネシアと信頼醸成に努めていたにもかかわらず、3千名規模の国軍を創設することが決まってしまいました。これを国境会議で報告したときの、インドネシア軍司令官の顔といったら……。国連平和維持軍と交替で、かつてインドネシア軍と戦った独立派ゲリラを主体に創設される東ティモール国軍が国境に配備されたら、どうなるのか。その会議の暗い雰囲気を、今でも思い出します。この日以来、両軍の段階的な撤退、ソフト・ボーダーのビジョンは、一切話されなくなりました。

――今、東ティモールとインドネシアの国境は、どうなっているんですか?

国連平和維持軍は、全部撤退しています。でも幸い、東ティモール国軍は、まだ国境線には配備されていません。警察のなかに国境警備専門の部隊をつくり、配備しています。国連と国際社会は、国軍を国境へ配備しないよう、東ティモール政府に圧力をかけつづけているようです。じゃあ、なんで国軍つくったの?ということになるのですが……。国境の向こう側のインドネシア軍は、依然、僕の県知事時代と同じ2個大隊（1個大隊は通常600〜800人）のままです。

だいたいインドネシアは、アジア有数の軍備を誇り、陸海空合わせて40万人の兵力をもっているんだよね。東ティモールが単独で、インドネシアを仮想敵国にするって、まず軍事的に意味がない（笑）。この新しい国軍は、極めて内向きな、そして実体のない脅威の産物なのです。さらに、国境に配備できないから、やることがない。

国連の県知事としての勤務を終えた5年後の2005年、僕は再び国連の招待で東ティモールを訪れました。その際に新任の国防長官、そして警察長官と会談したときのことです。

僕が国境のことに話題を向けると、国家の軍と警察のトップが、お互い敵意を露わにした。国防長官は、国軍が国境に配備されないことに対する強い怒りを僕にぶちまけ、それに警察長官が喰ってかかります。インドネシア対策は警察で十分で、国軍の出る幕はないと。ただ、まだ彼らはインドネシア脅威論に取り憑《つ》かれていて、「インドネシア軍の挑発が激化しているから、警察を国軍並みに武装させるため、国際支援が必要だ」と言う。

国軍は、独立の英雄であるゲリラたちを中心に創設されましたが、彼らは、どちらかというと東ティモール東部からの出身者が多い。一方、警察は、インドネシア統治時代にいい思いをしてきた人たちが含まれ、国軍への対抗意識か、西部出身者が縁故《えんこ》採用されていったようです。小さなティモール島は、東ティモールとインドネシア領に分断されているのに、その「東」のなかにも、実は東西対立がある。分断のネタを探しだしたらキリがないんだ。

そして僕が再訪した翌年の2006年、東部出身者を中心とする国軍のなかで、とんだ騒動が起こります。当時の国軍1500名のうち、約600名の西部出身者が、国軍内の東部出身者によるイジメと差別を理由に国軍から離脱、抗議運動をやるのですが、それが警察と残りの国軍を巻き込んだ武力衝突になってしまうのです。そこに、独立後、一向に生活が上向かないと不満のたまっていた若者たちが大勢加わり、首都ディリで市街戦に発展します。

この事態を憂慮したグスマン大統領は、身を挺《てい》して収拾に当たると思いきや、なんとオーストラリア政府に武力介入を要請した。そしてオーストラリア軍約1500名を中心にニュージーランド軍、ポルトガル軍なども加わり、武力介入がなされるのです。

この武力介入は、国連安全保障理事会が発動する7章活動（204ページ）ではありません。独立主権国家である東ティモールが、大国オーストラリアに、単なる国内の騒動に対して武力鎮圧を頼んだ。首都ディリの市街戦で犠牲となったのは10人以下です。

これは、たとえて言うと、東京で広域暴力団と右翼団体が、愛国自衛官の一部のグループと共謀してクーデターを起こし、自衛隊の施設の一部を占拠する。そして国民の信頼をなくし、官僚組織はおろか党内を意思統一する指導力も自信もなくした日本の首相が、この事態の収拾のためにアメリカ軍に助けを乞う、そんな感じかな。

このオーストラリアの武力介入で、東ティモールは落ち着きを取り戻しつつありますが、僕は、武力介入するのが当たり前になってしまった時代だからこそ、あえて言いたい。

小さな新しい国家が誕生して、国のあり方を、銃ではなく言論による闘いで決める、これが民主主義ですね。こういう国づくりのプロセスで、人々がぶつかり合い、ある程度血が流れることはあるかもしれない。でもそれは、いつでも武力介入が正当化される「人道的危機」なのか。民主主義が成長するコストとして捉える面があってもいいんじゃないか。このときのオーストラリアによる武力介入は、単なる愚かな出しゃばりにすぎなかったと思うんです。

僕は、ほんの一時期だけど、この国の誕生にかかわりました。この国の人々はシャイで礼儀正しく忍耐強く、何となく日本人と近い印象もあって、大好きなんだ。だから犠牲がたったひとりでもつらい。じゃあ、どのくらいになったら人道的危機になるのかと問われるのもつらい。数字なんか設定しても意味ないよ。100人が目安なら、99人までだったらいいのか、みたいな議論になるからです。

世界で試みられている「やわらかな国境」

――東ティモールで軍隊がなくなるということの可能性について、今はどう思いますか。

国軍の老兵たちの除隊を待ちながら、時間をかけて縮小してゆくことはできると思う。息の長い、最小限のかかわりを継続するのがいいんじゃないかな。3章で説明した「予防開発」です（248ページ）。農業や教育、医療などで開発支援しながら、軍事費の増大や警察官による人権侵害の状況などに礼節を重んじた注文をつけてゆく。

そして、「脅威」を軽減するために、インドネシアとの国境にソフト・ボーダーを実現できるといいな。まだ、国境での「軍縮」の合意はできていないから、一部の国境で発砲事件が起こっているんだ。だから一時的に非武装の国連軍事監視団を復活して、信頼醸成会議を再開し、最終的にインドネシア軍の完全撤退の外交交渉へとつなげる。

それを補完するものとして、国境上を流れる河川の水資源などが紛争の種とならないように、両国で共同開発する支援を国際社会がおこなう。……日中の尖閣《せんかく》諸島問題も、こうなればいいのにね。こういう国際支援を主導するには、東ティモール、インドネシア両国にとって、最大援助国のひとつである日本が、最高の立ち位置にいるはずなんだけど。

——ソフト・ボーダーというのは、世界で実現できているところはあるんですか？

国境をかたいものとして捉えず、やわらかなものとして考え、共同管理する「ソフト・ボーダー・レジーム」は、実は綿々と試みられているんだ。

大昔から領土紛争を繰り返しているヨーロッパでは、EUというかたちで、広範囲にご近所どうしのボーダーをソフトに包み込むものができた。国境はあるけど、その両側で銃を突きつけ合っていないし、加盟国どうしなら国民の移動も自由だし、税関もない。これはヨーロッパでひとつの統一市場をつくるために生まれたものだから、平和時においてこそできる、究極のソフト・ボーダーだね。

国家間対立があるけど、何とか交渉でソフト・ボーダーに持ち込んだ例が、NATOの一員の小国ノルウェーと大国ロシアです。両国のあいだには北極海の一部であるバレンツ海がまたがっていて、お互いが主張する海域にズレがあり、40年間ずっと係争中だったんだ。ここは冷戦時代から、ソ連の弾道ミサイル潜水艦の配置の要《かなめ》で、原油・天然ガス、そして漁業資源が豊富です。それが2010年、17万5千平方キロメートルにも及ぶ係争海域を、ほぼ2等分することで合意に達した。環境や乱獲、違法操業に配慮しながら、双方がそれぞれの漁業を監視・管理することや、地下埋蔵資源が境界をまたぐ場合は、双方の合意に基づきながら共同で開発してゆくことが確認された。ロシアでは、共産党のなかの愛国的な政治勢力から反対が起こったけど、乗り切ったんだね。これは、長年係争していた国境を平和裏《へいわり》に確定し、それをまたぐ領域や海域を連携しながら、それぞれが管理するケースです。

その他に、係争地の「主権」を共有するケースもあります。スペインとフランスの国境を流れるビダソア川のなかにフェザント島という中洲《なかす》がありますが、ここは17世紀の西仏戦争の終結条約のなかで、双方の主権の下に置かれることになり、現在に至っている。

海では、中米のニカラグア、ホンジュラス、エルサルバドルの3ヵ国に面するフォンセカ湾というところがずっと係争中だったのですが、1992年、国家間の係争を裁定する国際司法裁判所によって、3ヵ国の共同主権が決定されました（そのなかにある小島や湾の共同開発については、まだ協議中です）。

こんなふうに、僕たちの国境に対するこだわりが少しソフトになれば、軍を置く必要もないし、資源は折半すればいい。でも、領土・領域問題は、それぞれの国のナショナリズムに直結しているので、うまくいかないんだな。

隣の家の木が塀を越えて、自分の家の敷地に入ってきたら気持ち悪いでしょう。それがこじれると、ご近所との関係が悪くなっちゃう。個人レベルの土地所有のこだわりと国家の領土のこだわりは似ている。個人レベルでも難しいのに、国家レベルでできるわけがないというあきらめもあるけど、国際社会はソフト・ボーダーという夢を捨てたわけではありません。

尖閣諸島の海域は、たくさんの中国の漁民が操業していて、その近くではガス田もつくっている。でも、武力衝突は起きていません。中国は、フィリピンやベトナムとのあいだに同じような領海上の係争があって、すでに実効支配している。でも尖閣諸島では、まだやっていません。アメリカ軍がバックにいる抑止力が効いているからなのかもしれない。

日本は中国と、尖閣諸島でソフト・ボーダーを実現できるか。話がこじれても、最悪、軽度の衝突ぐらいで済んで、これ以上エスカレートすると取り返しのつかないことになると、お互いが気づき、妥協へと向かえれば、それに越したことはないのだけれど。

——小競《こぜ》り合いのようなものがあっても、それを許容していくということですね。

そうだね。日中間なら、日本の海上保安庁と中国のそれに当たる海警局との衝突が起こっても、軍と軍の出番に至る前に、お互いこれだけ成熟した文化をもっているのだからと、ナショナリズムのヒートアップに冷や水をかける力が、双方で働くようにしたいね。

なぜ日本では、復讐が連鎖しなかったのか？

軍隊、戦争は、平和を壊すものだという考え方は、日本人にとってわかりやすいよね。では、戦争によって平和がつくられるということは、あると思いますか？

――勝っても負けても犠牲者は出るし、恨みは後に残るので、戦争によって、完璧に平和になるかというと、ならないと思う。戦争から平和には直結しない。

恨みは消えず、その恨みから、また戦争が起こる。暴力は連鎖するから、暴力そのものをなくさなければならない、そういう考えですね。

暴力って、常に連鎖するものだろうか？　連鎖すると思うか、しないと思うか、ちょっと手を挙げてみて……。少しですが、「連鎖しない」に手を挙げている人もいるね。連鎖しないと思うのは、どうして？

――かつてのアメリカと日本の戦争のように、本当に大差で負けて、強い上下関係みたいなものができたときには、別に日本があきらめているというわけじゃないけど、かなわない、抵抗するのはやめようという感じになることもあると思う。

コテンパンにやっつけてしまえば連鎖しない、ということかな。

――実際、ジャズを好きな人もいるし（笑）。そういうのも戦略なんだと思う。

ほんとだな（笑）。文化的に尊敬されるって、大切だね。勝者の考え方が根付いちゃったわけだ。徹底的にやっつけて、敗者の考え方を変えてしまえば、恨みはどこかへ行っちゃうということだろうか。じゃあ、暴力は連鎖すると思う人、反対意見を言ってみて。

――誰だって、身内が戦争によって殺されたら、恨むじゃないですか。戦争には必ず死者がつきものなので、死者の遺族からすると、敵を倒したいというのはあると思います。

――そうだね……。でも、まわりでそれを抑えてくれる人がいたら、冷静に考えて、このまま歯向かっても現実問題、俺たち根絶やしになっちゃう、みたいな危機感があったと思う。

うん。個人レベルの恨みを解消するのは難しいだろう。親から子に伝わるし、それが集団として増幅すると、collective memory（集団としての記憶）、つまりひとつの歴史観をつくってゆく。アメリカは、その恨みを、アメリカにではなく、日本人自身に向かうように、うまくやったんだね。占領政策のなかで。

一方で、現代の戦争の戦後復興に携《たずさ》わった者として、終戦直後、たった数ヵ月で、あの日本軍が整然と武装解除されたのは、ほんと驚愕《きょうがく》の事実なんだ。だって当時の日本人って、信じるもののために一直線、自爆攻撃を厭《いと》わない、その点だけでいえば、今のタリバンやアルカイダみたいな人たちだったんだからね、国民全体が。

沖縄戦では、一般市民が戦闘に参加し、巻き込まれた。3ヵ月の戦闘で敵味方双方に20万人以上の犠牲を出した壮絶な沖縄戦が、日本本土で継続していたら……。日本には山岳地帯が多い。市街戦で負けていっても、最後には山岳部で地の利を生かし、執拗《しつよう》なゲリラ戦と自爆テロをやっていたんじゃないかとも思う。今のアフガニスタン、パキスタンのように。

でも、そうならなかった。沖縄戦収束から2ヵ月経たないうちに、広島、長崎に原子爆弾が投下された。この圧倒的な破壊力を見せつけられたからかどうか、僕は判断できないけど、やはり天皇陛下ご自身から、きっぱりと「負け」が国民に周知されたこと。そして、その判断に整然と従った日本人の気質に、日本軍の武装解除の成功は負うところが大きいと思う。

現在の日本人の平和観は、ここから出発しているんだね。敵への恨みを風化させて。

――……平和という点では、僕たちは進んだ民族だと思います（笑）。ちょっと格好悪いかもしれないけど。

――でも、戦後のGHQの政策によって、そういう考えを植え付けられたというイメージがある。連鎖を生まないというより、アメリカが強制的にそうさせなくした感じだと思う。

当時のアメリカ占領政策に war guilt information program というものの存在が指摘されています。いわば、「戦争の罪悪感を日本自身に植え付ける情報プログラム」。あの戦争を「日本」対「アメリカ」ではなく、「日本の民衆」対「日本の軍部」という構造で捉え、悪いのはあくまで日本軍部であり、日本の民衆とアメリカは悪くないというマインドが戦後の日本人に定着するように、メディア、出版物等すべての表現媒体に厳しい検閲を加えたというものです。一方、アメリカへの批判、とくに原爆投下後の広島、長崎の報道は厳しく規制された。

こういう意図の情報プログラムが、占領政策のひとつとして実施されたことは事実らしい。だけど、その「効果」についてはいろいろ説があるようです。検閲は、すでに戦時中から日本軍部がやっていたので、日本のメディアは検閲されることが体に染み付いていて、戦後になっても積極的に原爆の惨劇を報道しなかった。つまり、常に「上」を見ながら報道する癖が染み付いていたという説もあります。

「なぜ日本人はアメリカを愛するのか？」

イラクやアフガニスタンからの学生に、次の宿題を出したことがあるんです。

「それでも、なぜ日本人はアメリカを愛するか」（笑）。

彼らの母国の占領政策でも、アメリカは同じことをやろうとしたのだと思う。でも、「民衆」対「軍部」みたいな対立構造で軍部を単一の敵に見立てて民衆をまとめたくても、多民族社会で、もともとお互い仲が悪い。それらを力でまとめるために、より強権的な独裁体制が生まれたという歴史的背景もある。だからアメリカは、その独裁から民衆を自由にした解放者としての役割を演じようとした。民主主義を導入し、女性を解放したし、過去の支配体制を根こそぎ破壊しようとした。

しかし、それでも民衆は分裂し、アメリカの軍事占領下で内戦状態になったりする。これを力で抑えようとすると、どうしても対立勢力の一方に肩入れすることになり、結果的に敵をつくってしまう。アメリカを救世主と見なさない人も多くなってくる……。こういう問題は、日本にはなかった。

このように、日本の戦後との違いをしっかり理解しつつも、僕の学生からすると、日本人の気質というものは、彼らの理解を超えているようです。なぜ、原爆を、あの原爆を落とした敵を愛せるのか……と。みなさんは、どう思う？

——原爆投下は、もちろん許されないことだと思います。それでも、たとえば今のアメリカの同い年の人たちを直接恨むということにはならない。それはナンセンスなんじゃないか。過去を知ることは大切ですが、今、過去のことを恨みつづけても、新しいことは進まない。

——確かに、昔のことより今の生活のほうが大事で、背に腹は代えられないという面はある。それと「暴力が連鎖するか、しないか」は同じなのかな、違うのかな？

昔のことは、未来のために、恨みを含めて忘却するということだね。それは、恨みの相手である敵を赦《ゆる》すということでもある。日本人は、もう無意識に、アメリカを赦しているのかな。僕自身に問いかけてみても、わからない……。もちろんアメリカは、赦された、なんていう意識はまったくないだろうけれど。でも、我々日本人は、こんなあいまいな寛容さで、これからもアメリカを愛しつづけるのかな。

——愛するっていうのとは違うけど……。相手のことを知っているからだと思う。アメリカのことや、第二次世界大戦のときの世界情勢を学習したりしているから。アフガンの人はどうなんですか。アメリカがどういう国かということを、ちゃんと知っているんですか。

うん、知っているね。アメリカに政治亡命し、そこで教育を受け、大学の教師になった人や、アメリカ政府に入って対テロ戦の政策にかかわっている人もいます。そういう人たちが、戦後復興が始まってからアフガニスタンに戻り、国づくりを動かしているのだから。

もちろん、そういうアフガン人は一部で、大多数は農村に暮らし、首都カブールにも行かずに一生を終える人たちで、教育の機会も限られている。彼らにとっては、そんな西洋帰りのアフガン人は、外国人と同じなんだろうけど。

——日本の場合は、これから生活を立て直そうとか、次なる目標があったからというのも大きいんじゃないかと思います。もともと軍も水準が高くて、教育も行き届いているわけだし、戦争が嫌だという気持ちと合わさって、次なる目標が見つけやすかったんじゃないか。

そうだね。日本では、もともと戦前から教育水準が高く、堅固な行政機能もあって、戦争でそれらがすべて壊されたわけではなく、戦後に引き継がれた。それは僕の学生たちも指摘していたよ。そういう日本みたいな状況は、アフガニスタンにはなかった。戦後復興だというのに、主導権をめぐって内戦が始まるような状態だからね。

でも、核兵器という、比類ない破壊力で無数の一般市民を犠牲にした歴史事実を、日本人は静かに受け入れているように見える。これが、僕の留学生たちには驚きなのだろうね。原爆を落としたアメリカの非道《ひどう》への怒りではなく、もともとこんな戦争をやった日本の軍部が悪いのだ、だから戦争はいけないのだと、具体的な敵にではなく、概念としての「戦争」に恨みの行きどころを落ち着かせた。

アメリカ国民には、第二次世界大戦を終わらせるために、もしくは日本に無条件降伏させるために、原爆投下が必要だったという意見が根強い。アメリカの大統領が、広島、長崎を訪れることは、これからもないのだろうか。

原爆投下は国際法違反か。実は、広島、長崎への原爆投下直後、日本政府は、終戦間際の8月10日に永世中立国だったスイスを通じて、アメリカに抗議をしているのです。すでに存在していた戦時国際法の「無制限の害敵手段の使用禁止」と「不必要な苦痛を与える兵器の使用禁止」を楯に（2ヵ月後の米政府の回答は、文書の受領確認だけを通知するものだった）。

現代においては、国際法、とくに国際人道法が、「文民の保護」と「戦闘員に不必要な苦痛を与えないこと」を原則としているので、核兵器の使用については、僕は違法だと思いますが、まだ世界的なコンセンサスに至っているわけではありません。だから現代戦においても核兵器が使用される可能性は、恐ろしいですが、あります。もし核兵器を使ったら、今、アメリカが悩んでいる対テロ戦にカタがつくかもしれない。

テロリストが潜伏している、アフガニスタンとパキスタンの国境付近は、山岳地帯で立ち入るのが難しく、無人爆撃機が使われていると話したよね（72ページ）。現地に入って被害を調べにくいところだから、核兵器を使用するにしても、ある程度、国際世論の監視の目を操作できるかもしれない。

――道義上、無理だと思います。さすがに隠せないし、周辺の国々が黙っていないんじゃないか。それに、核を使っても、今の戦争が終わることはないんじゃないかな。

人間の道義に唯一の期待をつなぎたいけどね。でも、もしもアフガニスタンとパキスタン両国の政権を完全に味方につければ、核兵器による被害を隠蔽《いんぺい》できるかもしれない……。

２０１２年、内部告発によって明らかにされたのですが、米軍幹部の教育機関である米統合軍参謀大学で、ひとりの教官（現役アメリカ軍中佐です）が次のような授業をおこなっていました。世界に14億人いるイスラム教徒と全面戦争になったとき、無差別攻撃は容認されうるものであり、かつての広島、長崎の原爆投下や東京大空襲などの例をあげて、「この前例はイスラム聖地のメッカやメディナにも適用可能」だと。現在、この授業は中止され、もちろん米国防総省は不適切だと声明しています。

この教官が制作し、２０１１年まで使われていた教材の一部を見ましたが、テロリストとの戦いは、もはやイスラム教徒の一部の過激派との戦いではなく、イスラムという概念との戦いであると捉えていた。不特定多数の穏健なイスラム教徒も、信条的には過激派と一緒であるという論法に正当性を与える工夫が、この教材にはなされている。無辜《むこ》の市民は、イスラム教徒ではごく少数派で、大部分はテロリストと同類の義勇兵のようなものだと。

たぶん、アメリカ政府は、同じような心理的な決断を当時の日本人に対しておこない、広島、長崎に原爆を投下したのでしょう。この教官は、かつての原爆投下の事例を根拠にして、現代においてイスラム教徒に無差別攻撃をしてもいいという作戦の根拠を導き出しています。どこにでも変わり者の教師はいるものですが、一般市民への攻撃を正当化する動機は、時を経ても根強く存在していることを、僕たちは常に頭に置いておくべきかもしれない。

完全勝利で平和が成し遂げられた国――スリランカの場合

現代においても、完全勝利で平和を成し遂げた国があります。日本が最大援助国のひとつで、仏教国であることでも日本となじみ深い国です。まだ終戦から数年しか経っていないので、これから何が起こるかわかりませんが、どの国でしょう？

――スリランカ。

そうです。今日の前半で、すこし触れたね。インド洋にある島国で、よく涙のかたちをしているといわれます。面積は北海道よりちょっと小さいくらい。7割を占める大多数の民族は、仏教徒のシンハラ人で、インド語派から派生したシンハラ語を話します。2割くらいの少数派がヒンドゥー教徒のタミール人で、彼らはタミール語を話す。

シンハラ人は、紀元前に北インドから移り住んだのが起源といわれます。19世紀にイギリスの植民地になり、イギリスによって紅茶のプランテーション（大規模農園）がおこなわれ、その労働者として、インドから大勢のタミール人が強制移住させられました。そして、ここでも分割統治がおこなわれ、イギリスは少数派のタミール人を優遇し、多数派のシンハラ人の支配に利用したのです。

イギリスから独立後、それまで虐《しいた》げられてきたシンハラ人が、自らを優遇する政策を掲げ、選挙で圧勝して政権をとります。そして、タミール人の選挙権を剝奪したり、シンハラ語を

唯一の公用語としたり、差別的な政策をとるようになるのです。タミール人のなかで、それに徹底的に抵抗する勢力が分離独立運動を始めるんだ。それが「タミル・イーラム解放の虎」(LTTE: Liberation Tigers of Tamil Eelam)という武装勢力ゲリラで、1983年以降、内戦に突入します。

戦闘は長期化し、国際社会による和平に向けての介入も始まった。まず、1987年にはインドが、まったく国連の枠外で、スリランカ政府との合意により、平和維持と称して武力介入しますが、和平にならず失敗。それどころかLTTEの恨みを買い、ラジブ・ガンディーという当時のインドの首相が、LTTEが送り込んだ自爆テロ犯により、インド国内で暗殺されている。その後、平和外交で有名なノルウェー政府が介入し、2002年、政府とLTTEのあいだで停戦合意がなされます。

僕も2003年にスリランカを訪れました。LTTEが本拠地としていたスリランカ北部のキリノッチというところに行って、LTTEの政治部門のトップを務めていたタミルチェルバンさんと会うためです。

インドネシアで「分離独立運動の弾圧」がナショナリズムになっていったように、スリランカでも、命に代えてでも国の分裂を阻止するという、シンハラ人のナショナリズムが高まっていった。これを相手に戦闘を続けても、完全な分離独立に実現性があるのだろうかと、LTTEの一部の幹部は考えたのだろうね。完全独立ではなく、可能な限りの「自治」の獲得のほうに機運が向いていたのですが、具体的なことは何も決まらず、停滞していた。

たとえば自治って独自の外交権をもてるのか、内戦で肥大化した両軍はどうなるか。印首相を殺したLTTEの犯罪をどうするのか、とか。こんな難題が和平を待ち構えていた。停戦はなされたものの何も進展せず、いつ内戦に戻ってしまうかと案じたタミール人社会にも人脈のあるシンハラ人の大物が、僕のキリノッチ行きをお膳立てしてくれたんだ。

タミルチェルバンさんとは、半日でしたが、膝を突き合わせて密に話し合いました。彼は、ほんとに物静かな紳士で、ちょうど同じ時期に完全独立した東ティモールの話を聞きたがっていた。あの真剣な眼差しが忘れられません。

しかし、2006年から停戦は完全に崩壊し、双方が歩み寄る「講和」の機を逸してしま

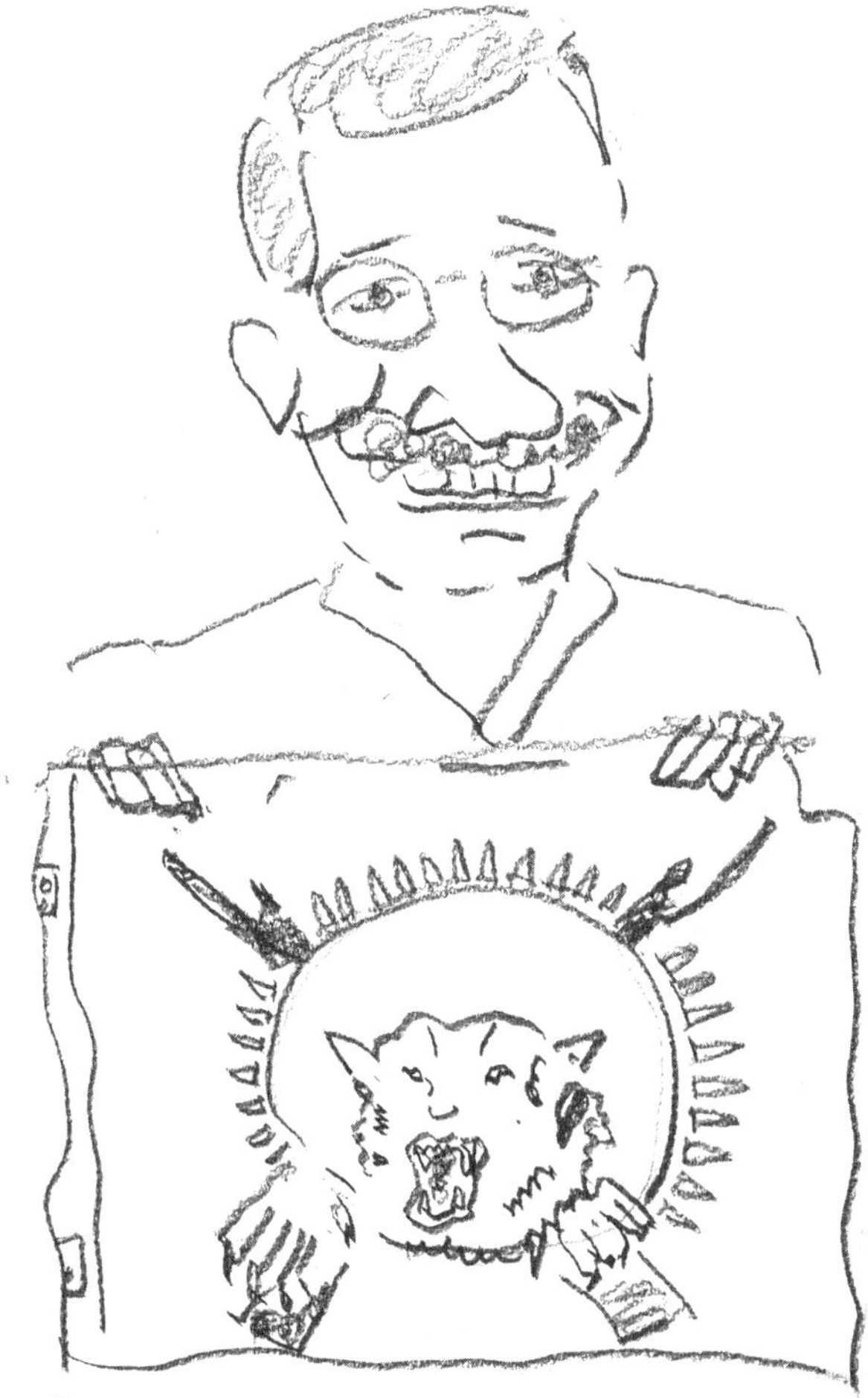

LTTE旗を ぶうに くれる タミルチェルバン

いました。和平後に訪れる諸問題を、大胆に交渉の俎上《そじょう》に載せて、一つひとつ合意を促してゆく仲介者に恵まれなかった。

２００７年にはタミルチェルバンさんもスリランカ軍の空爆で戦死しました。

そして２００９年、急展開が戦況に訪れます。急にスリランカ軍が強くなり、総攻撃をかけてＬＴＴＥを完全に殲滅《せんめつ》してしまうのです。完全勝利だった。ＬＴＴＥのトップを含め、首謀者たちはスリランカ軍によって惨殺されました。26年間の接戦の内戦の歴史からすると、本当にあっけない勝利でした。

なぜスリランカ軍が急に強くなったかというと、中国の介入説が有力です。近年、中国はスリランカに急接近していて、経済援助だけでなく、政府軍に資金や武器を提供してきました。その実体は、西側陣営の我々にはわかりません。

中国が介入する理由は、スリランカの地理的な位置にある。スリランカ島は、インド洋に向けて最南端に位置します。ここに拠点をつくってしまえば、中国はシーレーン（通商上、戦略上、重要な海上交通路）を制覇《せいは》できるばかりでなく、インドをインド洋で封じこめられる。事実、島の最南端には、中国の出資で巨大な深水港（軍艦が寄港できると心配されている）ができあがっています。ノルウェーを中心に西側陣営が、スリランカ政府とＬＴＴＥが平和裏に講和するよう仲介しているのを尻目に、中国は、ちゃっかりスリランカ政府に肩入れし、戦争に勝たせた。そして中国自身の国益も実現させた。あっぱれです。

スリランカは終戦を経て、戦闘が国内からなくなったという点において、平和です。LTTE側の戦闘員たちの多くは、降伏後、収容所に入れられ、自由を制限されていますが。

——戦争で平和になったということですが、カギ括弧付きの「平和」ですか？

うん、戦争の勝利によってもたらされた平和は、ほんとの平和じゃない！って、言いたいのだけど……。

——機械的な考え方になってしまいますが、死傷者数で考えたら、この戦争が長く続いて、もっと死んだ人が多かったかもしれないと考えると……。

——でも、戦っていた人たちは強制収容所にいるんですよね。父親が家にいないというのが、ぜんぜん平和な状況だとは思えない。もし、自分にシベリア収容所で死んだ祖父がいたとしたら、戦争が終わっても、平和だとは考えられないと思う。

スリランカの学者の友人たちは、終戦後、確かに戦闘がなくなったという意味で平和になったけれど、言論の自由が内戦中より制限され、スリランカ政府への批判がしにくくなったと言います。「勝者による戦後統治」では、言論統制は当然のことなのかもしれない。GHQは、7年でその役割を終えて今の日本になるわけですね。

スリランカでは、勝者シンハラ人が、敗者タミール人に少しは花をもたせて、彼らの不満をうまく取り込んでいってもらいたいけれど、どうなるだろう。

真実を究明すべきか、平和のために忘却すべきか

スリランカの内戦では、双方による、たいへん深刻な人権侵害があったようです。スリランカ軍はタミール人の居住地に向けて激しい砲撃を加え、LTTE側も住民の避難を、同じタミール人でありながら制限し、「人間の盾」として使ったといわれている。でも、被害の真相は明らかになっていません。というより、明らかにできないのです。

国際社会の人権団体は、これを重く見ていて、国連でも国連人権理事会を中心に、国際調査団を派遣する動きがありますが、スリランカ政府は頑《かたく》なに拒絶している。「スリランカ軍は、誰ひとりとして市民を殺していない」とまで言って。そして、外部の調査団の派遣は重大な「主権の侵害」で、そのような調査が必要だとしたら自前でできると。国連安全保障理事会では、もちろん中国、ロシアは、スリランカ政府の主張を支持しているんだ。

スリランカ政府の気持ちも、わからなくもない。せっかく平和になったのに過去のことをほじくり返して、こんなに酷《むご》いことをやったんだという実態が明らかになってしまったら、それがまた恨みを増大させるんじゃないか。タミール人を刺激し、また内戦に逆戻りするかもしれない。だから、真実の究明は平和を傷つけてしまうと。

みなさんはどう思いますか?

QUESTION

戦争が終結し、平和が訪れている。
戦中になされた人権侵害は、まだ明るみになっていない。
真実は暴くべきだろうか？　それよって新たな憎悪が生まれる可能性もある。
真実を究明するより、時間の解決、
つまり過去の忘却を、平和のために選択するべきか？

――そもそも戦争は人を殺すものだから、「人権」は、あまり追求できるものではないように思います。真実は、もちろん明らかにする必要があるけど、一時的な平和があるということも大事で、その平和を維持して、ある程度、時間が経ってからにしたほうがいいと思う。何十年も必要かもしれません。日本のかつての戦争も、他の国の戦争も、戦闘の実態のすべてが特定されているわけじゃないし、時間がかかるものだと思う。

うん。ただ問題は、時が経てば経つほど、真実の究明が難しくなることだね。証拠の死体は風化してしまうだろうし、人の記憶もあやふやになってくるし、証人の寿命も尽きてくる。人権を重んじる人たちは、人権侵害の事件が放置されることによって、人権という概念が軽視されることにつながると恐れるんだ。将来の人権侵害に対する抑止力がなくなると。

——酷い目にあった人たちや、身近な人が犠牲になった人たちは、それが公にならなくても、その人たちのなかで、ずっと残りつづけますよね。被害が事実として認められることで、いくらか前に進めるということもあるんじゃないか。

そうだね。だから必ずしも戦犯法廷で裁くのではなく、「和解」を目的にした真実の「告白」をやる場合がある。ルワンダの大量虐殺の後は、被害者側だったツチが政権をとったこともあって、真実の究明に熱心なんだ。でも、民衆自身が直接手を下したのだから、個人個人を起訴していたら裁判所がパンクする。ということで、伝統的な慣習として存在していた「ガチャチャ制度」(日本でいう「示談」のようなもの)を取り入れ、村レベルで、加害者と被害者が対峙《たいじ》して、被害者への謝罪と賠償(たとえば被害者の家の建設を手伝うとか)に向かうようにしました。対象とするのは、殺人や傷害、略奪をはたらいた個人。大量虐殺を煽動《せんどう》した重要犯罪者は、国連安全保障理事会が設置したルワンダ国際戦争犯罪法廷で裁かれます。真実をうやむやにするのではなく、確定する努力がなされれば、「赦《ゆる》し」が生まれることを実証しているように見えるのがルワンダです。

ですが、批判もあります。1994年の大量虐殺では、ツチが圧倒的に被害者ですが、民族対立はずっとあったので、歴史的に見れば、ツチのほうも人権侵害を犯しているはずです。この制度では、まったくそれが除外され、「フツだけ悪玉」という構図で動いている。

僕のゼミの学生のひとりが、ルワンダの戦後の「教科書問題」について現地調査をしたことがあるんだ。ルワンダの歴史教科書では、ツチが悲劇の主人公です。そして、フツをやっつけたツチのゲリラは英雄。しかし、ルワンダで多数派はフツなのです。イラクのフセイン政権、リビアのカダフィ政権、そしてシリアのアサド政権もしかり、民族的に少数派が政権をとると、その劣勢を補うために強権的になることが心配されます。それに「歴史認識」へのフツの不満が蓄積し、また内戦の火種になるんじゃないか。

スリランカは今のところ、平和のようです。この内戦の決着には中国が関与していることもあり、国連安全保障理事会が強制措置としてスリランカ政府に真実究明を迫ることや、ましてやルワンダのように戦争犯罪法廷を設置するなんて可能性はないでしょう。

戦争に勝利することによって、シンハラ人のナショナリズムは、さらに強まったといわれます。僕は、今、国際社会が真実の究明にこだわって、このナショナリズムをヘタに刺激することは、あまり得策じゃない気がする。

一方、スリランカにとって最大援助国のひとつである日本にできることは、実は大きいと思います。「予防開発」ですね。スリランカ全体に援助しながら、タミール人居住区への援助の強化を条件付ける。そして、スリランカ政府の自前の真実究明の努力を、そこはかとなく側面支援する。調査団が使う車輛や機材の援助から始めて、そこに日本人のオブザーバーを数人でいいから入れる同意までこぎ着ければ、たいしたものです。

そして、2002年の停戦合意のときには頓挫《とんざ》したけれど、タミール人に「自治」を大盤振る舞いできるような太っ腹さ、そんな寛大さをシンハラ社会がもてるような、「おだて」の外交を日本ができたらな、と思うんだ。

50万人を犠牲にした戦争犯罪を、平和のために赦す?

僕の経験において、戦前・戦中・戦後のすべてにかかわったのが、シエラレオネです。2章で、国際NGOの責任者でありながら議員を務め、町の自警団を組織したことを話したね(178ページ)。僕は、ゲリラが日常生活に入り込んでくるような状況で、この国を離れます。

その後、2001年、国連から要請があって、国連平和維持活動の一員としてシエラレオネに戻ることになります。戦争を終わらせるためにゲリラ組織と交渉し、銃をおろさせる「武装解除」の責任者をやってくれと言われた。1年かけて、約5万人の戦闘員を投降させ、この内戦は終結しました。

――対立している同士の和解を説得するのって、どういうふうに折り合いをつけるんですか? やろうと思えば、ずっと対立しつづけられるわけですよね。

簡単に言うと、時期がすべてなんだよね。戦争って、始まった当初は、どちらも勝てると思っているから誰も止められない。でも、なかなか決着がつかず戦況が膠着《こうちゃく》し、このまま戦っても完全勝利はないな……という予感が双方の脳裏によぎったとき。こういうときじゃないと、第三者は仲介できません。

僕ら仲介者は、その予感を、想像力のなかで現実的なものにする。完全勝利で得られる恩恵が100パーセントだったとすると、それはもう現実的に無理。自分たちの政権じゃなくて、現政権と連立政権でいいんじゃない？　主要な政府のポストの半分は多過ぎる、3割ぐらいかな。そのかわり、武装解除後の安全も保証するし、部下たち全員に社会復帰のための手当も出すし、職業訓練もしてあげる……。こんな感じで交渉が進みます。別に平和の価値とか、そんなことを説教してまわるわけじゃありません。「利害調整」です。

「僕ら仲介者」と言ったけど、シエラレオネの場合、いろんな事情があって、ちょっと込み入っているんだ。和平につながる決定的な仲介をしたのは、国連ではなくアメリカだった。当時のアメリカは、民主党のクリントン政権の末期です。3章で話したソマリアのブラックホーク・ダウン、ルワンダのジェノサイドが起こった後のことです。

アメリカが仲介したシエラレオネ政府と反政府ゲリラRUFとの停戦合意は、1999年、トーゴの首都、ロメで締結されたのでロメ合意といいますが、この内容がすごかった。

まず50万人の一般市民を犠牲にしたといわれる戦争犯罪を、完全に赦《ゆる》しちゃう。ルワンダのように真実の究明をやり、首謀者を戦争犯罪法廷で裁くのではなく、ぜーんぶ赦しちゃう。それだけじゃなく、RUFのドンだったフォディ・サンコゥという人物を副大統領にしちゃう……。これには国際社会がビックリした。こんなことをされては「人権」がもたないと。

でも、じゃあ、10年間続いた血みどろの内戦を止める方法がこれ以外にあるのか?と問われると、みんな黙るしかない。国連は静観するどころか、その直後、この合意をベースにして、僕が送られることになる国連平和維持活動を発動させたのだから。

RUFの指揮命令系統は、10年の内戦を経てヨレヨレで、合意に従わない下っ端どもに手を焼いたり、紆余曲折《うよきょくせつ》はあったけど、武装解除はなんとか進んだ。そして武装解除完了後、国連は、戦争犯罪を裁くという決定をしたのです。厳密に考えるとロメ合意違反だけど、この期に及んでは、「赦すって言ったのに……」と反駁《はんばく》する力は、もはやRUFにはなかった。

僕は、人権の大切さは身にしみて理解しているつもりです。だけど同時に、人権の脆弱《ぜいじゃく》さも身にしみてわかっている。人権を守るための措置はダブル・スタンダードだらけだし、人権に、いわゆるユニバーサル・バリュー(普遍的な価値)があるなんて、君たちに、とてもじゃないけど恥ずかしくて言えない。

現在も続くシエラレオネの戦争裁判法廷は、特別法廷と呼ばれる特殊なものです。いわば、国連とシエラレオネ現地法廷のドッキング。ルワンダの戦争犯罪法廷は第三国のタンザニアで開かれていますが、シエラレオネ特別法廷はシエラレオネ国内に設置されています。この内戦中に繰り返された犯罪があまりに特殊なので、国際法の基準より、すこし現地の慣習に合わせて裁くという配慮がなされたからです。そのひとつが「子供兵」の問題です。

僕がつくった学校の生徒が、虐殺する側の兵士に

シエラレオネの内戦は、部族間の戦争ではなく「世代戦争」といえます。旧態依然《きゅうたいいぜん》の腐り切った社会をぶっ壊そうという革命で始まり、反政府ゲリラ組織ＲＵＦが掲げる革命思想に若い人たちがどんどん引きつけられていきました。革命が内戦化し、長期化の兆《きざ》しがあらわれると、この「若さ」に歯止めが利かなくなってきた。小さい子供が使われ始めたのです。

子供が兵士としてリクルートされるときは、だいたいこんなプロセスを踏みます。ゲリラが村々を襲うと、まず親を子供の前で殺します。10歳に満たない子供です。当然、ショック状態で思考が停止する。その状態の子供たちをジャングルの基地に拉致《らち》するのです。ここから殺人ロボットに仕立てるべく、洗脳教育が始まる。そして村の襲撃に同行させられ、試し殺しをさせられます。麻薬が使われることもある。人を殺す心理上の障壁《しょうへき》を乗り越えさせる工夫がなされるようです。これを乗り越えれば、子供は、まさにゲーム感覚で殺人を始めます。殺した数や、より残虐な殺し方を競うようにさえなる。

彼らが扱うのはカラシニコフという旧ソ連製の武器です。たいへんな殺傷能力がありますが、発砲の反動は小さく、子供でも使用できる。10歳に満たない子供がカラシニコフで撃ってくるんだ。これは、彼らに対峙するこちら側の大人兵士にとって脅威です。子供を殺すと後を引いちゃうから。こういう経験をした多国籍軍の兵士が、退任後、ＰＴＳＤ（心的外傷後

ストレス障害）にかかるケースが多数報告されています。このふたつの意味で、子供は最強の兵器といえるかもしれない。

武装解除のときに遭遇したゲリラ兵士のなかで、いちばん多かったのは君たちの年代かな。18歳は年長のほうだった。16歳ぐらいの子供兵は、たぶん10歳前後でリクルートされ、そのあいだ、親や家族もなく教育も受けず、ただ略奪すること、殺すこと、女の子をレイプすることしかやっていない。これにくらべると、日本でどんなチンピラを見ても可愛くてしょうがないわけです。

こいつらと交渉なんて、ほんと、今、考えるとバカらしく恐ろしかった……。彼ら、朝から麻薬をやっているんだ。僕らは完全武装した国連平和維持軍を伴って現場に向かいますが、交渉するときは丸腰の非武装で彼らの陣地に入っていく。僕がよく行ったのは、内戦が始まって以来、反政府ゲリラ組織の本部になった僕の第二の故郷、生後4ヵ月でこの地を踏んだ僕の長男が育ち、僕が議員を務めたマケニという町です。

当時、RUFのトップは停戦合意にサインしていましたが、トップの合意に反発する部隊もいて、散発的な戦闘があちこちで起きていた。町は荒れ果て、昔の僕の知人たちも、ほとんどが殺され、もしくは難民になった。幹部がねぐらにするために占拠した高級住宅だけが（僕が家族と住んでいた家も）そのまま残っていました。

現場の事実上の総指揮をとっていたのが、RUFの首脳のなかでは一番若い、20代のイッサ・セセイという若者です。この家のまわりには、ほとんどチビッコギャングと形容したほうがいい少年兵たちが大勢たむろし、うつろな目をして銃口を向けてくる。そういうやつらを刺激しないように、そろそろとすり抜けて彼の部屋に近づく。

そして、「この次に会うときは、僕らが来るときだけでいいから、銃を家の外に置こうよ」とか言って、非武装の交渉の場を少しずつ作ってゆくのです。いくら平和のためとはいえ、あんなこと、二度とやりたくない！

武装解除の説得は「上」からやります。そして、その「上」から「下」の司令官、そこからまた「その下」という具合に、指揮命令系統に沿って武装解除させるのです。でも、内戦末期の組織としてのRUFは、指揮命令系統がヨレヨレで、広範囲に散らばっている個々の部隊を統括できない。だから、「上の命を得て」という口実で、僕らが出向かなければならない。できれば、その上の司令官と一緒に行く。ときには、その命に納得いかず、上と下が口論になり、その場で銃撃が始まることもある。

そんななか、さらにやっかいなことが、ひとつありました。子供兵士だけでなく、「子供司令官」もいたのです。50人くらいの部隊の指揮をしているのが子供だったりする。僕が現場で会った、一番年下の司令官は14歳だった。その部隊には大人の兵士がいるのです。

なぜこんなことが起こるかというと、ゲリラ組織では、年功序列というより、いかに勇猛に戦ったかで昇進が決まるからです。子供は恐れを知らず、ゲーム感覚で戦う。さらに子供を上官につけて、年上の兵士のジェラシーを利用し、隊全体の闘争本能をかきたてることもある。こういう部隊ほど、同じ殺傷行為でも、筆舌《ひつぜつ》に尽くし難い行為をやりました。そのひとつが、シエラレオネの内戦をある意味有名にした、民衆、とくに同じ子供、乳幼児の手足を生きたまま切断するという行為です。

このように、子供がいくら残酷なことをやっても、彼らは常に「被害者」です。子供は自分の意志で兵士になったわけじゃない。何人殺しても、大人より残虐な殺し方をしても、悪いのは、そういう子供をつくった大人なのです。……と、子供の福祉を扱うユニセフのような専門組織だけでなく、国連や数ある人権団体、広く人権派と呼ばれる人たちは誰でもこう考えるし、僕たち国際社会を支配する考え方でもあります。

でも、僕は、武装解除の現場で、誰よりも先にこの子たちと対峙し、そういう考えを志向する大人、そして国際社会の期待に応える処世術を身につける前の彼らの本音に、否応なしに触れることになります。

武装解除は、説得に応じた部隊が増え始めると、まとめて地域ごとにやるのです。この日からこの日のあいだに、僕らは、朝からテントを設営して待っているから、部隊を全員、武器と一緒に連れておいでって通告しておいて、じっと辛抱強く待つ。すると、やってくる、やってくる。でも、今まで分散していた個々の部隊がいきなりひとつのところに密集すると、また変な謀反《むほん》を起こすかもしれない。すごく危険！　だから、時間をずらすように工夫する

のですが、もともと時間にルーズな連中だから、うまくいかない。

そして、テントに近づく前に、銃から弾を抜くことを丁重にお願いし、テントに入る前に銃を我々に引き渡させ、一人ひとりをインタビューし、登録をおこないます。この後、元兵士たちはトラックに乗せられ、その地域にあらかじめ設営しておいた動員解除センターに入り、社会復帰に向けての合宿生活が始まる。

僕は、これらの作業を統括する立場だったので、視察の際に、武装解除された後、移動を待つ子供兵と会話する機会がたくさんありました。

物心ついてから初めて銃を手放した直後です。戦闘の鮮明な記憶と、これから始まる武器なしの生活への不安が入り交じり、彼らは一種の放心状態になっている。生まれた村のこと、どういう幼年期を送ってきたか、そんな話をするのだけど、聞くと、ほとんどの子供たちが、僕のかつての活動地域の出身だった。そして低学年期を、僕がつくった小学校に通っていた子も大勢いた。僕としては本当につらい。

何がきっかけでゲリラに入隊したかを語ってくれる子もいます。そこには国際社会にとって「不都合な真実」が存在する。無理矢理、兵士にさせられた子供たちもいましたが、自分の意志でゲリラに加わった子も相当数いたのです。

加入の動機は簡単、カッコいいからです。カッコいいお兄ちゃんたちのマネをしたい。銃をもてば、今まで絶対的に見えた大人がひざまずく。そして、集団で肩で風切る心地よさ。君たちでも感覚としてわかるでしょう。暴走族のノリだね。

これは、僕にとって二重の苦しみだった。かつての僕は学校を建設するだけでなく、新しい教育カリキュラムも開発し、この国の初等教育に導入していたのです。人権教育、とくにジェンダー教育だね。

アフリカは、今でも開発の進まない農村地帯に行くと、女性は男性の所有物みたいな慣習が根強く残っています。当時はジェンダーなんて言葉さえ流通していなかった。つまり、すべての人間は性差も含めて同等であるという、当時のアフリカでは画期的な教育を、僕たちの組織は、この子らに施《ほどこ》していたのです。そこから、子供兵を輩出してしまった。教育だけで、人権を、暴力の魅力を上回るものとするのは、残念ながら不可能に近い。

シエラレオネ特別法廷では、イッサ・セセイを含め10名ほどが起訴、収監され、一生かけても償《つぐな》えない刑期が言い渡されています。全員、獄中で死ぬことになるでしょう。彼らは停戦合意による完全恩赦を信じていました。だから、武装解除に従順に従い、部下への説得もしてくれたのです。

国連安全保障理事会は、内戦中、ＲＵＦの首脳たちに海外渡航禁止を含む制裁措置を課していましたが、僕たち現場の国連は、彼らがビジネスマンとしてキャリアを開けるよう、アフリカの第三国に研修と称して秘密裏に送還することを考え、彼らにその期待を抱かせていた。僕も、彼らの支度金《したくきん》を調達しようと奔走しました。今考えると、だましたみたいだ……。わかるかな。平和をつくる現場の実際の作業は、こういう裏取引のある汚い世界です。

その他のＲＵＦの面々はというと、全員、赦されました。僕らが武装解除した少年兵を含む5万人のゲリラ兵たちも。10名ほどの幹部の起訴が、この特別法廷の限界です。

「子供司令官」の戦争犯罪は、罰するべきか

現在のシエラレオネは、観光旅行ができるくらい「平和」です。小学校をのぞいてみると、クラスのなかに必ず、まわりの子らにくらべて背の高いのが数人いるはずです。その子たち

が、リハビリ中の元子供兵です。

武装解除後の子供兵は、そのまま職業訓練を経て社会復帰を目指すのか、それとも内戦で失われた教育の機会を取り戻すために初等教育からやり直すのか、いろんなオプションから選べます。就学を選ぶ子らのほとんどは、国連や海外援助で支援されているNGOが運営する特別施設で生活し、通常の学校に、ふつうの児童と混じって勉強している。

シエラレオネは本当に小さな国で、日本のように刑期を終えた出所者が都会の雑踏に身を隠して新しい生活を、というようにはならない。虐殺の被害者家族や手足を切られた犠牲者は、それをやったゲリラ兵の顔を覚えていて、ちょっと努力すれば、その居所も簡単にわかっちゃうのです。

これが、国と国が争う戦争であれば、戦争は非日常として割り切り、一般犯罪と戦争犯罪を意識的に区別するのは容易かもしれない。一般犯罪であれば量刑基準というものがあって、人数で区切れるものではないけれど、日本の場合、3人殺したら死刑となることも多い。

内戦中は、政府も行政も体《てい》をなしていなかったのだから非日常であると、僕ら部外者は割り切れるかもしれませんが、そこでずっと暮らしてきた人々はどうか？　シエラレオネでは内戦に至る前から無政府状態で、内戦は日常生活の延長として起こったともいえます。だからシエラレオネの人々の心理として、一般犯罪と戦争犯罪を区別するのは、難しいと思う。

そういう戦後を生きる、次の世代の子供たち。彼らは、教室で何食わぬ顔で隣に座っているトウのたったお兄ちゃんたちが何をしたか、知っています。そのお兄ちゃんたちは特別なケアを受けているから、血色もよくて身なりもいい。このような状況は、子供たちにどのようなメッセージを送っているのか。僕は静かな恐怖を感じます。

シエラレオネ特別法廷では、子供の定義を15歳未満とし、15歳以上18歳未満の子供の訴追を認めました。しかし、これはあくまで建前で、国際司法の限界から、10名前後の「大人」の訴追で終わるでしょう。

さて、ここでディスカッションしましょう。子供兵はともかく、「子供司令官」の戦争犯罪について、どう捉えるか？

QUESTION

大人兵士に命令を下した子供司令官は、
同じ子供ということで、
他の子供兵と同じように扱うべきなのか？
それとも、大人の幹部と同じように、特別な罰し方を考えるべきか？
だったら、どういう罰し方があるか。

日本社会の少年犯罪に対する態度を想像力のベースに置きながら、考えてみてください。

――子供司令官は、被害者だと思います。もし自分がそこで生きていたら、兵士になって殺人する道を選ぶかもしれない。国が腐敗していて、そういう状況のなかで芽生えた心なんじゃないか。被害者なので、罰するというより、少年院のような更生施設みたいなものをつくればいいと思います。小学校に、一般の生徒たちと同じ環境に入れるのは危ないと思う。

ある意味、彼らを一般社会から隔離するということですね。僕が会った少年司令官は、ちゃんとボスとしての風格があってね。どこまで本気かわからないけど、武装解除後、自分はどうなってもいいから部下のことをよろしく頼む、とか言って。お、ナマイキな、と思ったけど（笑）。こういうのを社会に解き放ったら、それなりの指導力を発揮してゆくんじゃないかと思った。でも、この国は貧しく、依然生きるのは厳しいから、犯罪のほうにその指導力が向かうんじゃないかという心配はあるけど……。

罪を問われていないのだからそんなことをしなくても、と非難されるのを覚悟で言うと、子供司令官だけ、一定期間、隔離するのは必要じゃないかとも思う。他にはどうですか。

――結局、司令官に任命しているのは大人で、生きるか死ぬかという状況でもあるので、罰するべきではないと思いました。隔離ということも考えたのですが、そうなると隔離する子供どうしを集めることになる。むしろ、かつての仲間同士で危ない方向に進んでいくこともあるんじゃないか。

それも一理あるな。子供司令官も内戦の被害者で、罰するのではなく、あくまでリハビリという観点で対処するということだね。社会との接触の有無、期間、そしてお友達のお付き合いに気をつけながら。

――でも、罰しなかった場合は、治安が悪くなるように思います。子供司令官が被害者かどうかという問題もあるけど、いずれの場合にしても殺される側、遺族にとっては加害者です。報復したいという気持ちはあると思う。だから、罰するべきだと思います。

罰のやり方が問題だよね。特別法廷での訴追は、もう現実的に不可能だけど、ガチャチャ制度みたいに和解を目的にした真実の追求、公開での謝罪、被害者家族への何らかの補償は考えられるかもしれない。

――結局は、やっぱり更生が重要だと思いますが、更生のためにも、罪の重さを知らしめる必要がある。日本の場合、シエラレオネとは違って平時です。大人と同じく罰するとなると、子供の未来を奪ってしまうんじゃないかという意見もあったけれど、大人としての自覚が生み出せるんじゃないかという意見もありました。

子供の犯罪年齢をどのように設定するかは、日本でも議論され、少年法は何度か改正されているね。原則、家庭裁判所で非公開の審判がおこなわれますが、刑事処分が相当だと認められたときは検察扱いとなり、14歳以上の子供であれば公開の裁判を受けることになります。ただ、量刑は大人と比較して軽くなるし、実名報道も禁止される。

シエラレオネの場合、罪の重さを知らしめることは、僕の知る限り、10名前後のトップを戦犯として特別法廷で象徴的に裁く以外、まったくおこなわれていない。「真実の追求」のための委員会もつくられましたが、人権侵害の記録を集め、保存するぐらいの権限しかなく、加えて資金不足で、被害者と加害者の個別の「和解」には踏み込めていないのが現状です。民衆は、「恨み」の解消を時にゆだねてゆくのでしょう。

2002年1月、すべての武装解除は完了し、内戦が終結しました。その後、僕は、首都フリータウンの、ある中学校に呼ばれました。国連幹部の僕に、この国の文部省が公立学校の復興の現状を見てもらいたいと催したイベントです。

そのなかで、生徒たちがこの日のために用意してくれた寸劇があった。ある少女の一家の戦前の貧困、戦中のさらに辛い経験、戦後も依然続く苦悩、そして、それでも村に戻ってきた元戦闘員を受け入れてゆくという、まあ大人と外人が喜びそうな筋書きだよね。

劇中、この一家の住む村がRUFの一団に襲われるシーンがあります。RUFを3人の生徒が演じたのですが、それが堂に入っていること。あまりに肉薄した演技なので、観衆の生徒たちも大盛り上がりで、ヤンヤヤンヤのかけ声と口笛、拍手。僕の目は点になって、思わず横にいた先生に聞くと、この3人は元少年兵だと言う。僕の目は点になりつづけました。このノリは何なのだろう、と。

終演後、先生に聞くと、この寸劇は、過去の記憶をあえて表現することによって、生徒のトラウマへの対処と和解を目的におこなわれているということだった。トラウマ療法としては過激だよな。僕は、言葉が出なかったと同時に、子供というのは大人のセンチメンタリズムを粉々にしてしまうほど強い、というか怖いと思った。今、君たちの目を見ていても、そう思います（笑）。

その場、その時に合った「人権」をつくってゆく

だいたい、「子供」ってなんだろう？　日本も批准《ひじゅん》している「子供の権利条約」では、子供とは18歳未満と定義しますが、生まれてから同じ年月を経ているというだけで、日本の18歳とシエラレオネの18歳が同じだと、何を根拠に言うのだろう。学力じゃなく、自立心であれば、明らかにシエラレオネのほうが大人なんだ。

アフガニスタンの農村部では、12歳ぐらいで、男の子は割礼《かつれい》や元服みたいな儀式をやる。お父さんやお兄ちゃんからカラシニコフ自動小銃の分解・制御の仕方を習って、撃ち方も覚えます。それでお母さんや妹を守る、これがイスラムの男の本懐《ほんかい》だと教えられる。目つきが違うよ。

アフガニスタンの戦争では、こういう子供が戦闘員になる。僕はここで武装解除をやったわけですが、最年少で14歳の、カラシニコフをまるで体の一部のように扱う戦闘員に会いま

した。こういう状況になると、国連のユニセフがしゃしゃり出てくる。彼らは子供兵士だから、他の兵士と切り離して、特別にリハビリしなければならないと。

これには困った。アフガニスタンの武装組織は、シエラレオネのように統制のないゲリラ部隊ではありません。彼らが戦ってきたのは「聖戦」で、たいへん厳格な宗教的行為なのです。やっとのことで軍閥や司令官に、男子の本懐である武器を僕たちに引きわたす交渉をしたのに、「子供を使いやがって」と、国連のなかの人権派が「聖戦」にケチをつけ始めたら、彼らの機嫌を損ねて交渉が逆戻りする……。こう考えて、僕らはユニセフを力づくで黙らせました。ということで、アフガニスタンの武装解除では、子供兵士はいましたが、いないことになっています……。

子供という概念が生まれたのは、学校という概念を人間がつくってからだといわれています。子供は「小さい大人」とみなされた時代もあって、子供の労働はいけないなんていう概念は最近のものです。国連の「子供の権利条約」ができたのも1990年で、そんなに昔じゃない。問題は、その概念が「そこにずっとあった」ように思われ、扱われていることです。

非人道的な行為を人権の立場から糾弾するのは、非常に大切です。しかし人権の保護は「人道的介入」のように戦争の口実にもなる。そして、社会のすべてが紛争で壊れてしまった状況で、戦後の社会を立ち上げるときに、我々のような部外者がすべての正義の代弁者のように人権の概念をつくり始めるのは、必ずしも平和構築につながらないのではないかと思うのです。

「人権」は、シエラレオネにおいて、内戦という非日常をつくったのはすべて大人の責任と結論し、大人兵士と同等、もしくはそれ以上に残虐な行為をはたらいた子供兵士を、大人兵士のようにランクによる区別をせずにすべて赦し、というより、その犯罪を問題にすらせず、ふつうの子供たちより手厚く保護しました。さらに、教育上の理由で彼らを一般児童から隔離することも、それは強制収容所になり、子供の自由を制限すると否定した。子供の人権は、完璧に守られたといえるでしょう。

一方で、僕たちは子供たちに、確実にひとつのメッセージを送ってしまいました。「ひとり、ふたりを殺すと殺人罪に問われて死刑にもなる。しかし、千人単位で殺せば国際紛争という扱いになり、許されるだけじゃなく恩恵までもらえる」と。

——……日本に住んでいる私と、いつ命を落としてもおかしくないような国で暮らしている人の意見とでは、絶対的に違うことがあると、あらためて気づかされました。それでも、軍隊が世界中からなくなって、無意味な戦争など起こらない世の中になってほしいという思いは同じですが……。

うん、不幸にも一度紛争を経験した社会で、それを再建するときには、同じような紛争が二度と起こらないようにしたい。アメリカやその他の強い国が起こす戦争をどう止めるかは、まったく自信ないけど、こういう小さな国の内戦後の復興では、まだ失敗の反省はポジティブに活かせるような気がするんだ。

人権が尊重される戦後をつくることが大切なのは当たり前ですが、目指すべきは、それがあって当然と、人権にその社会を支配させようとするのではなく、その場、その時に合った人権をつくってゆくことだと思うのです。

人権は、僕たちの正義のなかで最も強い、人類全体のゴールとしてあるべきものと考えられているので、今言ったことが広く理解を得るのは難しいでしょう。でも、頭の片隅でいいから、これをすこしでも気に留めておけば、人権に悖《もと》る敵、もしくはそのように喧伝《けんでん》される敵が現れたとき、必要以上にコテンパンにしちゃうことを防げるような気がするのです。

5章
対立を仕切る

9条はいつまでも結論が出ない?

今日で最後の講義ですね。最終日の時間を使って、一緒に考えたいことがあったら、どんなことでもいいから話してみてください。そこから今日のテーマを決めていこう。

——9条についてですが、これからも議論が続き、考えること自体が目的化してしまって、いつまでも結論が出ないことが気がかりです。国家の最高法規が不安定な位置にある。どこまで最高法規に理想を託していいのか、考えなければいけないと思います。

根源的な問題ですね。現実の世界情勢はつねに変わってゆくから、多かれ少なかれ、法とのあいだにギャップが生じてゆくのはしかたない。そのギャップがどうしようもなく大きくなったところで、法のほうを現実に合わせて変えるのか。それとも激変する現実への対応を、あくまで法から逸脱することなくやってゆくのか。その際には、現実から目を逸《そ》らすのではなく、ちゃんと見据《みす》えてじゃないと意味がない。はたして9条が掲げる非戦は、近未来にも有効なのか。

——本当にまずい事態に陥《おちい》ったとき、いままでのツケが回ってくる。いざ他の国が攻めてきたとき、どうしようってなっちゃいます。緊急事態で、話し合いしている余裕はないから。

そんなふうに脅威を想定して、緊急事態に備えるのは、ごく自然のことです。そういう備えは敵の戦意をくじく「抑止力」にもなる。戦争を回避する、つまり平和のための抑止力なのだと。でも、備えれば備えるほどお金がかかる。だからこそ、その負担をみんなで分かち合う、つまり「自衛のお仲間」をつくって抑止力を大きく見せるというのが、集団的自衛権の、戦時ではなく平時における動機にもなる。

いずれにせよ、備えのコストが軽いに越したことはないのだけど、最もそのコストを軽くするには、自分が攻撃しない限り、攻撃されることはないという人間性善説に立つしかない。けれど、それを対人関係でやれと言われても苦しいし、国同士だったらなおさらだよね。

戦争に至るような最大の警戒心を100とすると、性善説の状態は0。国家がもつ警戒心は、このあいだを揺れ動くのだろう。0は無理だとしても、できるだけ低く抑える不断の努力は必要で、それが外交力かな。ですが、努力で警戒心を低くできたとしても、それを固定化するのは不可能です。予測不能な事件で針が大きく振れちゃうし、そういう事件は故意につくれちゃう。

脅威に対する人間の本能が社会集団として増幅し、このままではだめだと、それまでの国のあり方を変える政治決定が下される。このプロセスを分析する「セキュリタイゼーション」について、2章で話したね（157ページ）。僕たちの針は常にフラフラ振れつづけることを自覚すると、それが大きく振れたときに元に戻そうとする「脱セキュリタイゼーション」（高揚する脅威に冷や水をかけて落ち着かせること）の能力をもてるかどうかが肝《きも》だとわかる。

そのためには、まず、知ることかな。将来、敵になるかもしれない相手のことを知っておく。そこの独裁体制がなぜ生まれたか、何が彼らをそうさせるのか。

知らないことは楽だよね。セキュリタイゼーションが起こったら、何の疑いもなく空気に身をまかせ、みんなで恐怖におののき、その原因とされるものへの怒りに熱狂する。そういうなかで、「ちょっと、どうよー」みたいなことを言うのって、度胸がいる。KYとか言われたりして（笑）。村八分になるかもしれない。その意味で、平和は闘いなんだと思う。

「良い世の中に」という思いが、世の中を傷つけるとき

——私は講義を受けてから、幸せや平和の定義について考えています。戦争がないこと＝平和ではないし、貧困がないこと＝幸せや平和ではない。

東日本大震災で、原発の事故が起こって、福島県が放射能で汚染されている状況でも、私は、幸せで平和だと感じているけれど、まったく逆の考えをもっている人がいることも否定できません。それぞれの価値観や習慣によって、幸せと平和の定義は大きく異なっていて、たぶん一生わかり合えないと思います。でも、そこで自分たちの価値観や習慣を相手に振りかざして押し付けることは、相手にとって、幸せでも平和でもないんじゃないかって。

東京電力福島第一原発事故で、日本中がとてつもない恐怖を味わい、その結果、放射線に関して、世論を敵味方に割るような状況になってしまった。微量な放射性物質の健康影響に

ついて科学的論拠をめぐる議論が飛び交い、安全か否かが、日本社会を分断しているね。まさに、君たちはその渦中にいるのだけど……。

——看護師だった母は、病院で被災して、その後、亡くなったのですが、それでも妹も生きていて、なんか生きていること自体がすごいことなんじゃないかって。今回の地震や原発事故は、他の地域の方のなかでは忘れられちゃうこともあると思いますが、でもやっぱり、生きている私は幸せなんじゃないかと思うんです。

放射線が本当に怖くて避難する方もいっぱいいますし、食べ物に気をつける方は、本当に気をつけると思いますし……考え方なのかなって。メディアには、放射線をすごく気にする方が多く登場する傾向があると思います。風評被害も広がるし。最初のころは、福島の学校はほとんど窓を開けないで授業している、みたいなニュースが流れていて、いや開けてるよって、びっくりしたんですけど（笑）。

——原発事故があったとき、事故についてもですが、私はもっと放射能のことを知りたいと思いました。調べてみると、自然な状態でも福島より放射線（量）がずっと高い数値の出る地域があると知って、まわりに話してみたのですが、あまり良い顔する人はいなくて……。そういうことは福島には関係ない、放射能はないほうがいいっていう感じでした。それはその通りなんだけど、でも、対象自体がＮＧ、タブーな空気があるような気がして、それは良くないいんじゃないかなって。

タブー感、それは僕も感じる。僕は、広島をベースに国際協力をやっているNGOとかかわっていて、事故から3週間目に、そこのスタッフと線量計を片手に、南相馬市の市議の道案内で、原発9キロのところまで入ったんだ。当時は、他の県ではボランティアが殺到していたけど、南相馬はもぬけの殻。物資はそこそこ届いていたけど、それを仕分ける人材が足りない。みんな、ここを避けて北に行っちゃう状況だったんだよね。

国際協力の世界では緊急支援の際、初動調査といって、援助を入れることができるかどうか、入れるとしたら何に気をつけなければならないかを探るために、まず偵察隊を送るんだ。内戦が勃発し、戦渦を逃れて国外へ大量の難民が発生するような状況でも、さまざまな事情で戦地に残る住民は必ずいます。僕らは放射線も銃弾も、現場に赴《おもむ》く僕たちに振りかかる同じ脅威として考える。

線量計で細かく測りながら進んでいくと、後になってさかんに言われるようになる「ホットスポット」の存在に気づき、「線量をこまめに測って注意すれば、ボランティアを入れることは可能」と結論。人材を募集し、南相馬に派遣を始めた。

放射能の脅威が、銃弾のそれとはちょっと違う感じ……君が言うように感覚的な穢《けが》れ感が科学的な議論をも支配しちゃっているような空気は、確かにあるよね。そういう放射能への問答無用な嫌悪を煽《あお》ることは、これまで日本を支配してきた原発政策という巨大な敵を倒したい側からすれば、当然のことかもしれません。

今回の事故は、原発政策の脆弱性《ぜいじゃくせい》を剝《む》き出しにしたのだから、これまでの原発政策を根本から変えたいという動機が生まれるのは当たり前のことです。このプロセスも、ひとつのセキュリタイゼーションと捉えていいと思う。セキュリタイゼーションが成功すれば、これまでの政策を変えられるのですから。

でも、セキュリタイゼーションの「仕掛け人」の正義、現状を良くしたいという強過ぎる想いが、結果的に、良くしたいと思っていた世の中を含めて、傷つける場合がある。

福島への同情って、実は本当の同情ではなくて、原発事故を起こした体制や、原発政策そのものへの糾弾という政治的な意図も見え隠れする。そういう政治的意図は、間違ったものとは言えないから批判しにくい。でも、なかには、既存の政策、枠組みではダメだという強い動機から、根拠のないデマを用いた「仕掛け」をする人も出てくる。福島に留まることを選択する人たちに、後ろ指さすようなことをする人もいる。そういうのは、ほんと嫌だな。

——……僕たちは、もうすぐ3年生になりますが、たぶん大学で県外に行ったりする人が多いと思います。たとえばルームシェアをして、一緒の部屋になった人が、福島の野菜を食べないという人で、もし僕が福島出身だということがわかったら……とか、そんなことを考えたりします。何かしら差別みたいな扱いをされることもありえるんだろうな、と思うと、正直嫌だなというふうにしか思えなくて……。

僕はここ数年来ずっと、ある海外の大学で教えているんだ。現地の友人たちがいつも空港で出迎えてくれてハグし合うのですが、2011年は違っていた。ハグしてくれなかったんだよなー(笑)。握手しても微妙にサラッと、みたいな。僕の思い過ごしかもしれないけど、「されれる側」って、こんなふうに感じちゃうんだよね。世界では、すでに日本全体がエンガチョされているかもしれないのに、その日本の内部で、これが始まっちゃったら……。

言われのないタブー感。これが社会差別を生んでしまう。政治的な良心で反原発運動をやっている人たちが、そういう差別を加速させてしまうとしたら悲しい。

僕には反原発運動をしている友人がたくさんいるから、このへんをどう説明するか迷っているのだけど……。今、彼らの熱意に水を差すって、すごく度胸がいるんだよな。正義感でギラギラしているから。……「平和は闘い」なんて言ってるくせに、僕、だらしないね(笑)。

セキュリタイゼーションに誇張はつきものです。脱原発への政策転換は、その時期ややり方に様々な意見があるにしても、方向性としては国民の大きな合意があるのだから、そのセキュリタイゼーションは、戦争に向かう際のような、声高に恐怖を煽るものや排他性を生んでしまうようなものではなく、「節度」を見極めながら進んでほしい。廃炉や放射性廃棄物、そして原発政策と表裏一体の「核」の問題を考えたら、気の遠くなるほど時間のかかることなのだから。

――原発については、それまで原発があることに疑問をもっていなかった自分も嫌だし、自己嫌悪みたいなものもあります。原発を推し進めたのは国の政策だったわけで、いちがいに東電が悪かったって言えない……。

――核の問題は、福島に住む私たちにとって身近なのではないかと思います。日本は広島、長崎に原爆を落とされたのに、45年も前から福島に原発を建て始めていて、悲しいし、悔しいです。私の叔父は原発で働いていて、原発によって生活が成り立っている人もいるけど、人類は操《あや》りきれない核に手を出すべきではなかったんじゃないかと感じます。

はたして第二次世界大戦の最終兵器としての核の開発を止められたか。そして第二次大戦後、すぐに始まった冷戦という新たな対立構造のなかで、お互いを抑止するために核兵器の開発競争が始まる。西側では、広島・長崎で植え付けた非人道的なイメージを払拭《ふっしょく》する必要があった。そしてアイゼンハワー大統領の核の平和利用（Atoms for Peace）の世界戦略が始まる。1957年、原子力の平和利用を推進し、軍事利用への転用防止を目的に掲げたIAEA（国際原子力機関）が設置された（2014年2月現在、加盟国は162ヵ国）。日本は、そのイメージ戦略に、国民もろとも巻き込まれてゆく。

日本も豊かさのために、核の平和利用を熱望しました。被爆国であるからこそ、平和利用に希望を見出した人々も、たくさんいたのだそうです。

現在、アメリカと敵対し、核保有の疑惑をもたれているイラン、そして非合法な核の拡散という、とんでもない問題を抱えているパキスタン。この両国に最初の原子炉を提供したのはアメリカ自身です。冷戦下の核の陣営づくりに躍起になったんだね。

歴史をさかのぼって、何が、誰が悪かったのかを見つけ出す作業は重要です。でも、歴史は引き返せない。人類はもう核に手を出してしまった。

最終日の今日は、唯一の被爆国でありながら原発事故まで経験し、9条をもっている日本人として、この現実をどう捉えるか、どういう選択肢があるのかを考えてみよう。まずは弁当を食ってからね。

――（笑）はい。

対等、主体性って、何だ？

アメリカがつくった9条があるうちは、日本は「主体性」をもてない、という意見があるでしょう。9条が象徴する、アメリカがつくった戦後。その庇護《ひご》のもとにヌクヌクと過ごして、何もひとりで考えることなく、すんでしまっている。「知らないことの幸せ」を地で行く、みたいな感じだね。

一応、日米地位協定の議論では、両国の関係は、「双務性」といわれています。日本はアメリカを守る義務がないかわりに、米軍基地を置かせてやっている、その意味で「対等」だと。でも、基地の内部は、日本の領土でありながら日本の法律が及ばない治外法権です。見ようによっては、日本は「軍事占領下の主権国家」という、珍しい立ち位置にいるとも言える。

こういう「対等」の欠如、対等な国家関係への渇望が、日本のナショナリズムを煽る面もあるよね。いちばん極端なものとして、核武装してアメリカから独立すれば対等になる（対米自立）、と言う人もいる。

そもそも、「対等」もしくは「主体性」って何かを考えてみたいけれど、どういうかたちがあるだろう？

――軍事的な面もあるけど、経済の面で世界を引っ張っていくことだと思います。

そうですね。ここ数年、経済は停滞していますが、日本は戦後、急激に経済成長して、それをすでにやってきたと言えるんじゃないかな。ただ、なぜそれが可能だったかというと、やっぱりアメリカのおかげということになる。日本の戦後復興の取っ掛かりをつくったのは、1950年に勃発した朝鮮戦争でふってわいた米軍の兵器や装備品の調達、修理の特需だったし、その後も経済復興に集中できたのは、アメリカの庇護下にあったからだとも言える。

――……アメリカに出て行ってもらう。いられると守られている感じがあるし、主権が制限されることにもなる。

そうなると、勇ましい人たちは必ず言うよね。今のままの自衛隊ではダメだって。

君たちが指摘してくれたように、「右」も「左」も、「保守」も「リベラル」も激しい敵対心をもって論争しながら、結果としてズルズル結論を先送りし、アメリカの庇護下の平和を根本的に変えなかった。終戦後からずっと続いてきたこの体制を土台から崩す。そんな

CHANGEをやる胆力《たんりょく》、日本人にあるのだろうか。僕は、現時点では、日本人は結局、アメリカなしの平和は求めないって、思っちゃうんだよね。

――どうしてですか。

まず、地政学的なこと。アメリカ・NATOと対立的な緊張関係にあるロシア、経済的にも軍事的にも凄《すさ》まじく台頭する中国、そして公然と敵意をあらわにする北朝鮮。地理的にこれらの真正面にいる日本を、アメリカが手放すはずがないと思う。本来、国外に軍隊を駐留させるのには大変なお金がかかりますが、日本には「思いやり予算」まであるんだから。もし日本が自発的にこの状況を壊そうとしたら、アメリカはそれを阻止するために、日本国内の親米派を総動員して最大限のロビー活動を仕掛けてくるでしょう。アメリカが出ていったら、どんな悲劇が待ち受けているのかと。

4日目の講義で少し触れましたが、日本の尖閣諸島問題と同じような海洋上の領有問題を、中国とのあいだで抱える国は他にもあります。そのひとつがフィリピンです。

南シナ海には、中国をはじめ、ベトナム、マレーシア、中華民国（台湾）までが領有権を主張する南沙《なんさ》諸島があります。ほとんど人の住める環境ではありませんが、漁業だけでなく石油・天然ガスなどの海底資源があるおかげで、歴史的に領土紛争の舞台となってきました。

そのなかに、ミスチーフ礁《しょう》というフィリピンの排他的経済水域内の浅瀬があります。1995年、中国は、ここに突然、漁船の避難設備だとして、コンクリート製の堅固な建造物をつくり始めた。中の様子はわかりませんが、重装備のレーダーやヘリポートを備え、軍事要《よう》塞《さい》になっているという見方もある。このように領土が争われているところで、早い者勝ちで、かなりの期間、軍隊を駐留させたりして、既成事実をつくることを「実効支配」と言いますが、ここはそうなっているようです。

なぜ1995年なのかというと、フィリピンに長年駐留していたアメリカ軍が、1992年に撤退していたのです。アメリカは大規模な軍事基地をフィリピンに維持するにあたって、フィリピン政府に毎年数百億円もの「家賃」を払っていました。フィリピン議会は、その「実入り」にもかかわらず、植民地主義の名残り、主権侵害の象徴だとして、米軍基地の閉鎖を決めたんだ。中国に実効支配されたのは、その直後です。アメリカ軍による抑止力がなくなったからだとも言われている。

もちろん、それだけが原因ではなく、フィリピン政府が、アメリカの石油合弁企業に近海の油田の調査権を与えたことが中国を刺激したとか、ベトナム（同じ領有問題を中国に対して抱えている）がフィリピンと軍事連携を強化したことが原因だとか、複数の分析があります。でも、「アメリカが出て行った後に中国が攻めてきた」という言い回しは事実で、こういう、事実の一側面のみを取り出す「それだけではない真実」って、プロパガンダに使われやすい（2014年4月、アメリカとフィリピンは新軍事協定に調印。常駐ではないが、再駐留に合意する）。

もし、尖閣諸島問題を抱えるこの時期に、漁民を上陸させるなどの中国側のちょっかいがあって、警戒の「針」が大幅に振れたとき、このケースは親米派にとって、大きな味方となるでしょう。こういう状況で、中国との緊張を解くのも綱渡り的に大変な作業だと予想されるのに、アメリカとの根本的な関係を変えるなんて、ちょっと……。

身近に中国みたいなわかりやすい脅威がある限り、そしてアメリカが極端に弱くなって、もう日本を守る余裕なんてない、みたいにならない限り、アメリカからの軍事的独立という主張に、僕は実現の可能性を見出せないのです。あきらめの境地に映るかもしれませんが。

でも、アメリカの軍事力を必要としない、北東アジア情勢の安定をあきらめているわけではありません。それへのステップとして、日本が中国、ロシア、韓国と抱える領土問題の解決を目指す。こう考えるのはどうだろう。もちろん、そんなに簡単なことじゃないけれど。

4章でソフト・ボーダー(やわらかな国境。282ページ)について話したように、やり方はある。日本は、こういう問題の解決に武力を使わないと、憲法で高らかに宣言している国です。領土問題を話し合いだけで解決するという手本を、率先《そっせん》して世界に示さなければならないはずなんだけどね。

そもそも中国の脅威って何なのだろう。戦争を想定するような脅威なのかな。その場合の戦争だけど、核保有国である中国が、そうでない日本に戦争を仕掛けるだろうか。

とすると、戦争の可能性は、中国対アメリカ＋日本ということかな。でも、核保有超大国どうしがお互いを撃ち合うなんて、国際政治の可能性としては考えにくい。米中の経済交流は急激に深化、拡大しているし。だから、日本が自ら仕掛けて、中国に「報復」する口実をつくらない限り、中国との戦争は心配しなくていいのではないかと思います。

じゃあ、中国の脅威って、フィリピンのケースのような、辺境の領土の問題だろうか。まあ、アメリカが日本にいる限り、尖閣諸島がミスチーフ礁のようになる可能性は低いと思うけど、とられちゃったとしても、脅威の実態は、最悪その程度って考えれば、少しは気が楽にならないかな。こんなこと言うと、愛国者をカンカンに怒らせちゃうね（笑）。

中国の脅威は、超大国に特有なものとして考えるべきだと思う。それは、世界の人口の2割強を占めるイスラム教徒が、アメリカに対して抱くものと同じです。日本の愛国者のなかには、憎さ余ってか、中国の没落を願っているような口調が見受けられますが、そうなったら世界経済の底辺にいるアフリカはどうなるのか、ちょっと冷静に考えるべきです。

中国のアフリカへの進出は、僕が過ごした1980年代からすでに目覚しかった。それぞれの現政権への肩入れというかたちで、その国の資源市場を支配する。もし、そういう政権に対する中国の支援が揺らいで、政権の「強さ」も揺らいでしまったら？　レアメタルなどの資源に恵まれた国々は、同時に内戦の不安を抱えています。東西冷戦が終結したときのように、強権の空白が内戦を引き起こし、地球規模の人道危機を招くかもしれない。

もちろん、中国は資源を収奪するという自身の国益のためだけに、悪い政権でも支援し、内戦の原因をつくっているという批判は当たっている。でも、そうした大国の振る舞いは、中国に限ったことではないのです。

だからこそ、今のところ、国益をあまり前に出さず、正直な援助をするといわれている日本が、「予防開発」を、できたら中国と手に手をとってやるのはどうだろう。中国は各国の現政権にべったりなので、そういう国々での反中感情は強いんだ。日本と手を組むのは中国にとっても利益があるはずなのです。太っ腹に構えて、中国を見返してやりたいな。

――沖縄はどうなるの？

僕の考えは、アメリカ軍に依存する日本の平和の維持を望んでいるようにも聞こえるよね。外国の軍の基地を、まったく日本の主権が及ばない形態で存在させるのは、一国民の感情として忸怩《じくじ》たる思いがあります。

でも、やはり、日本の平和・安定って、中国やロシアとの領土問題を日本人自身の手で決着できないうちは、アメリカを擁した軍事バランスのなかでやっていくしかないと思う。だから、一刻も早くソフト・ボーダー的な発想を、と思うんだ。

そして、「迷惑施設」を押し付けている沖縄に対して、交付金以外に、我々が県民に対してやるべきことがあります。できるのに、やっていないことです。それは、3章でイラクとアメリカの関係について話した地位協定のことです（244ページ）。

僕のゼミのアメリカ人の学生は、日米地位協定を研究しているんだ。日米地位協定は戦後復興中の1960年に締結され、その後、日本は経済大国に変身したよね。現在の両国関係は、それまでと同じ占領・被占領マインドが基調になっているはずがない。国際情勢が劇的に変化するなかで、駐留軍としてのアメリカは、世界で本当に様々な葛藤を経験し、受け入れ国家への態度を変化させています。それなのに、なぜ日米地位協定は、締結以来、一字一句変わらないのか？　韓国との地位協定でさえ、二度も変わっているのに。日本はイラクのような「戦場」でもなく、できたばかりの赤ちゃん国家でもないのです。

彼は、アメリカ人である利点を活かして、米軍関係者や研究者に幅広くヒアリングしました。その結果はというと、アメリカ側が一字一句変えさせないことに固執していることを立証する根拠は、まったく見出せなかったんだ。

じゃあ、どうして変わらないのか？　中央政府と、基地を受け入れる現場の距離の問題。他の国の地位協定のケースにくらべて、日本は、その距離が大きいことしか理由は見当たらないと。日本側が、辺境の地の迷惑を、わざわざ外交問題として取り上げ、波風を立てるまでもないと思っている。こう考えるしかないということだったんだ。

僕は、日本政府を含めた、本土の我々の気持ち次第だと思います。

9条で、変わる？

冒頭で、9条にどこまで理想を託せるのかという問いを出してくれたね。自衛隊の存在を含め、どこまで現実とのギャップをごまかしながらやっていけるか。いつか改憲するのか。

4日目の講義では、「変化はカッコいい、エネルギーをもたらす」という意見も出たね。僕自身、今までの仕事を振り返っても思うけど、前任者がやっていたことをガラッと変えるような「変化」が好きなタイプの人間です。でも、大事なのは、どう変えるかだと思う。

これまで、戦後の日本では、「変える」というと、「9条を変える・変えない」の議論だったけど、見方を変えて、「9条で日本人が変わる・変わらない」というのはどうだろう？

——……？

言葉の遊びみたいだけど（笑）。

アメリカは、人をあれだけ殺している割には、世界の人権や民主主義のあり方に警鐘を鳴らし、世界をリードする国だね。一方、日本は戦後、粛々《しゅくしゅく》と国際援助をしながら外国にお説教しないでやってきた。「もの申さぬ」日本の援助は、警戒感を与えず「誠意」として根付いている（あまり「もの申さぬ」と内戦を助長しかねないことも、4章でスリランカを題材に議論したけどね）。

9条のおかげかどうか知らないけど、日本の人畜《じんちく》無害性みたいなもの、それを少しポジティブに利用できないかな。みんなはそういうの、あまり自慢できないって言ってたけど。

アメリカにとって「おトク」になり、同時に他のアメリカのお友達も掛け値なしに唸《うな》るような実績をつくっちゃう。僕はかつてアフガニスタンで、その可能性を、ほんの少しだけ感じたんです。1章の最後で触れた、軍閥《ぐんばつ》たちを武装解除したときのことです（107ページ）。

武装解除によって、結果的にアフガニスタンの状況を改善したとは言えない。むしろ悪くなってしまった。でも、ほんの一時期だけですが、アメリカに、対等なパートナーとして日本の主体性を示すって、たぶん、こういう方向ではないかなと感じたことがあったんです。

ババ抜き状態だった武装解除

アフガニスタンのことを簡単におさらいすると、2001年に9・11が起こり、アメリカはその報復としてアフガニスタンを空爆し、タリバン政権を崩壊させました。ここで一度、タリバンに勝ったわけです。タリバンから首都、そして主要都市を物理的に奪回したのですが、それをやったのはアメリカ軍じゃなくて、タリバンと同じアフガン人の軍閥たちだったと話したよね。

タリバンと闘ったときの軍閥は9つあり、その兵力の総数は、最大6万といわれていました。ところが、「領土争い」で隣同士の軍閥がガチンコの内戦を始めるし、そのへんを歩いているお兄ちゃんたちを小遣いで釣ってマシンガンをもたせたのでしょう、1年後、その総数は24万人に膨《ふく》れ上がっていました。9つの軍閥が、それぞれの拠点に軍事王国をつくり始めた。海外で印刷したのか、自分の名前を冠した独自の紙幣を流通させる者まで現れたんだ。

アメリカは、この軍閥たちを何とかなだめたい。新政権の一員として、大人しく復興に専念してもらいたい。でも、アメリカも、そしてその軍事作戦に協力するイギリスなどの同盟国も、軍閥たちに強く迫れませんでした。話がこじれて軍閥たちが激しく抵抗したら、もともと武力で介入したアメリカとその同盟は、武力で威嚇《いかく》しなければならなくなるからです。

この時期は、2003年にアメリカがイラクに侵攻してサダム・フセイン政権を倒したのはいいけれど、イラク国民の反米意識が激化し、アルカイダなどのテロ組織もどんどん流入していました。アメリカは軍事的な苦境のなかにいて、主な戦力がイラクに割かれていた。

こういう状況で、誰も軍閥たちを統制できなかったのです。でも、統一国家をつくるために彼らの武装を解き、国家に奉仕する単一の国軍をつくらなければならない。現場では、苦し紛れに不可思議なことが始まろうとしていました。

武装解除は、「DDR」というプロセスでおこなわれます。最初のDが、「武装解除」のDisarmament。武装組織のトップと政治的な合意をして、部下たちに向かって武器を引き渡せって命令させるのね。

続いて、2番目のDは「動員解除」のDemobilization。武器を手放した部下たちに、もう明日から誰の命令も聞く必要はないんだって、部隊を正式に解散させる。

最後のRは、「社会復帰」のReintegration。元兵士たちに職をもたせ、一時金などの特典・恩恵を与えて独り立ちできるように、そして将来、再動員の誘いがあっても、経済的な問題が、その誘いに乗る動機にならないようにする。こういうプロセスを経ることによって、武装解除という政治合意が、逆戻りしないようにするわけだね。

ＤＤＲは、この順番が大切ですが、アフガニスタンでは「Ｒ、Ｄ、Ｄ」がおこなわれようとしていたんだ。タリバンに勝って意気揚々の軍閥たちに、もう武器を手放してねって、誰も言い出せなかった。それで苦し紛れに、まず「Ｒ」をあげる。つまり何かと理由をつけて、兵士たちに恩恵をあげることを申し出る。ちょっと懐《ふところ》が温かくなって心に余裕が生まれれば、「平和」について考え始め、自発的に武器を手放すのではないか……と。こりゃダメです。

もし、僕が軍閥の立場だったら、まず総兵力の１％ぐらい（このぐらいの人数だったら腹は痛まない）に「休暇」を与えて、恩恵として提供された職業訓練プログラムに送ります。そして、訓練施設がお粗末だとか、日当が足りないだとか、何かとイチャモンをつける。訓練が終わったら、全員に定職を与えてくれとか、武装解除を人質に、ずるずる恩恵だけむさぼりつづける。こうするに決まっています。

アメリカもＮＡＴＯ同盟諸国も、小さいながら代表事務所を開いていた国連も、「ＲＤＤ」を本気でやろうとしていた。日本政府が武装解除に飛びついたのは、そんなときでした。

――どうして日本がやることになったんですか？

武装した陸上自衛隊は送れないけど、もうちょっと「安全保障」系の責任がほしいと考えたのだろうね。兵士の社会復帰なら、日本も戦後、大規模な復員の経験があるし、やれるんじゃないかと思ったのかな。

新しい国軍建設はアメリカ、警察はドイツ、憲法を含む新しい法体系の整備はイタリア。アフガン復興の重点項目のなかで、ババ抜き状態だった武装解除の責任国に、日本がなってしまった。そして当時、シエラレオネで武装解除を完了させて帰国し、大学で教鞭《きょうべん》をとり始めたばかりの僕に、外務省から依頼の電話がかかってきたのです。

「利害のなさそうな介入者」だけができること

――伊勢﨑さんが武装解除した軍閥って、どんな人たちなんですか？

冷戦時代から超大国の諜報機関に翻弄《ほんろう》されながら、大勢の危ない連中を束ねてきた人たちです。軍閥や、その直下の司令官たちは、だいたい温厚な顔をしていますね。でも、何人殺してきているかわからない。仕事じゃなかったら、ほんと、お友達になりたくない……。

タリバン兵をたくさん捕獲して、コンテナにぎゅうぎゅうに詰め込んで炎天下に放置し、圧死させたことで有名な軍閥のリーダーもいました。彼と机を挟んで対峙したときなんか、思わず、もし、このまま僕らだけ瞬間移動して原野にふたりっきりになったら、どういう技をかけていたぶってやろうか、いきなりローキックかな……なんて夢想するんだよね。部下に囲まれているからエラソーにしているけど、こいつー、みたいな。

タリバンに勝利した軍閥たちは、アメリカと国連の仲介で、形ばかりの暫定政権を組閣します。何々大臣はこの軍閥、みたいなポストの割り当てです。

暫定大統領のイスに座ったのは、よくニュースに出てくる、民族衣装をダンディーに着こなしているハーミド・カルザイさんです。彼は軍閥じゃないから戦歴もなく、軍閥のあいだではまったく存在感が薄くて、就任後は「カブールの市長さん」と呼ばれていた。最大民族であるパシュトゥン族の良いとこの出で、戦歴がないということは人殺しじゃないから、西側諸国から支援を引き出すのに都合が良いと、アメリカが据えたんだ。これから新しい国をつくってゆこうというとき、そのトップが人殺しじゃ、見た目が悪いものね。

クリーンな暫定大統領を立てて、首都カブールに、まずしっかりした中央政府をつくらなきゃいけないのですが、当時、カブールは、3つの軍閥に分割占拠されていた。僕がアフガニスタンを初めて訪れたとき、空港から宿泊先まで向かう車が何度検問で止められたか。それぞれの軍閥が、別個の検問を敷いていたんだね。この軍閥たちも入っている暫定政権は、国連を通じて国際社会とひとつの約束をしていた。首都圏からは兵を引き、その代わりに国際社会は中立な多国籍軍を駐留させると。でも、軍閥たちは、散発的な武力衝突を繰り返しながら、しゃあしゃあと居座っていた。

――多国籍軍って、どのくらいいたんですか。

こんな状態だから、尻込みしたんだろう。あまり集まらず、僕が着任した当時は、3千名ほどのイギリス軍を主体とする部隊が駐留し、軍閥に包囲されながら縮こまっていた。

タリバンを倒した後の新しい秩序のなかで、より大きな政治力と利権を得ようと威嚇し合い、約束も守ろうとしない軍閥たちをどう切り崩すか。やはり、脅すしかないのです。あまり調子に乗っていると、国際社会は、あんたを国づくりの抵抗勢力と見なすよ、あんたの王国、外からの援助がなかったらやっていけないでしょって、ひとりずつ、根気よく観念させてゆく。どこから切り崩すかというと、側近の若い指導者たちに決まっています。自分の将来の人生設計を、より長いスパンで、そしてしがらみより実利で考えられるからです。

9つの軍閥のなかでも一番強大な派閥のリーダーが、早々と暫定政権の国防大臣におさまりました。そして、国防省の以下のポストをすべて手下で固め、省全体をこの派閥の牙城《がじょう》にしていた。僕らが目をつけたのは、国防省ナンバー2。まだ30代のバリアライという名の将軍で、国防次官のポストに就いていたんだ。

彼は僕より若いですが、さすが武将です。年取った部下の将軍たちに物怖《ものお》じせず冷静に命令する姿は、惚れ惚れするぐらいでした。年取った将軍たちは、まず英語を話せません。部下の通訳をあごで使って慇懃《いんぎん》に振る舞う。でも、彼は、通訳の訳に自分の感情が入らないとき、片言の英語を使ってダイレクトに僕に伝えようとする。会うたび、彼の英語は上達してゆきました。これから否応なしに国際化するアフガニスタンの未来に照準を合わせ、自分のリーダーとしての能力を少しでも高めようとする姿勢が見えたのです。

軍閥たちの総兵力は、当初6万以下だったのに、1年を経ずして24万に膨れ上がったと話したよね。国防次官でありながら、バリアライ自身の部隊も鋭意拡大中でした。そしてバリアライが、国防次官のポストを利用して、「DDR」ではなく「RDD」をアメリカや国連に認めさせた張本人だったのです。

僕は、彼と頻繁に会い、日本の「立ち位置」を話しつづけました。アフガニスタンに何の戦略的興味もない日本人が、アフガニスタンの平和だけを願って、武装解除の責任を買って出たんだ、と（もちろん日本政府は、ここでアメリカに恩を売って、対北朝鮮、対中国戦略で、もっと日本の盾になってもらおうということしか頭になかったのですが）。まあ、相手の情に訴えるナイーブ戦略っていえるかな。相手は、敵の足下を見ることで生き延びてきた武将です。ナイーブ戦略は、利害のない、もしくは、そう見える介入者にしかできません。マッチョなアメリカにはできない。やはり、主要支援国中、アフガンの地に軍隊を送っていない、唯一の国である日本の立ち位置は特殊でした。

まず相手の情に切り込んで、手応えを感じたところでどうするかというと、「アフガンの和平を信じて血税を払っている日本国民が、こんなことをやっていると知ったら……」みたいなことを、手を変え品を変え、交渉で使うのです。君たちが察するように、日本人が知ったって、別にどうということもないのですが。

最初の難関は、軍閥たちによる、チキンゲームのような武力増強を止めさせること。まず、バリアライ自身の部隊で、兵士の新規採用を即刻停止する命令を出させました。その実施を見届けて、同じ命令を「暫定政権国防省令」として、他の軍閥にも発令します。もちろん軍閥たちは聞く耳をもちません。でも、すべては言葉から始まるのです。

「日本の支援は、武装組織のためには使えない」

次は、「RDD」を何とかしなくちゃいけない。バリアライは「RDD」を国際社会に認めさせたとき、巧妙な策を練っていた。それが「しごき武装解除」です。

R（Reintegration）の恩恵を全兵士に施《ほどこ》し、ちょっと気の緩んだ彼らを、それぞれの軍閥が集中的に「しごく」のです。それに音《ね》を上げた者を武装解除し、動員解除、つまり除隊させる。残った者たちを、新生アフガニスタンの新国軍の兵士として認定するというものです。

よう考えるな、と思いました。「しごき」は、それぞれの軍閥の裁量でやるわけだから、どうでもいい連中をしごくまねして除隊させ、コアな部隊を温存できる。それも、新しい国軍という名で、中央の暫定政権から給料の予算（国際社会、主にアメリカの支援）をせしめられる。これでは、軍閥支配の現状を国際社会の金で、さらに強化するだけです。バリアライは、このプロセスを、アメリカと国連に納得させていた。

これをひっくり返すため、僕はある戦術に出ました。「平和国日本は、憲法上の理念と制約から、日本国民の血税は、戦闘員を利することに使えない」、だから「日本の血税は、すべての兵員が除隊し、〝市民〟に戻った後にしか使えない」と。さらに、もし血税が戦闘員に使われたとメディアにスクープされたら、日本の政権は簡単に崩壊する、とも訴えた（もちろん、日本人がこだわるのは日本の平和だけで、他人の平和のために税金がどう使われるかなんて、どうでもいいでしょうが）。日本人って、平和のあり方に、すごーく真剣な国民に見えちゃうんですね。

こうしてバリアライは「ＲＤＤ」ではなく、「ＤＤＲ」を納得してくれた。これで、軍閥のすべての戦闘員を、まず武装・動員解除することになった。

そして、新しい国軍を創設する責任を負っていたアメリカに、ひとつの政策を呑ませたのです。新国軍の新規採用は、武装・動員解除された者のみ、つまり武器を置いて、いったん市民に戻った人間に、日本の自衛隊のように個人として志願、応募させる。このときまでアメリカは、軍閥が推薦した戦闘員をそのまま横滑りで採用していたのですが、それを改めさせた。これで、全軍閥に武装・動員解除を迫る日米のタッグができあがりました。

このＤＤＲの政治決定を後戻りさせないため、国際会議を東京で開きました。カルザイ大統領がこの政治決定を国際社会に対して宣言し、世界各国から資金援助を得るためです。僕はカルザイ大統領とバリアライとともに東京に戻り、結果、各国から初動資金として合計60億円の資金提供の約束を取り付けた。

それからカブールにトンボ帰りした後、もうひとつ、バリアライにやってもらわなければならない難題がありました。彼自身の牙城、国防省の「改革」です。

軍閥の武装解除の目的はひとつ。アメリカがつくっている暫定政権の新国軍を、アフガン最強、できればアフガン唯一のものにすることです。国民が信頼し、自らの安全を託せる象徴としての国軍にする。そして、アフガン国民が安全と保護を頼るのは暫定政権だけという状況をつくる。だから、僕らもアメリカも、暫定政権をヨイショするためなら、どんな機会も逃さなかった。ＤＤＲの決定も、軍閥たちに伝えるときには、必ず暫定政権、とくに国防省の「命令」というかたちで通達する。

でも、その国防省が、最強の軍閥の牙城だった。このままだと、武装解除は、国家としての命令ではなく、ひとつの軍閥がその他の軍閥を「刀狩り」するとしか見えない。どうにか国防省を「国家」に見せなくてはならない。つまり、省庁人事を総入れ替えして、要職ポストを、他の軍閥勢力に均等に分配するのです。

これは内政干渉もいいところですが、そもそも国軍創設の責任国であるアメリカがやるべきことだった。でも、アフガニスタンの歴史を翻弄してきた超大国の筆頭、アメリカへの根強い不信感の存在を一番わかっているのは、アメリカ自身だからね。言い出せなかったんだ。

僕は、ここでも、さっきのロジックを使いました。国防省が「軍閥」である限り、日本の支援はひとつの武装組織を利することになる。これは平和憲法を載《いただ》く日本にとって違憲行為だ。だから国防省改革をしない限り、日本の血税はビタ一文使わせない、と。バリアライには、「60億円もの国際支援が集まったんだよ。もう後には引けないよ。君の派閥、いや君が抵抗勢力だと、世界には見えてしまう」と迫ったんだ。

こうして、半年かかりましたが、国防次官以下、すべての主要ポストを入れ替えました。バリアライ自身が身を引いたのです。バリアライを、新生国家初の大使としてカナダに送る、という裏技を使った（カナダ政府は、資金援助も含めて非常に協力的だったのです）。でも、さすが人権意識の高いカナダです。これを聞きつけた野党とメディアが騒いだのか、「人殺し」を入国させるなという声がカナダ国内で起こり、おじゃんになってしまいました。彼には目立った人権侵害の記録はなかったんだけどね……。

気の毒なバリアライですが、公職から身を引いても、派閥内での影響力は変わらず、ビジネスで羽振りがいいようです。こんなことがあっても、僕とバリアライの人間関係は損《そこ》なわれなかった。僕が離任するときも歓送会に来てくれたし、その何年か後、私人として訪れたときにも、有力者とのアポ取りとか、最大限の便宜を図ってくれた。良いヤツでしょう。

ドイツの葛藤と「本気度」

武装解除の実施は、アフガン北部に君臨する、バリアライと同じ部族（国防省と意思疎通が取りやすい）の軍閥から始めました。この軍閥も、バリアライと同じ年代で若く、僕の目をしっかり見据えて静かに話す、これからのアフガニスタンを担う期待を抱かせる人物でした。

彼の部隊の一部である1003名が、最初の武装解除となった。

　そして武装解除が進むうちに、またひとつの障害があらわれました。武装解除は「天下取り」を銃でやっていた連中に、それを「政治」でやれというものですから、絶対に必要なことですが、良いことばかりではありません。というか、実は悪影響が大きい。

　どんなに邪悪な武装勢力であろうと、それがある期間、その地に君臨すると、秩序が生まれます。福島のこのあたりには、ヤクザ、いるかな？　ヤクザの大親分が睨《にら》みを利かせているると、その下っ端たちはおとなしくしているんだよね。闇の秩序っていうのかな。大親分を取り締まっちゃうとどうなるかというと、タガが外れ、下っ端たちが無軌道《むきどう》なことを始める。こういう状態を「力の空白」といいます。

　アフガニスタンでは、チンピラどころではなく、オサマ・ビンラディン率いるアルカイダとつるんでいたタリバンだからね。タリバンをやっつけて、パキスタンに追いやったのが軍閥だから、軍閥を武装解除してしまうとどうなるか。これは武装解除を渋る軍閥たちが、いつも口にしていた。「俺たちがいなくなったら、どうするんだ。タリバンが戻ってくるぞ」と。

　僕は、「大丈夫。アメリカが新しい国軍をつくっているから心配ない」と言いつづけた。でも、結局のところ、僕が言ったことは嘘になってしまった。

　シエラレオネで武装解除したときも、「力の空白」の問題はありました。だから、大量の国連平和維持軍を入れたのです。しかし、アフガニスタンではカブールのNATO多国籍軍も軍閥にビビって満足に機能していない。まして、何が起こるかわからない地方に部隊を展開するなんて、どの国もやりたがらなかった（軍閥の王国は、中央より地方のほうが強い）。

アメリカ、イギリス、カナダ、フランス、ドイツ等の政府や軍関係者が一堂に集まり、定期的に会議を開いていたのですが、僕は、「力の空白への対処なしに武装解除するのは自殺行為だ。タリバンが戻ってくる」と訴えていた。

このとき動いてくれたのがドイツです。最初に武装解除をおこなったアフガン北部の軍閥のところへ、ドイツ軍が行ってくれることになりました。兵力数百名の、タリバンへの抑止力としては、まことに情けない規模でしたが、ないよりましです。

ドイツはNATOの一員ですが、国内ばかりでなく、同じNATO諸国からも「海外派兵」を警戒されてきた国です。派兵にあたって大変な議論が巻き起こったことは、日本人としてよく理解できます。「(戦争のできる) ふつうの国」にしたいという人たちのさまざまな画策もあったでしょう。でも僕は、この国のアフガニスタンの平和への本気度を評価したい。

暫定政府をつくるために、タリバン戦の「勝者」を集めて話し合わせるには、安全で、できれば政治的に中立な場所が必要です。その場を最初に提供したのはドイツだった。ここで得られた合意を、ドイツの都市名にちなんでボン合意と言います。アフガン復興はここから始まったのです。

こうして武装解除は進んでいきますが、除隊後の恩恵で文句を言われたら、そこでおしまいです。一時金を支給するのは簡単ですが、元兵士たち一人ひとりを、順番に職業訓練に組み込んでいかなければならない。除隊した兵士が組み込まれて行く「口」が必要なんです。それも、数千の単位で。国は焦土と化しているから、もちろん職業訓練校なんてない。

ここで、またドイツが知恵を絞ってくれた。ドイツの半官半民の、日本でいう工専（工業専門学校）みたいな組織が、「見習い口」というアイディアを出してくれたんだ。瓦礫《がれき》処理や個人住宅の修理、インフラ復旧なんかを請けおう、地元の棟梁《とうりょう》たちがいるんです。そういう人たちを、ドイツの団体が現地調査で発掘し、一人ひとりに「見習い口」をつくってと頼み、その数をデータベース化してゆく。そうして数千の「口」が確保できた。

こうしてアフガン北部は、武装解除の始まりを全土に告げるシンボル的存在になります。ドイツ軍に倣《なら》って、他のＮＡＴＯ諸国の部隊も地方に展開し始め、武装解除は全国で進んでゆくのです。

ＤＤＲの一番の功績は、軍閥がもっていたほとんどすべての重火器を、暫定政権の国防省の管轄下に置けたことです。重火器というのは、戦車や大砲の類《たぐ》いの〝重い〟武器のことです。歴史的に対立してきた部族それぞれに、「あんたら、いい加減、立場を考えてよね」と迫り、まずは両者の腹を痛めない程度、10台ぐらいずつの戦車を差し出すことを同意させる。それらを新国軍が監理する駐屯地（といっても、原野を仕切っただけのものだけど）に移動する。これを少しずつ繰り返していった。

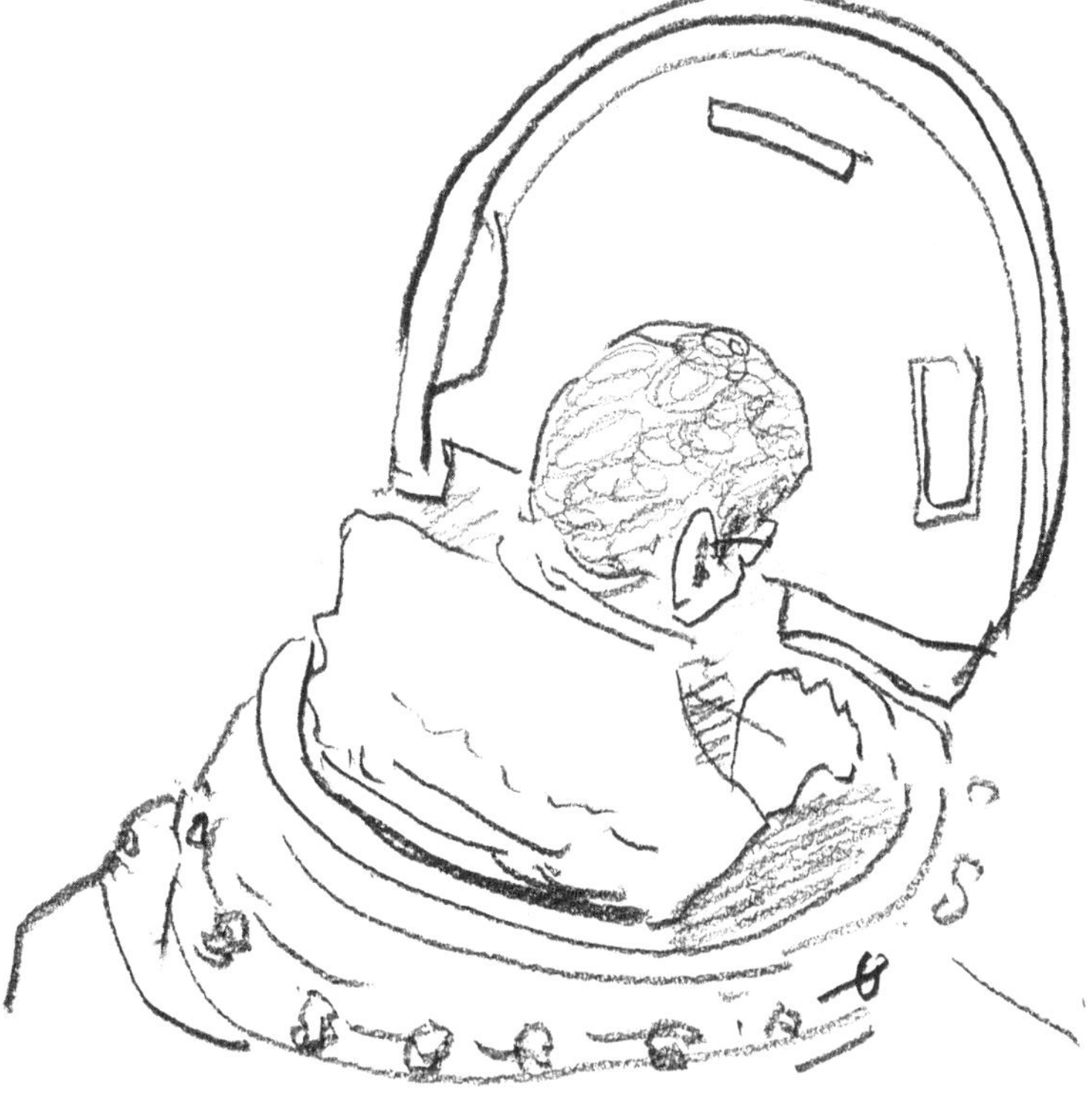

T.62 戦車にのり込む

簡単そうに聞こえるかもしれないけど、これって大変で、僕が危険な現場を動き回るには（日本大使館には内緒で）イギリス軍が小部隊をつけてくれた。アメリカを中心にＮＡＴＯ諸国も、軍閥たちに最大限のプレッシャーをかけてくれて、それで、できちゃったんだ。

ですから、中央政権が崩壊して奪い返されないかぎり、重火器を使っての内戦はありえません。ピストルや自動小銃は、日本の家庭に包丁があるのと同じ気安さで行き渡っているので統制は無理です。それらを使った武力衝突は、これからも、ずっとありえますが。

重火器が、ある意味、軍閥の力の象徴だった。それらを暫定政権が手にするわけだから、民衆たちの心にも重大な変化が生まれます。アフガニスタンを支配してきた「軍閥政治」が終焉《しゅうえん》するということです。それに代わるのが、暫定政権によって、アメリカと国際社会が、この国に根付かそうとしていた「民主主義」なのです。

力の空白――タリバンがもどってくる

こうしてＤＤＲが完了しましたが、軍閥たちが心配していた「力の空白」も、同時につくりだしてしまった。ＮＡＴＯ多国籍軍の展開も、所詮は、現場の外国人兵士にとっては上から言われた任務。タリバンへの激しい恨みから勇猛に戦った軍閥たちの代わりになるわけがない。

――新しい国軍は？　抑止力にならないのですか。

うん、国軍が軍閥たちに代わるぐらいの力をつけるまで武装解除を待てば、もしくは遅らせられればよかったのですが、それができなかったのです。

2004年のはじめ、僕はかなり焦っていました。アメリカは、新しい国軍のリクルートを除隊後の志願者だけに絞り（話したように、これを約束させたのは僕ですが）、入隊者の訓練も、「国家」に対する忠誠心が生まれるように何ヵ月もかけている。何も文句はないのですが……遅い！　このまま武装解除が進むと、「力の空白」が生まれてしまう。だから武装解除を遅らせるしかない。でも、それが簡単にはいかないのです。

戦争という、自身も多大な犠牲をこうむる政治決定が誤った決断でなかったことを、アメリカ国民に証明する。これがアメリカ大統領にとって最大の課題です。それは、アメリカ国民が信じる民主主義を、それが存在しなかったところに定着させることで、その「花火」となるのが当地での民主選挙の実施です。

僕は、DDRの武装解除に終了期限を設けていました。軍閥たちは、生まれてこのかた選挙などやったことがないし、結局、選挙も武力次第と考えていた。だから選挙が大規模な「内戦」にならないよう、カルザイさんの宣言に、「すべての武装解除を、最初の選挙までに完了する」と盛り込んだのです。そうすると、力の空白をつくるまいとして武装解除を遅らせると、選挙を遅らせることになる……。

選挙の実施は、関係諸国にとって一大イベントなので、計画を変えるとなると、周到な根回しが必要です。そのために動き始めた矢先、懇意《こんい》にしていたアメリカ軍の司令官（アフガン新国軍創設の最高責任者です）がやって来た。彼の苦虫を噛みつぶしたような顔が、今でも忘れられない。「ワシントンからの命令で、どんなことがあっても、アフガン選挙を、アメリカの大統領選挙の前にやれと言われた」って。

2004年は、ブッシュさんが再選された年です。彼が始めたふたつの戦争のひとつ、イラクは内戦状態で、誰の目にも、イラク開戦と占領政策が間違っていたことは明らかだった。だからアフガニスタンに賭けたんだね。

選挙を遅らせるという僕の目論見は粉砕され、武装解除は完了しました。

そして2004年におこなわれた、新生アフガニスタン最初の大統領選挙と、それに続く議員選挙は、一応の成功を収めました。しかし、民主主義なんて、1回や2回の選挙で簡単に根付くものじゃない。日本でもそうでしょ？　軍閥はもともと、その地の名士です。戦車や大砲を手離し、将軍の称号を剝奪されても、それは変わらない。一向に麻薬栽培・密輸をやめる気もなく蓄財し、ばらまきをやって、民主選挙をやると、結果、札付きの「悪党」が国会議員になっちゃう。

——すげえな……。

結局、民主主義という衣を着ているだけで、軍閥政治は、依然つづいているわけです。

ドイツに本部を置くトランスペアレンシー・インターナショナルという民間団体は、「腐敗」という観点から世界各国の格付けをおこなっていますが、２０１０年度は、ソマリア、ミャンマーについで、アフガニスタンがワースト3です。国際社会がこぞって誕生させたばかりの民主国家なのに。世界に流通するケシ（麻薬の原料となる植物）の9割を一国で産出する、世界最大の麻薬国家という汚名を着せられるまでになってしまった。

そして、「俺たちがいなくなったらどうするんだ」と軍閥たちが言っていた通り、２００5年あたりからタリバンは復活し、今日に至っています。確実に僕は、この戦争を泥沼化させた戦犯のひとりですね。

日本の「美しい誤解」

長くなりましたが、これがアメリカの戦争の後始末に、日本が積極的にかかわった顛末《てんまつ》です。結果的に、アフガニスタンの状況は悪化した。ただ、あのとき、数年のあいだだけど、武装解除が、群雄割拠の銃の支配を国家の法の支配へと移行させ、民主主義を根付かせる未来に希望をもてた時期もあった。それはアメリカも、その他の同盟国も、怖《お》じ気づいてできないことだった。

僕は、アフガニスタンを国益追求の道具にしない、ましてや、そのために武力を使わない日本の立ち位置を利用しました。バリアライとのやり取りでも、僕も彼も語気が荒くなる場面もあったけど、最後にはため息をついて「日本人のYOUが言うんだからしょうがない」って。あまり裏工作はやりそうにない、善良な国の人間に見えるのかな。アメリカという大悪役がいると、余計、そう映るのかもね（笑）。

軍閥や、その下の司令官たちと通訳を介して談笑すると、よく、「ジャパンはスゲーよな。俺らも勝ったけど」って、日露戦争のことが話題にのぼるんだ。アフガニスタンは、地政学上、中東と位置づけられることもあるけど、彼らには、アジアの一員であるという意識がある。同じアジア人である小さな島国が、かつてロシアをやっつけたと言うんだよね。

そして、彼らは日本に9条があることは知らないけれど、広島、長崎のことは知っています。日本はアメリカに酷い目にあわされた。だから、アメリカと仲が良いフリをしていても、自分たちと同じように、絶対に心を許していないと……ちょっと汗が出るけど（笑）。日本人は人畜無害とバカにされているのでは決してなく、自分たちのような犠牲者のマインドも理解する勇猛《ゆうもう》果敢《かかん》な民族と捉えられているようだった。

どうも、僕たちは、アメリカと一緒に行動しているが、アメリカに対する不信感を共有できる同胞と見られているみたい。武装解除が、僕自身も含めてみんなの予想に反して、あれよあれよと進むのを見て、一緒に作業していたアメリカ軍の司令官が、いつしか、「日本は美しく誤解されている」と言うようになりました。上手いこと言うなと思って、それ以来、「美しい誤解」という言い回しを使っているのだけど。

——美しい誤解……。

僕らは、あえて、その誤解を正そうとはしなかった。使える誤解だったから、アメリカも利用したのです。こういう誤解って、誰でも身にまとえるわけじゃない。やっぱりそれなりの体臭というか、資質があるはずです。

日本の「主体性」って、このへんにヒントがないかな？

——……日本が平和のためにやったというより、アメリカの望むことをやったという感じですよね……。

はい、その通りです。くやしいけれど……。アメリカの占領政策の手のひらの上でもがいただけですね。

——アフガニスタンを平和な国にするために、もうちょっと日本が主導するとしたら……。

どうしたらいいだろう？　アフガニスタンがこのままでも、別に日本は困るわけでもない。一方、アメリカは別として、イギリスは、ここから派生した「テロリスト」によってテロ事件の被害にあっている。ヨーロッパ諸国もイスラム教徒の国民、移民を抱え、明日は我が身と思っているから、日本が主導するというのは、真剣度で勝負にならないかもしれない。

実質、アメリカの基地があり、ここまで隙《すき》だらけでありながら、被害にあっていないというのは、「テロリスト」から、まだ、それほど敵に思われていないということでもあるよね。

テロの被害を身近に感じられるようになるまで、日本は本気を出さないのだろうか。

テロリストと「和解」すると、何が起こるのか

現在、アフガニスタンで息を吹き返したタリバンは、国土の8割を実効支配しているといわれています。アメリカとNATOが戦力で負けるはずがない。相手は、ほとんど自動小銃などの小火器を主体に戦っている連中です。でも、人心掌握で負けている。

毛沢東は、その昔、抗日戦線を率《ひき》いた経験から、多くの戦略論を残しています。有名なものに、「ゲリラと民衆は魚と水の関係」というものがある。ゲリラ（今ではテロリスト）は、民衆のなかを泳ぐ魚ということだね。民衆をこちら側に引きつければ、魚（ゲリラ）は干上がってしまう。

引きつけるには、人々がちゃんと信頼を寄せられる政権をつくることだね。そうすれば、危険分子が民衆に紛れ込んできても、民衆がそのつど通報してくれる。もしくは、一部の若者たちが、あちら側に引かれそうになっても、民衆が彼らを説得し、引き止めてくれる。

これが、テロ対策としての「人心掌握」のあるべき姿で、アメリカ軍自身が最も重要な戦略の基軸として位置づけてきたのです。でも、わかっているけど、できない。

アフガニスタンの新政府の指導者たちは、選挙で選ばれたとはいえ、元軍閥や司令官たち

です。バラまきで部下の人心を掌握してきたマインドは変わらない。彼らが任命する地方行政官もそうです。末端の役人たちにも、国民の福祉への忠誠心などない。

たとえば、ある農村に、始末に負えない乱暴者がいるとしましょう。村人は近くの警察に訴えるが、警察官はまったくやる気なし。それどころか、出動と引き換えにワイロまで要求してくる。困り果てた村人は、タリバンと話ができるとされる人物に相談する。すると、ある朝、その乱暴者はボコボコにされ、木から吊《つ》るされていた……。

前も話したように、社会生活を営む人間は、本能的に日常の問題に決着をつけてくれる「沙汰《さた》」を必要とするんだね。こうして、現在のアフガニスタンで迅速に、誰もが胸のすく「沙汰」を提供できるタリバンに、帰依《きえ》と信頼感が集まってしまう。その帰依は、タリバンの敵である、アメリカとその同盟国への憎悪に変わってゆく。戦闘に巻き込まれて民衆に犠牲が出ると、さらに憎悪が高まる。こうなると、武力を投入すればするほど逆効果です。

苦肉の策として、オバマ政権は、「和解」へと大きく舵《かじ》をきった。タリバンの言い分を聞こう、という戦略の変換です。

一方、オサマ・ビンラディンの殺害作戦を成功させ、無人機爆撃で敵のリーダー格を着実に殺害しているオバマさんですが、結果、「殉教者」、つまり崇拝の対象を多くつくるだけで、それに続けと過激化の裾野が広がってゆく。さらに長老格がいなくなるため、若い鉄砲玉のような若輩者《じゃくはいもの》が後継者として指揮権を握るようになり、どんどん無軌道になってゆく。

アメリカ兵の犠牲は増えつづける。開戦以来、ついに2千名を超える勢いです（2014年7月末時点）。戦費はかさみ、厭戦感《えんせんかん》が漂《ただよ》うアメリカ国内の世論のなかで、政局的にも財政的にも、戦争継続は困難になってきた。オバマ大統領は2014年末を目処《めど》に「撤退」することを決定しました。NATOもそれに従います。

でも、このままでは「敗北」になってしまう。そんな弱虫大統領を、アメリカ国民が許すでしょうか。だから、敵を軍事的に負かすことは無理でも、交渉の場に呼び込んで、戦闘を終結、少なくとも沈静化させる「政治的な勝利」を、苦し紛れの感はありますが、撤退のはなむけにしたいようです。

戦争においては、「完全勝利はない」と戦っているどうしが自覚するとき、いわゆる講和が模索されますが、テロリストという新しいタイプの敵が相手の現代の戦争では、どうなのでしょう。国と国との講和と同じように和解しちゃっていいのか。君たちはどう考える？

——できるなら、やったほうがいいんじゃないんですか。

でも、よく言うよね。「テロに屈してはいけない」って。つけあがらないか？

——相手がつけあがる可能性というのは、何をやるにしてもついてくる問題だし、もしかしたら和解ができるかもしれないじゃないですか。

テロリストって、大国の恣意《しい》によって命名がなされる。その命名は流動的で主観的なものだよね。僕だって君たちだって、明日、ある考えに取り憑《つ》かれ、家族も何もかも捨てて、そうなっちゃうかもしれない。取り締まる側から見れば、ひとつの疫病《えきびょう》みたいな感じかな。妥協すれば、さらに蔓延《まんえん》するかもしれない……。

「和解」を「テロリストへの妥協」という見せ方にしてしまうと、まずアメリカの世論がもたない。それゆえオバマさんは、和解をひとつの戦略上の勝利として見せざるをえない。具体的には、まず対話を呼びかけ、それに乗ってくる奴らと、そうでない奴らを分離させる。仲間割れ作戦ですね。うまくいくかどうか、わかりませんが。

そして、その「和解」を、当のアフガニスタンの人々がどう見ているかが問題なんだ。

2007年、僕は、ドイツで開催されたある会議に呼ばれました。アフガニスタンに軍隊を送っているNATO諸国の国会議員たちの会議です。政権与党の集まりで、アフガン戦の未来を本音で話し合う場だった。そこに、アフガニスタンの議員団も呼ばれていたのです。

会議中、NATO側から、タリバンとの政治的な和解の可能性の話が切り出されました（「可能性」に触れただけでした）。アフガン議員団には、数人の女性議員がいたのですが、そのときの彼女たちの反応ったら……。錯乱状態で叫び出したのです。

「あんたたち、悪者をやっつけるって勝手に戦争を始めて、形勢不利となったら、悪者をあたしたちに押し付けて、逃げるのね！」

会場は凍りついたんだ。

タリバン時代、女性の権利は蹂躙《じゅうりん》されていた（僕たちの価値観では、です）。女性はあくまで、男の庇護《ひご》下に置くものと見なされ、外出も制限され、ブルカの着用も義務化され、女性の社会進出、そして教育も否定された。女性に対する石打ちの公開処刑などが、タリバンの残忍性の例として喧伝《けんでん》されました。

タリバンを追いやってからは、女性の地位が向上するように「女性問題省」をつくり、特別枠を設け、大勢の女性議員も生まれました。彼らを「置き去り」にするのでしょうか。

――……妥協以外の方法がわからない。完全に違う価値観と考えと習慣、そこに宗教も入っていますよね。どちらかが歩み寄らない限り、また戦争が起きることになる。

そういう妥協って、どういうことか、イメージできるかな。「石打ちの刑はやってもいいから、女の子は学校に行かせてね」みたいなことになっちゃうのだろうか。もしくは、アフガニスタンを「タリバン州」と「西洋の価値観州」のふたつに分けちゃうとか……。こんなことを冗談じゃなく、本気で考えなければならない瀬戸際に、今のアフガニスタンはいるんだ。

現在、アメリカは、親米のアラブ国家、カタール（アルジャジーラという衛星テレビ局の本社があるところ）の協力を得て、ここにタリバンの幹部と思《おぼ》しき人たちを極秘で呼び、交渉を始めています。こういう人たちが、本当にタリバンの最高指導者であるオマール師を代弁できるのか、単なる食わせ物なのか、いろんな憶測《おくそく》がある。アメリカがもっているカードは、これまでの戦闘で捕まえた捕虜の釈放ぐらい。交渉の切り札としては貧弱すぎる。

「テロリスト」は、人道に悖《もと》る悪いヤツで、だからこそ、相手の人権も国際法も気にせず殺せる便利な命名だったのですが、その彼らと和解するとは、どういうことなのか。

僕は、アフガン政府とタリバンとの和解について、２００９年に少しかかわっていたんだ。以前会った、タリバン元外相は、日本に、和解の仲介者の役割を期待していた。日本にタリバンの幹部たちを招待して、アフガン政府関係者と非公式に会う機会をつくってもらえないかと、もちかけられたことがある。うまくいかなかったけれどね。

アフガニスタンの未来を、少しでもましなものにしようとしたら……どうすればいいかな？

――……難しいですが、最終的には他国に干渉されない国になれば……。

うん。でも、干渉は、やっぱり止まりそうにないんだ。１章で、パキスタンとインドを含むこの地域の地政学は扱ったよね（76ページ）。最近インドは、アフガニスタンへの援助に積極的で、新しい国軍へ軍事協力するともいっている。パキスタンとしてはおもしろくない。

もし、現政府がタリバンとの和解の方向に進んでいけば、タリバンを支援してきたパキスタンが大きなカードを握る。国軍は、かつてタリバンと闘った連中が幹部になっているから、クーデターが起こるかもしれない。インドも、大きなカードを握っている。干渉されない国になればいい、その通りなんだけれど、難しいかもしれない。

アフガニスタンに限らず、この地域全体での日本のイメージは、ダントツに良いものです。独立前の英領インドでは、アジアを解放すると謳《うた》う日本が、植民地支配からの解放に命をかけていた運動家を大いに鼓舞《こぶ》した歴史的側面もある。インドの首都デリーには、大使館通り

タリバン元外相.

と呼ばれる、各国大使館が軒《のき》を並べる通りがあります。日本大使館もこの通りに置かれていますが、この土地は、終戦後のサンフランシスコ講和条約締結前、つまり日本の主権が回復する前から、日本用にキープされていたらしい。

アフガニスタン、パキスタン、インド、いずれの国にもイメージがいい日本。この3国だけでなく、アメリカを嫌う国々から好かれているし、中立とも思われている。中立であるわけがないのに。なぜそうなっているのか、理由がよくわからない（笑）。「美しい誤解」かもしれないけど、このままにしておくのは、もったいない気がします。

9条が変わって得する人、損する人は誰？

話を日本の憲法9条に戻しましょう。今、日本では、そういう誤解は肩身が狭いと考え、誤解の源泉と目される9条を変えようという政治の動きがあるね。

――憲法を変えた国って、あるんですか？

一字一句変えない国のほうが珍しい。1700年代後半に制定されたアメリカ合衆国憲法は、今までに27の修正が加えられています（オリジナルの不都合な部分を時代に合わせて補完するものが多いですが、本文の条項自体を変更したものもある）。ドイツは59回、韓国は9回の改正をおこなっている。

もちろん、日本国憲法の改憲議論の対象は、9条ばかりではありません。僕のキャリアはNGOから始まりましたが、非政府民間組織というのは、別名civil society（市民社会）と呼ばれます。NGOこそ市民の主体性をあらわす存在だと、欧米では受けとめられている。ところが日本ではなかなか発達せず、資金が集まらない。

NGO活動家は苦し紛れに、これを憲法のせいにすることがあるんだ。89条に、「公金その他の公の財産は、宗教上の組織若《も》しくは団体の使用、便益若しくは維持のため、又は公の支配に属しない慈善、教育若しくは博愛の事業に対し、これを支出し、又はその利用に供してはならない」というのがあります。

NGOは、寄付が集まらないのは政府が手本を示さないからだと、税金から助成金を支出するよう政府に要求してきました（税金を使うと、政府の言うことを聞かなければならない状況が増えそうで、僕はこの考え方に反対ですが、でも初期に税金を使って組織をしっかりしたものにすれば、市民も安心して寄付できるようになるという考え方にも一理あると思う）。税金を使えというNGOの要求を、旧大蔵省や財務省は、この89条を盾にかわして来た側面がある。9条護憲派は、市民運動に携《たずさ》わる人が多いから、89条を変えることに反対する人は少ないはずです。

89条は変えても9条だけは変えるなという議論は、どこまで説得力をもつのか。9条だけを護持することって、そんなに実益があるのか。

一方、9条がなくなると喜ぶ人って誰？　9条を変えることで得られる利益のほうが大きいと考えている人たちって、いるとしたら、誰だろう。

――トクするのは、武器をつくる企業とか。

軍需産業にとっては明確に利益になるね。武器マーケットができれば、日本の経済成長にとってもプラスの面はあるだろう。

2011年12月、「武器輸出三原則」が見直されました。それまでは、日本は平和国家として、国際紛争を助長するような介入を自ら律するため、国連決議により武器等の輸出が禁止されている国、国際紛争の当事国、またはそのおそれのある国への武器輸出をしてこなかった。日米安全保障条約の観点から、アメリカに対しては緩和されたりしましたが、それ以外の地域への武器輸出は慎《つつし》んできた。

自衛隊は、これを厳格に守ってきました。国連平和維持活動で派遣されたときも、射撃訓練で出た薬莢《やっきょう》を、ちゃんと数えて日本に持ち帰っていたんだ。薬莢でも、武器を輸出したという誹《そし》りを避けるためだね。武器を絶対外に出さないという姿勢・原則は、武器が流通し過ぎているこのご時世、極めて崇高なものだと思うけど。

武器輸出規制の緩和で、「平和・人道目的」や「国際共同開発・生産への参加」であれば、輸出を容認するということになった。たぶん、これからは、自衛隊は神経質に薬莢を数えなくてすむようになるのかもしれない。相手国の要請があって、戦後の「平和」のために健全な国軍をつくりたい、だから、その(日本の)兵器を寄贈してほしい、ということになれば、携行した兵器を譲ることができるようになるのかもしれない。

日本が武器を生産していることは、知っていますね。自衛隊が使う戦車や装甲車、そして自動小銃には純日本製のものがあります。

——日本製の武器って、性能はいいんですか？

その武器をどこで使うかによると思います。たとえば砂漠みたいなところで、もしくはアフリカの湿気のあるジャングルなんかで使うのには、ちょっと改良が必要かもしれないね。ロシア製のカラシニコフは丈夫で、組み立て分解も簡単。ゲリラでも子供兵でも維持できる、シンプルで丈夫な銃です。なにより廉価《れんか》。

すでに世界に広く深く流通しているものに対して、日本製のものが、どれだけ競争力があるのか。僕は現場でさんざんカラシニコフのすごさを見てきたので、日本がこのタイプの武器の国際市場に今から参入するのは、あまり勧めないけど……。

それと、アフリカの民兵が、ピックアップ型の中型車の荷台に重機関銃を据え付けてぶっ飛ばしている映像を見たことない？　お尻にＴＯＹＯＴＡやＮＩＳＳＡＮのロゴがデカデカと記されている。日本製の車は小回りが利いて、なかなか故障しないから好まれるんだね。製造時は武器でないものが、武器として使われる。これなんか、どう考えたらいいのか。

他に、９条がないとトクする人って、誰だろう？

——アメリカから利益を得るような政治家とか……。

陰謀説っぽくて面白いね。でも、アフガニスタンの大統領選挙のとき、アメリカが当選させたい候補者の形勢が思わしくないので、対立候補を説得し、立候補をやめさせて連立を組ませるなどということは、平気でやっていたからね。だから、日本の内政にアメリカが介入していないと考えるほうが不自然だと思います。

でも、アメリカが9条をなくしたがっているかというと、"Yes and No"という感じかな。9条には〝狂犬〟日本を二度と歯向かわせないという側面があります。アメリカにとって「保険」になっているでしょうね。一方で、経済成長した日本にアメリカ製の高価な武器を買わせたいという意図もあるだろうから、「自分の足で立てよ」なんて言ってみたりする。あんなデカい国、ひとつに括《くく》れるわけがないけど、アメリカの本音はそのあいだをウロウロしているんじゃないかな。

逆に、9条がなくなると損をする人、9条による実益を得ていて、なくなると困る人は?

――……自衛官のなかには、そう考える方もいるかもしれません。

うーん。確かに9条が変わって、アメリカと集団的自衛権の行使が大手を振ってできるようになったら、自衛隊は今よりずっと危険なところに行かなければならない……。こんな心配をする自衛官がいないわけではありません。日本に敵が攻めてきたら命をかけて戦うけど、アメリカが勝手にやった戦争に出かけていって、人を殺すのも命を落とすのも嫌だと。僕は自衛隊で講義することが多いので、本当に稀な機会ですが、そういう本音に触れることはある。

でも、この本音は、9条護憲というより、アメリカがイラクやアフガニスタンでおこなった戦争の正当性や占領政策への冷静な批判から出たものと考えるほうがいいだろうな。

9条を失うことによる具体的な損害って、あるかな?

――9条を変えたら、「変える」ということだけが世界に知られて、「日本は戦争をできるようになったんだ」って思われるようになるのが怖いです。

北東アジアの隣人たちは緊張するでしょう。中国や韓国では、それを機に反日感情がグンと高まるだろうね。日本資本の店舗などが群衆の暴力のターゲットになるかもしれない。経済的な損失は避けられないでしょう。日本を敵国にしたプロパガンダに利用されることは間違いない。そして、でっちあげの事件も含めていろんな条件がそろえば、「戦争」とはいわないまでも、海上での武力衝突ぐらいは、十分想定できるだろう。

――もしかしたら、損をするのは日本全体かもしれないですね。日本は中東諸国には、いちおう好かれているっておっしゃっていたけど、戦争することによって、そういうイメージがなくなるかもしれない。それに、日本が戦争しないと、日本国民が知ってるから、自然と自分たちを人畜無害化している部分もあると思う。

ひとつのブランドとしての価値が失われるということかな。日本が好戦的でないというイメージは、戦後60年以上綿々と続けてきたODAなどの対外経済協力、日本が生み出す製品への信頼感、いろんなものが長い時間をかけて積み重なってできたものだと思います。

「平和外交」のブランディングで成功しているノルウェーの学者仲間には、日本みたいに海外進出をどんどんやっている経済大国が、戦争しないと宣言する憲法をもつこと自体、アジア近隣諸国に計りしれない安心感を与えてきた、なんて言われる。この安心感が消えてしまったら、どのような損失があるのか。このブランディングをゼロから構築するとなったら、どれほどのコストがかかるのか。

一方で、9条の問題は、日本にとっての国のあり方、対米自立や、「ふつうの国」志向を含んだ感情論の問題でもあるので、日本がシャキッと変わるには、そのぐらいの損失はあってよい、という考え方もあるだろう。

こう言うと護憲派は、「9条がなくなると大変なことになる！　日本が昔みたいに戦争できる国になっちゃう！」、「子供がみんな兵隊にとられてしまう！」みたいに警戒感を煽るのでしょうが、気持ちはわかるけど、ちょっと心配し過ぎです。

これからの近未来を支配するのは、「テロリスト」というやっかいな敵を想定した、出口のない戦争です。アフガニスタン周辺だけでなく、中東、イスラム教徒の貧困層を抱える北アフリカなど、「テロリスト」の増殖は止められそうもない。この敵は、民衆のなかに生息するため「監視」が必要になります。国家、そしてアメリカを中心にした国家間の諜報ネットワークが国民や社会を監視する……住みにくい世の中になっていくでしょうが。

そして、オサマ・ビンラディンを殺害したような、極度に訓練された精鋭部隊、もしくは無人機などのハイテクを駆使する対応が迫られます。もしかしたら、屈強なマッチョより、勉強のできる理系の器用なのが、これからの戦争には向いているかもしれない。

「若いもんがたるんでいるから徴兵制を！」とか言う勇ましい愛国の人たちも、それに反対する反戦平和派も、国民総動員で肉弾戦みたいな戦争観でいがみ合っているとしたら、生産性がないなって感じちゃう。

アメリカ大好きと言いながら、戦争を止めることは可能か？

僕も、日本をシャキッとさせなきゃと、発言している部類に入れられているのかもしれない。それはともかく、アメリカに依存した日本の平和への脅威というものを、理解してもらう主張をしなければと思っています。そろそろ本腰を入れて「テロリスト」と向き合わないと、日本にとって大変なことになるんじゃないか。これもひとつのセキュリタイゼーションだね。でも、それは、必ずしもテロリストと「戦う」ことではありません。

アメリカ軍は「人心掌握」をアフガン軍事戦略の基本に据えていると話したね。その考え方がアメリカ陸軍の基本方針となったのは、日本の自衛隊がイラクに派遣されていた2006年なんだ。このとき、日本国内では、「近くで行動している多国籍軍がもし攻撃されて戦闘に陥ったら、自衛隊は助けに行けるのか」が、「現場の正義」の問題として語られ、この正義が果たせない足枷《あしかせ》は9条だと言われました。

しかし、司令部のアメリカの立場からすると、ちょっと違う。同盟の多国籍軍のなかに、住民に安心感を与える部隊が少しはいたほうが「人心掌握」に良いに決まっている。

事実、日本の自衛隊は、地元社会から信頼され、地域を統括するイスラムの指導者は、自衛隊を攻撃することを禁止するお触れ（ファトワーと言います）を出したりしたんだ。だから、米軍司令部的には、「撃たない自衛隊」は、アメリカの戦略にとってプラスであり、絶対に文句は言わなかったはずです。ドンパチだったら誰でもできるわけですから。

でも、イラクのことも、僕のアフガニスタンでの武装解除も、アメリカの戦争に引っぱられ、その後始末をさせられているに過ぎない。後始末で「主体性」を発揮してもな……。

どうだろう。戦争そのものの回避に主体性を発揮できる場面って、ないのかな？

――……たとえばイランへの制裁の動きに関して、自分たちが考える対応をとれれば……。

イランは、アフガニスタンの西隣のイスラム教国で、アメリカと超仲が悪い。1979年のイラン革命で親米の政権が倒されてから、アメリカはイランと国交を断絶しました。でも日本は、アメリカの同盟国のなかでは例外的に、イランと友好な外交関係を維持してきた。

イランは、タリバン政権時代にアフガン難民（スンニ派のタリバンに迫害された少数派のシーア派住民）を受け入れたことも含めて、アフガン内政に深く関与しています。僕は、数年前、公式訪問したことがあるんだ。

アメリカの一味と見なすべき日本人の僕に、アフガン国境付近の難民キャンプを隅々まで見せてくれたし、国境警備の部隊配置まで把握させてくれた。極秘の会議をイラン政府の高官ともったこともあるけど、一貫して感じられたのは、日本人に対する信頼感だった。シーア派イランを敵と見なすタリバンを、敵のアメリカが倒した……こんなへんてこりんな情勢だからこそ、イラン側にもいろんな思惑があったとは思うけど。

イランは原子力発電など、核の民間利用で必要以上にウランを濃縮しているのではないか、つまり、核兵器への転用が懸念されているんだね。国連安全保障理事会は2006年以来、ウラン濃縮の停止を求め、イランに経済制裁を実施しています。アメリカを中心に西側各国がそれに参加している。日本政府も、当然、制裁への参加を迫られた。

——それでイランが親日じゃなくなったら、主体性がなかったせいだと思います。

日本はイランにとって最大の原油輸出国のひとつで、日本のエネルギー事情もイランに依存してきた。輸入禁止となったら、価格が高騰し、日本経済にとって打撃かもしれない。しかし、日本は、こと核兵器に関しては、唯一の被爆国たる経験を主体的に深めてきたと自負している。友好国イランであっても毅然とした態度が求められる……。主体性って、いろんなことが絡《から》むと難しいね。

このまま進んでしまうと戦争に至るかもしれない状況があったとして、そんなときに発揮できる日本の主体性って何だろう。……「主体性がない主体性」とか。

——（笑）うーん……。

まあ、僕たち大人が、どの面下《つら》げて君たちに「主体性を」なんて言えるのか。それに主体性をもたなきゃ！なんて、ひとつの強迫観念になるのも嫌だね。

僕自身は、アメリカの戦争の後始末での「主体性」しか経験したことがないので（それも結果、失敗しちゃったけど）それが「予防」、つまり戦争を抑止できるものなのかどうか、わかりません。

ただ、僕は、アメリカの戦争の現実を、本当に大勢の人々が犠牲になるのを見てきました。アメリカは日本にとって最も重要な友人で、そのおかげで、我々は平和でいられる。日本の「主体性」なんて、結局、アメリカの手の平の上で転がされているだけです。でも、アメリカに寄りそう最大の親米国家でありながら、アメリカに戦争させないことってできないかなって、考えちゃうんだよね。アメリカを嫌うわけじゃなくて、アメリカ大好きと言いながら。

自分たちが戦争に巻き込まれないことだけを死守するのではなく、アメリカが戦争しそうになったとき、ちょっと待てよと言う。アメリカが戦争を始めてしまったとして、それをどうにか、できるだけ早く講和に持ち込む。とんでもない国がいたとして、その国の政権を叩くようなやり方ではない解決への道筋をつくる、そんな能力があるとすれば、軍事力とは違う主体性のはずなんだよな。それはアメリカにとってもいいことだし、アメリカの戦争によって犠牲になってしまうかもしれない人にとってもいいことでしょう。

そういう役割に、日本って、すごくハマるんじゃないか。そこで「美しき誤解」は利用できると思うのだけれど。

――現実的にアメリカを止めるには、日本が大きな政治力をもつしかないと思うのですが、でもどうすれば可能かわからない。名声を積んでも力に転化するかもしれないし、軍拡だって本末転倒だし……。

国際社会では、政治力というと、人に言うことを聞かせる力、即、軍事力みたいなところがあるけど、ソフト・パワーのものもあるよね。

――ノルウェーにはそんなイメージがあります。

ノルウェーは、パレスチナ紛争における「オスロ合意」締結のために尽力するなど、イスラエル寄りと見なされているアメリカを見事に補完する平和外交の旗手です。アフガニスタンでも、政治難民を積極的に受け入れたり、タリバンとの和平工作なんかもやっている。小国ながらアッパレだね。ノルウェーを見ると、小国でも、やりかたによっては、先入観なく呼びかけに応じてもらう説得力をもてるんだって思う。

でも、ノルウェーはNATOの一員としてアフガニスタンに派兵し、殺し、殺されている。武装解除をやっているときも、ノルウェーの政府関係者から、戦闘に加わっていない日本の立ち位置はいいなーと言われたんだよね。現場から離れた今でも、ノルウェー人の研究者仲間から言われるんだ。もしノルウェーが9条をもっていたらって。これって、9条は日本人にはもったいないって言われているみたいでカチンとくるんだけど……(笑)。

ノルウェーって、同盟の武力行使に参加していても(集団的自衛権の行使)、つまり派兵しても、平和外交をガンバれば平和のブランディングが維持できることを証明しているから、ややこしいんだけどね。でも、派兵しない日本が(ちょっとしたけど)、平和外交をやれば百人力ってことにならないかな。

さっき、イランの話が出たけど、イランの核兵器疑惑のように、ある国が疑惑をもたれたとき、国連機関が入る査察ってあるよね。査察を受ける国からすれば、査察団はアメリカにごり押しされた安保理決議でやって来る「アメリカの手先」みたいに見えるはずだから、心を開かないんだ。だから、入れる、入れない、どこまで見せるかで揉《も》めるわけです。

こういう場面において、日本の立ち位置っていいと思うんだ。印象がいいから相手の懐《ふところ》に入りやすいし、最大の親米国だし。でも、査察した結果が、アメリカがほしいものと食い違う場合、アメリカの顔を立てるような落としどころを見つける高度な外交力が必要になる。

9条で変わるって、どんな可能性があるのか考えてみると、アイディアは湧くけど、口で言うほど簡単なことじゃないね。

「タリバン化」する核兵器保有国

それでは後半、核の問題について考えましょう。イランについて触れましたが、ここはまだ「疑惑」の段階です。すでに核兵器を保有し、大きな問題を抱えている国が、アフガニスタンを挟んだ隣の国、パキスタンだね。今のパキスタンでは「タリバン化」という言葉が、よく使われるようです。

かつてソ連がアフガニスタンに侵攻したとき（1979年）、同じムスリムが巨大な赤い悪魔（ソ連）に虐《いじ》められていると、多数のパキスタン一般市民が義勇兵として越境していった。そして、アルカイダとともにタリバンがアメリカに虐められ始めたとき、「イスラム教に基づいた純粋な国家をつくったタリバンを虐めるとは何ごとか」と激怒した。パキスタン政府自体が親米で、腐敗だらけで「非イスラム的」だという認識があればこそ、そういったパキスタン人の、タリバンに対する憧れと義侠心《ぎきょうしん》を煽るのかもしれない。

2007年、パキスタン人の研究者によって、ある学術調査がおこなわれました。9・11の前後から義勇兵となってアフガン入りし、タリバンと一緒に戦って捕虜になり、その後、アフガン暫定政府とパキスタン政府の合意により解放され、帰還したパキスタン人に聞き取りをしたのです。

それまでは義勇兵というと、政府の統治も開発も及ばない僻地《へきち》から多く生まれるといわれていました。若者がふつうの教育に触れることもなく、マドラサと呼ばれる村のモスクの寺子屋で、イスラムを冒瀆《ぼうとく》する「敵」に対する怒りが植え付けられ、敵を殺す名誉ある死に方をすれば天国に迎えられることが約束されると刷り込まれる。このように「過激化」が起こると考えられてきました。貧困を生む構造的暴力が原因だということだね。

この調査でも、同様のケースは広く見られます。タリバンは、「自分たちの思いをアフガニスタンで実現した先駆者」として、彼らの心のなかに存在しているんだね。でも、それだけじゃないことがわかってきた。

都市部に住む、高等教育を受けた市民でも、同じことが起こるのです。若者の常として「自分探し」で真剣に悩んでいたとき、ふと目に止まったイスラム原理主義組織のチラシがきっかけになるとか。日本のかつてのオウム真理教事件を彷彿《ほうふつ》とさせるね。

こうして、現在、「パキスタン・タリバン」という勢力が拡大しています。元祖である「アフガン・タリバン」の興味がアフガニスタンを純粋なイスラム国家にすること、言わば内向きであることと対照的に、パキスタン・タリバンのほうは、ちょっと外向き。アメリカと組む、腐り切った自国の政府をターゲットにすることに加えて、アルカイダと積極的に連携し、世界中からの義勇兵の受け皿になっているといわれます。パキスタン・タリバンの嗅覚《きゅうかく》は、単なるローカルな原理化というより、アメリカなるものへの憎悪に向いているような気がします。

ここで心配なのが、インドへのライバル心から、タリバンによるアフガニスタンの原理化を支援してきたパキスタン軍部とその諜報機関。そして、それが独占的に管理し、CIAでも隠し場所がわからないといわれる、パキスタンの核兵器です。

武力衝突がエスカレートしなかったのは、核のおかげ？

パキスタンが、核兵器を保有するに至った歴史を、簡単に確認しましょう。マハトマ・ガンディーらの努力も虚しく、1947年、英領インドは、ひとつのインドではなく、ヒンドゥーのインドと、イスラムのパキスタンに分離独立しました。民族大移動が起こり、ヒンドゥー教徒、イスラム教徒双方が、何代も暮らした土地、家を棄てることになった。双方の恨みから殺し合いが始まり、大虐殺に発展します。

以来、憎悪は、インドとパキスタン双方に、極めて排他的なナショナリズムを育《はぐく》んできました。通称「印パ戦争」という大規模な通常戦が、計3回（1947年、1965年、1971年）起こっています。その最初の2回は、両国の境界にあるカシミールという、歴史的にイスラム教徒が多く住む地域の領有権をめぐって起き、両軍で約1万人の兵士の犠牲を出しました。

いずれもインドが優勢に戦い、現在、インドが多くを占拠する停戦ラインが、カシミールを分断している。一方、インドは、中国とも戦火を交えています。第一次印パ戦争の後の1

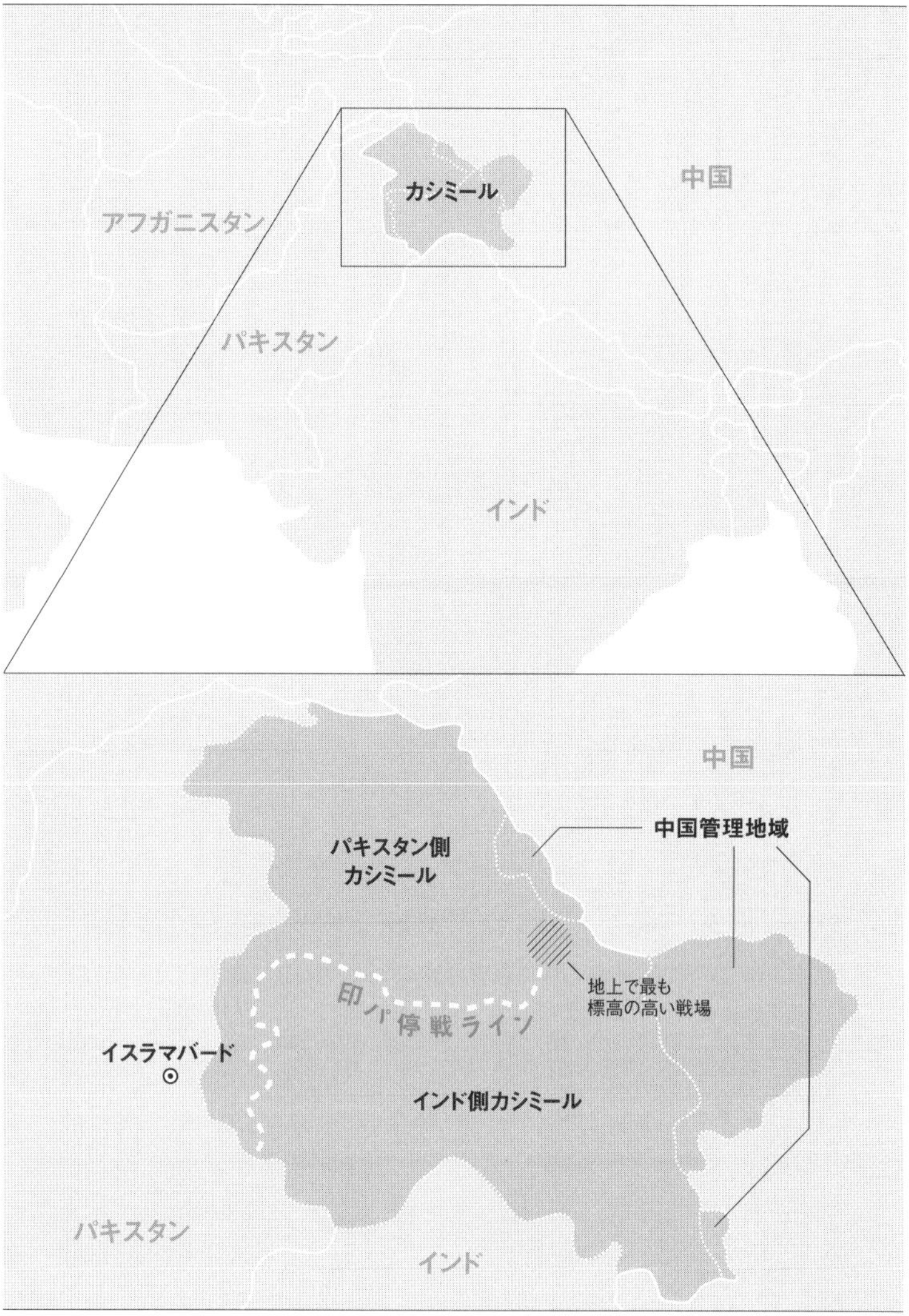
中国
カシミール
アフガニスタン
パキスタン
インド
中国
中国管理地域
パキスタン側
カシミール
地上で最も
標高の高い戦場
印パ停戦ライン
イスラマバード
インド側カシミール
パキスタン
インド

９６２年、インドと中国は、ネパールとブータンを挟んで、東西に長い国境で接していますが、その両端で領土をめぐって激しい戦闘となった。この戦闘では、中国がインドを圧倒し、西側のカシミールではその一部を中国が実効支配している。

その中国が、１９６０年代に核兵器の開発を始め、１９６４年、五大国のなかでは最後となりますが、核実験をおこないます。実験場は、ちょうどインドのあたまの上あたり。当然、領土紛争に負けたばかりのインドは焦りに焦る。だから、インドも核開発を開始し、１９７４年に核実験を成功させます。これ以降、インドは核実験をしばらく中断しますが、今度はパキスタンが、インドに対する圧倒的な劣等感にさいなまれることになるのです。

パキスタンの核への渇望は、１９７２年頃から始まったといわれます。世界最貧国のひとつですから、資金をどう調達するのか。当時のブット大統領（２００７年に暗殺された女性首相ベナジル・ブットのお父さんです）は、「史上初の核保有イスラム国家」を宣伝文句に、石油で潤《うるお》うアラブ諸国に、募金行脚を開始しました。

リビアのカダフィも、パキスタンを支援したそうです。アラブ諸国にとって、もし自分たちが核武装すれば、同じ中東にあるユダヤ人のイスラエルが黙っているはずないから、また中東戦争になるかもしれない（アラブ諸国は１９７３年までに４度の戦争でイスラエルに痛い目にあっていたのです）。しかし、その夢を同じイスラム国家のパキスタンに託せば、イスラエルを核で刺激せずにすむ。

一方で、こうした発展途上国の核開発に、地球上の危機を感じとったのか、1963年、国連で「核不拡散条約」(Treaty on the Non-Proliferation of Nuclear Weapons: NPT) が採択され、ここからアメリカ、ロシア、イギリス、フランス、中国の五大常任理事国以外は核兵器をもっちゃいけない、いわゆるNPT体制が布かれます。

しかし、中国にあたまの上で核実験をやられたインドは、五大国だけが保有を許されるのは「不平等条約」であると、この条約に批准《ひじゅん》していません。まあ、この国を理屈で言い負かすのは、ちょっと難しい(笑)。そりゃ、「不平等条約」に見えるよね。五大国はワガママ、横暴だと。これが核以外のことだったら、インド頑張れって応援したくなっちゃう。

核の問題は、核兵器の悲惨さだけを立脚点にして、頭ごなしに核兵器廃絶を求めるだけで片付く問題じゃないかもしれない。それだけでは、こういう「貧者の核」固有の事情を無視することになり、そこでコミュニケーションは断絶してしまう。

一方、国連は、世界的な反核運動の高まりに後押しされ、核実験を禁止する条約の締結を試み、1996年、「包括的核実験禁止条約」が国連総会で採択される。もちろん五大国の安全保障理事会ではありません。アメリカ、中国、そしてインド、パキスタンは批准していない。だから条約としては発効していません。

そして、1995年の中国の核実験の後、インドが1998年、1回目以来中止していた核実験を24年ぶりにおこないます。その半月後、パキスタンが核実験を敢行《かんこう》し、7番目の、そして史上初の核保有イスラム国家になって、今日に至ります。

――核兵器が、テロリストに盗まれたりすることはないのですか?

けっこう心配なんです。核武装に国を導いたブット大統領は、軍事クーデターで失脚、処刑された。その後、民主選挙で選ばれた政権が誕生しますが、軍との関係が悪くなると、またクーデターが起こるというように、実質的な政治を軍部が握っている国です。

そして諜報機関(ISI)が、軍部に目をつけられた政治家の素行《そこう》調査なんかをやる。どんな潔癖な人間にも、ちょっとした秘密や異性関係など、やましいことはあるはずです。そういう尻尾をつかむと、バラすぞ!って、政治家をコントロールできる。言うことをきかなければ、子飼いのジャーナリストにそれを書かせてスキャンダル化し、失脚させる。こうして政治家の汚さを刷り込まれた民衆は、軍がクーデターを起こしても「世直し」と捉え、逆にそれを待望するようになるのです。

パキスタンのナショナリズムは、国家誕生から続くインドへの敵対心が源泉となっています。イギリスから分離独立したとき、パキスタンはインドを挟んで「東(現在のバングラデシュ)」と「西」に分かれていたのです。同じイスラム教徒でも、文化はちょっと異なり、だんだん東西の対立が顕在化するところで、インドが「東」に肩入れする。そして内戦が勃発し、1971年に、東が「バングラデシュ」として独立してしまうのです。

このとき「イスラム」で国をまとめられなかったショックが、パキスタンのトラウマになった。その反動で、イスラム色を強化する政策に移行してゆく。政治と宗教が急接近し、学校のカリキュラムも急速に西洋的なものからイスラム的なものに変わってゆきました。

一方、インドは、社会主義路線から経済自由化に転換して以降、発展目覚ましく、超大国の仲間入りをしそうです。国力も、通常戦力も劣るパキスタンは、劣等感にさいなまれる。バングラデシュ分離独立のきっかけとなった、第三次印パ戦争（1971年）でも惨敗を喫した。そして、インドが核を保有する。もう、こっちも核しかない。

ここでパキスタンは、もうひとつ、金のかからない対インド戦略を発明します。それが、インド国内に少数派として残る、イスラム教徒の原理化を企てることです。パキスタン側に越境させて軍事訓練を施し、インド国内に戻してテロ活動させる。この舞台となってきたのが、印パに挟まれ、印パ戦争の戦場になってきたカシミールなのです。

このように、パキスタン軍部は、インドのイスラム教徒を「タリバン化」させてきた。そして今はパキスタンの民衆のほうが「タリバン化」して、親米のパキスタン政府に牙を剝いている。ほんとに複雑な国だね。そういう国の軍部が、独占的に、そしてＣＩＡがどんな裏の手を使っても探知できないくらい極秘に、核兵器を保管・管理しているのです。

パキスタンの民衆が、このままどんどん「タリバン化」して、ただでさえテロリスト組織に親和性のある軍部が、民衆の期待に応えるために行動したら、どうなるだろう。核がテロリストの手に渡ってしまうのではないか。そして、第二の9・11は核じゃないか……。そんなふうにアメリカは怯《おび》えていると思います。

——パキスタンの人たちは、核兵器をどのように捉えているのですか。

強く国の誇りと思っているでしょう。僕の知り合いには、パキスタン人でも軍部に批判的な学者や市民運動家が多いのですが、「もしパキスタンが核兵器をもたなかったら、どうなるか」と質問するとね、彼らの答えは驚くほど共通しているんだ。「今頃、インドに武力併合され、パキスタンという存在は消滅していただろう」と。加えて、「印パ両国が核をもったおかげで、通常戦が抑止されている」と続ける人も多い。

——核をもっても、実際は怖すぎてどこも使えない……。

——でも、いったん押してしまったら、取り返しがつかないよ。

確かに両国が核を保有してから、大規模な通常戦は起きていないように見える。でも、実は1999年、核実験の後すぐに、カシミールで武力衝突がありました。両軍で千名ぐらいの死者を出したのですが、アメリカを中心に必死の仲介外交が功を奏したのか、また停戦状態に戻った。これは、今のところ、史上初の核保有国同士の武力衝突といわれています。この時はボタンが押されるんじゃないかと、冷や汗ものだったんだ。

だけど、この停戦を評価するときには、「武力衝突がエスカレートせずに済んだのは、やっぱり核のおかげ」で落ち着いちゃう。「ボタンが押されそうだったんだから両国は核を放棄するべきだ」という考えは、パキスタン、インドのいずれでも、少数意見なのです。

核の「後出しじゃんけん」は、個人でもできる

核兵器って、みんなが一斉に捨てられればいいわけだよな。

——どこに？

どこに捨てるんだろうね……。兵器としては、それぞれの国で第三者機関の立会いのもと点火装置を外してしまえばいいのだろうけど、問題は放射性物質です。これをまくだけでも「兵器」になりうる。仮に廃棄の道筋が立ったとして、みんなが「いっせいのせ」で核兵器やーめた、って、できるかな？

——核兵器は、もっているのがひとりなら、そのひとりが最強だから、「いっせいのせ」で捨てられるとは思えない。

そうだよな。「いっせいのせ」で、誰かがフェイントしたら、その国が世界の王様になれてしまう。そして、ここで「いっせいのせ」をやるのは、国だけじゃない。

それを立証したのが、またパキスタンなのですが、国家というより、あるひとりの人物なのです。パキスタンの英雄として国民から多大な、もしかしたら歴代の大統領以上の尊敬を集めるアブドゥル・カディール・カーン博士です。

問題の根幹は、原子力の平和利用の実態で、原子力発電に使う低濃縮ウランを高濃縮にす

れば、原子爆弾に使えちゃうということ。基本原理は遠心分離で、それを高速に回せば回すほど（音速を超えるほど速いのだそうです）高濃縮になるから、その工学的な技術さえあれば、発展途上国でもできてしまう。

カーン博士は、ドイツで金属工学の学位を取り、核燃料を製造するオランダの有名大企業に就職します。大変優秀な研究者だったそうです。そんななか、母国が印パ戦争でボコボコにされたことを知る。望郷の念も加わってか、彼のなかに強烈な愛国心が生まれます。

そして、ブット大統領の「初のイスラム核保有国」のビジョンに心酔《しんすい》する。こうなると愛国心は、簡単に罪悪感を凌駕《りょうが》するのですね。勤務する会社から設計図などの機密を盗み出し、母国に送るようになります。パキスタン政府からの資金で関係者当局を買収しながら、密輸のネットワークを広げてゆく。当然、ヨーロッパ各国の公安に目をつけられますが、なんとか逮捕を免《まぬが》れ、母国に帰還します。

原子力関連の海外の企業や国際組織に進出していたパキスタン人は大勢いて、誰がこの壮大な国家プロジェクトを率いるかで、熾烈《しれつ》な足の引っぱり合いがあったそうです。彼は自分の処遇をめぐり、時の大統領と対立することもあったらしい。

カーン博士は着実に、この国家プロジェクトを現実のものにしてゆきますが、そんな処遇の不安定な状態にあったからでしょうか、そうやって築き上げた技術を、なんと国外に密輸するようになるのです。パキスタン政府に知らせずにやった単独犯罪です。でも、個人の力だけで、そんなことができるわけない。軍の一部が関与し、軍用機が密輸に使われたといわれている。そして、アラブ諸国からの巨額な裏資金がそれを動かしたとも。

いま核兵器疑惑があるイラン、かつて核兵器をつくりかけていたリビア、イラク、そして北朝鮮が、博士の恩恵に浴《よく》し、カーン博士は核兵器製造技術の売買の、個人的なシンジケートを築き上げていったのです。

2004年になって初めて、アメリカがつかんだカーン博士の「悪行《あくぎょう》」の証拠を突きつけられ、時のムシャラフ大統領は、彼を軟禁《なんきん》します。その後、カーン博士は自由になりますが、海外の渡航は許されていません。そしてアメリカを含む海外の査察組織との接触を厳しく禁じられている。全貌を白状されては困る政治家、軍部関係者は大勢いるでしょうから。

カーン博士の国民からの人気は根強く、最近になって政党をつくったようです。まだ自分が出馬したり、候補者を出したりすることはないようですが、愛国を看板にした政党です。

いっせいのせの「フェイント」は、どの「国」がやるかと心配しているうちに、組織、極端にいえば個人にもできちゃう。その個人が世界の王様になれちゃうかもしれない。……どうだろう、人類は核兵器を完全に棄てられるだろうか。いつになったらできるだろう。

——……核以上の兵器ができないと、無理じゃないかな。

——それもまた困る。その繰り返しになるだけだし。

核兵器以上の武器は……愛かな（笑）。

――（笑）愛？

人類がいっせいに核を捨てるだけの信頼醸成があれば、そもそも戦争自体が起こっていないでしょう。残念ながら、人間性善説で国際関係は成り立っていません。

核兵器をもっていれば、発展途上の貧しい国でも、国際政治のメジャーなプレイヤーとして振る舞える。だから、こういう国家への措置として、「原子力の平和利用」としての介入が必要な面もある。だって、黙っていたら、パキスタンみたいに自分でつくっちゃうし、それだけじゃなく、他国に拡散もしかねない。もうしちゃったけどね。

北朝鮮みたいに、明確な敵意をあらわにする場合は、武力で脅《おど》す方法もあるけど、なるべくなら外交的手段で抑えたい。だから笑顔をつくって、原子炉建設の援助をおこなう。援助すれば、「条件」をつけられる。原発の援助はするけど（その代わり）核兵器はダメよ、と。そうやって依存関係をつくれれば、相手が核不拡散条約（NPT）に批准していなくても、その懐に入れる。

でも、これはあくまで援助の条件だから、強制力がない。核実験をやって約束を破ったからって、結局アメリカは、インドにもパキスタンにも、いちおう経済制裁はするけれど、長続きしなかったんだよね。

インドは世界最大の民主主義国家で、政治体制はケチのつけようのない国です。自由主義経済の成長もめざましく、中国を牽制するためにも必要だね。一方、パキスタンは、政治体制は問題あり過ぎだけど、東西冷戦時代は、ソ連と戦うアフガニスタンのムジャヒディンたちを支援する前哨基地《ぜんしょうきち》として必要不可欠な存在で、今の対テロ戦でも、それは同じです。二枚舌外交もいいところだよね。なぜ、イラン、北朝鮮の核だけをそんなに敵視するのか。

「原子力の平和利用」という建前で、五大国だけが核兵器を保有するために維持してきた、こんな心許《こころもと》ないIAEA体制ですが、今のところ、核の拡散を抑止するために人類がもっている、唯一の平和的な外交カードのようです。だから、もし五大国自身が、突然、反原発になり、原発技術を消滅させたら、当然、このカードを失うことになる。そうなったら、インドやパキスタンのような国家はどこに向かい、世界はどうなるのか。

パキスタンのように内政が不安定で、なおかつ「敵」にいつも苛《さいな》まれているような貧困国が渇望《かつぼう》する「貧者の核」。北朝鮮も同じかもしれない。そして、国家ではなく、組織レベルでの核の拡散に怯えて暮らしてゆかなければならない僕たち……。

悲観的過ぎる近未来かもしれませんが、現実を直視して前に進まなければね。打開策が思い浮かぶわけではないけれど、ひとつだけはっきりしていることがある。それは、こういう国を排除すればするほど、彼らが抱える恐怖を刺激し、より内向きの原理的志向に走らせ、それは自動的に核兵器への渇望を増大させるということです。

世界は福島から何を学んだか

ではここで、身近な問題である原発に目を向けてみよう。東京電力福島第一原発の事故で放射能の恐怖を味わった日本は、どこへ向かっているのか。

——……原発について、私はまだ賛成か反対かの意見はもてていません。原発事故への対応はまだまだ時間がかかると思いますが、このままなんとなく流されて、「やっぱり原発が必要」と丸め込まれるんじゃないかって、不安でたまりません。

福島でこれだけの事故があって、放射能の脅威で人々はつながり、熱狂さえしたけれど、政治を変えるまでには至らなかった。今は稼働ゼロになっていますが、原発政策そのものは変えられないでいる（２０１４年11月現在）。

一方、世界を見ると、アラブの春ではソーシャルネットワークで若者がつながり、大いに希望に燃え、独裁者を倒して政治を変えた。けれど逆に無秩序になり、いまだに混沌として、どこに向かうかわからない。

原子力の問題を、こういう「熱狂」だけにゆだねてはいけないよね。問題が核兵器につながる、やり直しのきかない、人類の存続にかかわるものだし、熱狂はすぐに冷めてしまうものだから。熱が冷めることに焦って、つなぎ止めるために、行き過ぎた言動に走る人たちも出てくるだろう。そうなるともう、分断や排他性しか生まれない。

――脱原発運動をしている人たちのなかには、東京とかで非常事態を楽しんでいる人たちもいたのかな……と思います。僕たちは、被災者、福島みたいな名前に甘えていて、他の大人たちがどうするか見てるだけで、受け身になっている。ここにいるみんなも、見え過ぎてて、「ああーだめだなー」とか、つぶやくぐらいしかしていないわけで……。僕たちがアクションを起こさない限り、変わらないいんじゃないか。

非常事態を楽しんでいる人たちがいる、というのは、ギクリとするけど本質かもね。国際政治を扱う学者も、戦争は「稼《かせ》ぎ時」です。ずっと言いつづけてきたことがその通りになったとき、「だから言ったでしょ」と言うのは、ある意味、快感でもある。

では、ここで日本以外の国の原子力政策について、すこし見てみよう。僕は、大学院では留学生を受けもっていますが、大学では日本人の学部学生のゼミももっています。ゼミ生は英語以外の言語に堪能《たんのう》なんだ。そんな学生たちと、「東京電力福島第一原発の事故後、はたして世界は何を学んだのか」をテーマに、各国の主要新聞を分析してみました。

まず、五大国から見ると、アメリカは、1979年のスリーマイル島の原発事故のあと、経済的に採算が合わないなどの理由で原発の新設をいったんやめたんですね。

オバマ政権になると、CO_2削減に有効な「クリーンエネルギー」のひとつとして原発を位置づけました。米世論は、原発支持が5割強だったけど、3・11直後は4割強になった。それほど劇的な変化でもないね。オバマさんは、この事故を真摯《しんし》に教訓として受けとめ、現存する原発の安全性の向上を図るとともに、引き続き再生可能エネルギーとともに原発を維持すると表明した。けっこう冷めてるんだよな。

イギリスには北海油田がありますが、油田はいつか枯れるという危機感と化石燃料の価格高騰、そして地球温暖化への問題意識から、原発が評価されてきた。3・11が起きた後は、イギリスらしく大きな議論が巻き起こり、なかでも「福島原発事故が私を原発信者にした」という、ある環境コラムニストの発言が物議を醸《かも》したのです。「原発を廃止したら、それに代わるのは再生可能エネルギーでなく化石燃料。それは原発の100倍の害をまき散らす」と。この発言の影響かどうかは不明ですが、3・11後の世論調査では原発支持が増えてしまう。

フランスは、原子力発電の電源構成比が75%の原発大国です。批判精神旺盛なフランス紙面の論調は、日本国民を被害者に、TEPCO（東京電力）と日本政府を加害者にする二項対立を好んだようです。そして、それまではあまり報道されることのなかった自分たちの原発問題に意識が向かい始めた。3・11の半年後に起きたのが、マルクールというところにある、放射性廃棄物処理施設での爆発事件です。これを契機に、フランスの原発で最も危険な労働を強いられる、移民や貧困層、通称「原発ジプシー」の問題もクローズアップされ、国内の原発政策が政局化するかに見えたのですが、徐々に沈静化し、失業・雇用・移民政策の陰に隠れるようになってゆきました。

ロシアはエネルギー大国で、輸出費総額の7割近くを燃料エネルギーが占めます。ソ連の時にチェルノブイリを経験しましたが、国内の新規の原発建設を進める一方、原発輸出国としても有名で、資金難の途上国には融資も積極的におこなっています。3・11後も、「日本の教訓は学ぶも、原発推進に変わりはない」とプーチン大統領は表明している。

そして、お隣の中国。電源構成比の大部分は火力、石炭です。CO_2排出量世界一の国。大気汚染に加え、深刻なのが落盤事故で、毎年、相当な数の作業員が命を落としている。石炭に頼っていると確実に人が死にます。その意味では原発のほうが安全に見える……。

3・11の直後は、さすがに隣国日本の重大事故ということで、新規の原発計画の許可を暫定的に凍結することにした。でも、2週間を経ずして、当時建設途中だった原発を「安全性の全面検査がおこなわれた」として、予定通り建設を継続させたのです。現在、18基が稼働し、他に31基が建設計画中です（2014年1月現在）。

イタリア、ドイツは、3・11後、国民投票をおこなったり、法令をつくったりして脱原発になった印象があるけど、フランスから電気を買っているわけですね。それと、その「脱原発」自体にも注意すべき点がある。イタリアには、「国営」のエネルギー株式会社があり、これが世界各地の電力会社株を所有し、原発建設にも出資しているのです。

原発の「輸出」は、儲《もう》かるビジネスとしてあるみたいだね。では、輸入する側の国、インドを見てみよう。

インドでは近年、ＩＴ産業が興隆し、「世界のソフト工場」と言われるまでなりました。

インドでよく言われる冗談が「どんな家庭にも液晶テレビがある。でも、トイレがない」(笑)。生活はどんどん電化しているけど、電気が足りないのです。大都会でも停電が日常。人口の大部分が住む農村では、電化そのものが遅れています。一度火がついた便利な生活の追求によって、電気の需要はうなぎ上り。「エコ」や「省エネ」なんて、先進国のたわごとにしか聞こえない。原発依存の政策は揺るぎがないようです。そして、アメリカを筆頭に、フランス、ロシアも「核」の国際秩序を壊すという反対を押し切り、インドを原発輸出の大きな市場と見なしている。

こんなインドですが、反原発運動もさかんで、とくにクダンクラムというところが有名です。インド南端の海岸線にあり、2004年のスマトラ沖地震では、津波の被害にもあっています。ここの原発は、ロシアの支援で建設されて稼働寸前でしたが、住民が激しく反対し、政府当局と死闘を繰り広げ(実際に死者が出ています)、数千人の住民が同時に抗議の断食をおこなったりしている。しかし、稼働を止めることはできなかった。

まあ、インドは広い! ヨーロッパという概念に等しいとよく言われるけど、首都デリーでは、「へー、あそこでそんなことやってるんだー」みたいな感覚でしょう。

僕のインド時代の同級生たちは、大半がスラムや農村の貧困や差別を扱う運動家やジャーナリストになっているけど、「インドではまだ数億人が貧困線(家族の生活を支えられない境界線)以下の、生きるか死ぬかの生活を強いられているのに、原発で悩むなんてluxury(贅沢)だ」

と言う人もいる。社会問題に敏感な人たちでも、福島の教訓は、「原発をなくそう」じゃなく、「もっと安全な原発をつくろう」になっていると思う。

――逆に、震災直後、「チェルノブイリの原発とは違うから、福島原発は大丈夫なんだ」って、何回も聞きました。

日本でさえ、そうだったんだからね。事故直後の時点では、いろんな新聞が世論調査をやったけど、今後の原発について「廃止・減らす」と答える人より、「増設・現状維持」と回答する人のほうが多かった。その後の世論は、脱原発の方向へと向かうわけですが。

――僕は、2011年7月にイギリスのケンブリッジ大学でおこなわれた、科学を通した国際コミュニケーションのワークショップに参加しました。僕はSSH（スーパーサイエンスハイスクール）部に所属していて、校庭やマンションの放射能汚染の現状を調査していたので、その調査結果と風評被害などの社会的問題について話しました。ディスカッションのテーマが、福島での放射線の人体へのリスクについてだったから当然だと思うけど、これから世界的に原発をどうするか考えようといった姿勢は、あまり見受けられなかったと思います。

うん。僕のゼミ生が出した結論は、君が感じたことと似ていて、ドイツやイタリアのケースがあるものの、総論として、「国際社会は、福島から何も学んでいない」だった。

そして、原発先進国が、自国ではより厳しく管理し、かつ、国によってはその経済性に疑義が発生しつつある（アメリカでさえ、政府が原子力産業への優遇措置を続けても、格段に高い初期建設費用、そして周辺住民から建設同意を得ることの困難により、当の企業側が、国内では「斜陽産業」と見なす傾向になっている）産業を、管理があまりおぼつかない途上国に売り出すことに驚くほど躊躇《ちゅうちょ》がない。

でも、「世界は何も学んでいない」という冷たい現実から、新たに出発することもできる。たとえば隣の中国の原発が、これからどうなるかというのは、我々にとって大問題でしょう。原発事故が起きたときのことを考えると、偏西風に乗って、こっちに飛んでくるんじゃないか……とか。管理体制も日本より心配だったりする。

中国に、原発をやめてと説得したいとして、それはどうやって可能なんだろう。もしくは、中国の原発は止められないなら、できるだけ安全な原発を、安全に運用してもらうよう、日本が積極的に寄り添ってゆくという考え方もある。どちらが現実的か。どう思いますか？

——うーん……。

冷たい現実と隣人の動向を踏まえて

現実は、日本国内の原発をどうするかも、まだもめている段階なのに、日本政府はベトナムやトルコなどに原子力技術を売るべく、原子力協定を着々と進めているようです。インドもその照準に入っている。僕のインド時代の同級生のひとりが、クダンクラムの反原発運動にかかわっているのですが、「日本は福島で大変な目にあったのに、なぜインドに売るの？」

と言われて、言葉に詰まったよ。こういう国で事故が起きたら、どうなるのだろう。

今、日本の世論が、「脱」の速度について意見が分かれているものの、どちらかというと脱原発へ向かっているとき、冷たい現実と隣人の動向を踏まえて、僕たちはどうしたらいいのか。ちょっとディスカッションしてみよう。原発に対する考えがまだまとまっていないという意見があったけど、そのまま、現時点の考えで話し合ってみて。

——まず、日本の原子力発電をこれからどうするかですが、短期的に1、2年のあいだは仕方がないと思うのですが、30年とか長いスパンで考えると、意見が割れました。ゴミ（放射性廃棄物）の問題が解決すればいいと言う人もいるし、新しいものを建てないということであれば再稼動してもいいんじゃないかという意見もありました。

ただ、原発に賛成するにしても、いつも「大丈夫だ」と言うのはおかしいと思う。

うん。僕は安全保障の観点からしか言えないけど、全然「大丈夫」じゃないよね。それが狙われたら地球規模のダメージを与えるものを、本土のまわりに並べた。たぶん国防上最も脆弱な国が、通常戦力の増強だけで、どうやって国防できるのだろう。他にはどうかな？

——原発事故の再発を防いで、事故処理のより深い理解、対処方法を知るために、今回の原発事故を研究対象にして、記録・検証をしっかりしてほしい。……もし他県の人が言ったらブチ切れられると思うので、福島県人だからこそ、あえて言うなら、モルモットかな（笑）。

非常に語弊《ごへい》があると思いますよ。

海外に対して、なぜこういう事故が起きたのか、できるかぎり原因を公開すべきだと思う。そして、原発事故が起きたときの対応や収束の仕方、何年で原発を廃炉にするかというのは、世界的に条例や規則を決めて、取り締まっていく。

世界的なルールをつくるということだね。「不平等条約」であるNPT（核不拡散条約）体制を超越するようなものかな。たとえば、EUに加盟するには条件があって、そのなかには人権条約というのがある。それをクリアしなければ、EUに入って経済的な恩恵が得られない。そういう枠組みを原発関連でやろうっていうことでしょう。完全に客観的な監視体制がないといけないとか、ハードルを高くして。

記録・検証は大切だね。線量を科学的に計測しながら勉強する環境を維持している君たちの存在は、日本中が、世界中が知るべきだと思う。

……それと、モルモットになんか、なっちゃやダメだよ〜。

——（笑）。

——原発がなくならないのは、それによって利益を得ている人がいるからだと思う。戦争、核兵器も同じだと思います。将来に禍根《かこん》を残すのは間違いないのに、目先の欲望に目がくらんでしまう。この人間の性質を利用して、核兵器や原発を推進すると損をするような仕組みを、世界につくれればいいんじゃないかな。

NPTなら、インド、パキスタンみたいに加盟しなければ、それでおしまいだし、北朝鮮みたいに脱退もできる。君が言ってくれたのは、加盟していないと、他の面で決定的に損をするという仕組みだよね。それはクールな提案だと思う。具体的に、どうやってつくるのか……それは僕にはまだわからないけど。

放射性廃棄物の問題では、狭い日本では、地震の心配のない安全な地中を探すにしても限度があるだろう。地球全体でも埋められるところは限られるのだから、放射性廃棄物の総量を制限するような国際的コンセンサスが生まれてほしいね。そうすれば、「斜陽産業」にさらに拍車がかかるかもしれない。

でも、これは先進国での話で、問題は途上国ですね。急速にエネルギー需要が高まり、かつての日本のように、廃炉とか放射性廃棄物が大問題になる未来を勘定にいれる余裕のない国々をどうするか。「これまで我々の犠牲の上に発展してきたくせに、今やっと貧困から脱出しようとする我々を制限するのか！」というのが途上国の言い分だろうから。

そして、そういう国は同時に、国内や隣接する外国と紛争を抱えている。これがやっかいです。こう考えると、脱原発って、戦争・紛争予防と同義語のような気もする。

一方で日本は、広島、長崎、そして福島を経験しました。これ以上を経験した国は他に存在しない。新たなルールをつくるとしたら、その旗振り役として、日本以上の資質を備えた国はないはずだよね。そんな「モラル・オーソリティ」に、日本はなれるかな。まあ、夢かもしれないけど……。

――夢はもたないと、始まらないからね。

対立を仕切る力

最後に、僕が今かかわっている地域のことを話します。インドとパキスタンが戦ってきた場所、カシミールというところです（385ページ地図）。カシミールでは、停戦ラインが引かれて、この地の人々を分断しています。北のほうが中国と接していて、インドと中国がここをめぐって争い、国境が確定していない。その意味で3つの核保有国の領土係争地とも言える。

全体的にイスラム教徒が多いのですが、東部にはラダックと呼ばれる仏教徒がいる地方、南部にはジャンムーというヒンドゥー教徒の地方があり、独立前はそれぞれうまくやっていた。多文化を許容するアイデンティティーがあったのです。「イスラム」より「カシミール」という民族性が前に出る感じかな。

ところが、パキスタンが、インド国内で少数派であるイスラム教徒の被抑圧感を原理主義思想によって増幅させ、ゲリラ兵に仕立てる戦略をとり始めたと話したよね。インド政府も黙っていません。インド軍による警備を強化しますが、ヒンドゥー教徒がマジョリティーのインド当局から見ると、カシミールの住民は、みんなパキスタンの手先に見えてしまう。

こうしてインド政府は、インド陸軍の約半分の50万人、そして軍並みの装備をもつ警察部隊25万人、計75万人をここに駐留させ、令状なしの捜索、逮捕、拘束、そのなかでの過失はすべて免責という特別法を布き、この地を完璧に制圧しているのです。ここは、住民と兵士の割合において世界で最も軍事化された地と言われ、かつて対テロ戦が始まる前の米大統領クリントンさんをして、「地上で最も危険なところ」と言わしめた場所です。

当然、人権侵害が重大な問題になっていますが、インド当局は、作戦中に誰を殺しても、パキスタンから侵入してきたテロリストだと言えばいい。僕のインド時代の学友たちの多くは、人権にかかわる仕事をしていますが、彼らでさえも、「テロリストだからしょうがない」とカシミール問題を意識の外に置いているようなのです。

人権侵害のケースで最も目を引くのが「拉致《らち》問題」です。インド当局によって嫌疑《けんぎ》をかけられ、忽然《こつぜん》と男たちが消える。住民と治安部隊との衝突は日常茶飯事で、デモや投石による抵抗には、元気な男の子たちも参加しますが、失踪者には子供も含まれます。その数は、ここ20年ぐらいで7千名に及ぶと言われている。

捜索願いを出しても、「テロリストの訓練を受けるためにパキスタン側に渡った」と取り合ってもらえない。山間部で洪水が起きたとき、集団墓地が見つかり、家族がＤＮＡテストを要求しても、「パキスタンから侵入して交戦で死亡したテロリストだ」と、却下される。

一番下の息子がデモの最中に消えてしまった、あるお母さんがいたんだ。このお母さんは、息子の帰還を神に願うためか、インド当局への抗議のためか、毎日定刻に息子の失踪場所を訪れ、座り込み、祈りを捧げていた。これを1日も欠かさず10年以上も続けたそうです。そして極寒《ごくかん》のある朝、その場所で、祈ったまま凍死している彼女が見つかる。

僕は、この話を、失踪者の母親や未亡人（夫の死亡の証明がないのでhalf-widow、半未亡人と言われます）のささやかな集まりで聞いたんだ。人前で泣くのは、ほんと久しぶりだった……。僕でさえこんなに感情的になるんだから、現地の若者だったらどうだろう。

パキスタン側のカシミールはどうなっているかというと、地図（385ページ）でわかるように、南北に長細い窮屈《きゅうくつ》なかたちをしているでしょう。過去の戦争での劣勢がわかるね。こちら側では、インド当局のような大規模な人権侵害はありません。パキスタン当局は同じイスラムだし、もともとカシミールの人々の多くは、パキスタンへの帰属を望んでいた。

しかし、分断されて60年以上経った今、はたしてカシミールの人々の望みはどうなっているのか。世代が変わっているからね。いまさらパキスタンに帰属するのはちょっと……とか、インド軍が出ていってくれたら、インドの一部として経済の恩恵に与《あずか》るのもいいかも、いや、やっぱりインドにもパキスタンにも属さない完全独立がいいとか。

こんなふうに、いろんな考え方の指導者や政治グループができている。だけど分断されているから、まず東西で意見交流する機会がないのです。自分たちの将来のかたちが不透明、そしてまとまる機運もないという将来への絶望も、原理主義思想が入り込む隙《すき》をつくっていると思うんだ。とくに若者層に。

僕は今、学者として、学術交流という名のもと、停戦ラインを隔ててカシミールのインド、パキスタンの両側にあるふたつの地方大学に頻繁に通っています。そして東京外国語大学を接続点として、このふたつの大学をビデオコミュニケーションシステムというインターネット回線で結び、お互いの顔を見ながらディベートできる仕組みをつくっています。

狙いは、「普段は接触できない、自分とは異なる考え方との接触」です。まったく違った価値観の学生同士が、集中的に対面して議論する。対立し、決裂してもいいんです。大学の授業の一環ですから、また仕切り直せる。何回だって。

彼らは卒業すると、政治指導者、ジャーナリスト等、カシミールの未来を担う人材になってゆきます。この若い時期に、「対立を仕切る（managing conflicts）」経験を積むことが大切だと思うのです。そうやって学生たちがそれに慣れたら、今度は徐々に、現実に影響力をもつ政治指導者やオピニオンリーダーたちを招く。学生たちが取り囲むなかでだったら、目の肥《こ》えた若いもんの手前、あまり恥ずかしいマネはできないでしょう（笑）。

この試みは、もうひとつの側面があります。多元化（diversification）です。僕たちは、このシステムを、他の紛争国の大学にも設置しています。

帰属問題の決着を戦争でつけたものの、その戦後で苦しんでいるスリランカ。東ティモールやアチェなどの独立、自治をめぐる決着の先輩格であるインドネシア。クメール・ルージユ（ポル・ポトを中心とする共産主義の反政府勢力）による大量虐殺という過去の戦争犯罪を裁く「喧噪」をとるか、それとも忘却する「静寂」をとるかで悩むカンボジア。「タリバン化」本舗《ほんぽ》のアフガニスタン。そして、カシミールの人々の民族自決を犠牲にする国家間戦争の当事者であるインドと、パキスタン本土のエリート大学も。様々なかたちの苦悩を抱えている複数の国の大学どうしでつながるのです。

紛争の当事者というのは、意識下で、自分をこの世で一番悲惨な存在に置き、内にこもりがちです。でも、世の中には、同じような事例で先行しているものもある。「今のやり方を無批判に続けてゆくと、最悪、こんな結果になる」とか、「あんな結果にならないためには、AとBに気を遣うべきかも」とか。同時進行している事例でも、「あの国にくらべると、俺たちには、これが足りない」と気づいたりする。

多元化とは自らが抱える問題を客観視する試みで、彼らを達観させて「怒り」を除去することではありません。「怒り」は大切です。変化の原動力ですから。でも、より冷静に賢く怒れれば、それに越したことはない。

すべての問題には必ず何らかの政治的決着――戦争や武力闘争も含めて――があるとして、それをできるだけ早期に、そして、なるべく人が血を流さないものに軟着陸させる。そんなことを考える場を、数年後には社会を変える原動力となってゆく即戦力の彼らに、できるだけ広く提供できたらと考えています。

即効性はありません。でもカシミール問題はもう70年近く続いているので、10年単位で見たとき、じわっと効いてくるようなことをやってみたいと思ってるんだ。

講義を終えて

僕は、20歳そこそこで日本を飛び出し、それ以来、ずっとやってきたのは、「他人の問題」を扱うことです。貧困問題や紛争をひとつの災害と捉えるなら、常に被災者と向き合ってきたという自負があります。でも、僕と、彼らのあいだには、見えないけれど分厚い壁があります。僕は、彼らの抱える問題のおかげで食い扶持《ぶち》を得てきた。だから、決して彼らに「同化」することはありませんし、そうしようと思ったこともありません。

そうして得た経験を、人前で話す機会に恵まれるようにもなった。今では一応、大学の先生です。毎日のように学生に話しますが、僕と彼らとのあいだにも、同じ壁があります。彼らは、学費を納めるということにおいて、僕の話の対価を払っている。にもかかわらず、僕には彼らを落第させる権力がある。

こんな過去と現在の僕ですが、君たちとの「講義」は……初めての経験だったなー(笑)。君たちと僕のあいだには、金銭的関係はまったくない。君たちにとって、僕の話に付き合うのも別に義務じゃない。どちらかというと、これを本にして印税を得る僕のほうが、みんなに依存している（笑）。

そして、君たちは、現在進行形の被災者であること。東京にいて福島を傍観《ぼうかん》している僕とのあいだには壁が存在するけど、その厚さは、それほどでもない。同じ日本に暮らしているし、同化しようと思えば、すぐに同化できる距離。だから、被災という苦労を知っている君たちに対して、ちょっとした畏怖《いふ》の念と劣等感が、どうしてもあるんだよな、僕のなかに。

僕にとって、そんな奇妙な5日間でしたが、印税を独り占めにする罪滅ぼしに（笑）、正直に答えるから、最後に何でも言ってください。

――……僕は、自分がなぜこの場にいるのかわからないくらい、違う側の人間なんじゃないかと思うんですけど（笑）、この講座に参加して、頭が痛くなりました。

――（一同・笑）。

――今まで考えたこともないようなことばかり、議論にあがっていたからです。ずっと疑問に思っていたのですが、どうして伊勢崎さんは、戦争が起こっている地域での活動を続けているんですか？　危険にさらされるかもしれないのに、なぜだろうって。

別に好きで行ってるわけじゃないよー（笑）。まずは、ちゃんと報酬をいただけること。儲かっていたんだよね。大学で働くようになってからは、それほどじゃないけど。

1日目の講義で、スラムに魅せられたと話したよね。戦地にいると当然ながら、創造と破壊はコインの表裏って感じるんだ。焦土と化した町で瓦礫しかない。でもね、しばらく経つと、昆虫がワサワサと巣をつくるように復興が始まる。無政府状態でも、無秩序な造形が始まるんだな。結局、僕はそれに魅せられているのかもしれない。

――ゼミの留学生のみなさんは、卒業してから、どんなことをしているんですか。

母国に帰って、外務省に勤めたり、国連に入ったり、ジャーナリストになったり、NGOを開いた人もいるし、何もしていないのもいるし、いろいろですね。

――私が衝撃だったのは、ビンラディンとかタリバンが、もともとは真面目なイスラム教徒だったことです。いろいろ知っていくうちに、自分の考えがかきまわされて……。

今でも、すっごい真面目だと思うよ（笑）。オサマ・ビンラディンは死んでしまったけど、知っている何人かのタリバンの幹部は、ほんと一途《いちず》だよね。まっすぐで潔癖で純粋。僕の頭なんか雑念ばかりだもん。

――価値観や考え方の違いは、あって当たり前ですよね。国家単位でそういうのを押しつけ合うよりも、ちょっと違うかもしれないと思いつつも認めたり、もうちょっとおおらかになれればいいのに……。それぞれの幸せと平和を、少しでも理解しようと考えつづけることで、お互いの幸せと平和に少しでも近づくんじゃないかな。私はそう信じたいです。

そうだよな。でも、これからインターネットは今以上に進化して、押しつけるヒマもなく、おおらかさを準備するヒマもなく、価値観が取っ組み合いをするんだろうね。ちょっと下世話な話題になるけど、どんなに戒律が厳しいイスラム国家でも、西洋のポルノを観ることができちゃう。敬虔《けいけん》なイスラム国家ではとんでもないことだよね。でも、若者は観たい！　お互い不干渉を貫くのは、しようと思っても無理なんだよな。

それに、どんな国においても、教育は基本的に、大人から子供への価値観の押し付けだよね。アフガニスタンの復興では、僕らは、価値観の押し付けという言葉は使わなかった。啓蒙っていう言葉を使う。

――啓蒙……。

おっかない言葉だね。内面から覚醒《かくせい》させてあげるって感じかな。結局は、押し付けなんだけどね。啓蒙というものが、本当にあるとしたら、心底カッコいい先達がいて、それに直接接触せずに遠くから眺めて、じっくり観察し、自分なりに時間をかけて咀嚼《そしゃく》し、そいつに言われるんじゃなくて、自分で自分を、自分に合った方法で変えることかな。国際関係でも、日常生活でも、そういうクールな存在、なかなかいないね。

――絶対悪みたいなものは、ないじゃないですか。軍隊が悪いわけじゃない、戦争にかかわっている人も、みんながその状況を共有しているわけだから、それを悪いというふうには断言できないし、権力者をつぶしたところで解決にもならない。どうしようもないなって思うんですけど……人殺しはよくないじゃないですか。

知らないことがいっぱいあって、知らなくちゃいけないこともいっぱいあるんだって思いました。やれることは、たぶん俺らには少ししかないんでしょうけど、探していけたら、見つけられたら良いなと思います。

うん。知ることって大事だけど、でも、知らないことをあまり問題だと考えなくてもいいと思うよ。知るっていっても、誰だってすべては無理。アルジャジーラ（カタールの衛星テレビ）のライブ放送なんか見てるとね、世界の津々浦々の紛争バーゲンセールみたいで、全部消化するのは僕も無理。「今、シリアが大変なことになっているけど、俺、アフガン専門だから、ま、いいか」みたいに、意識の外に置いちゃうことがあるんだ。だから、「今、世界、大変なことになっているけど、俺、来年受験だし」みたいでも、全然文句言えない（笑）。

そもそも悪は、正義がないと成立しない。民主主義だったり、自由だったり、平和だったり。それを脅かすものが「悪」になる。「悪を倒す」って、字面《じづら》からしたらいいことに決まっているから、僕らは、これからも「悪」を倒しつづけるのかな……。でも、なるべく人の血が流れないような方法でやれれば、それに越したことはないよね。

そして、どんな「正義」の熱狂のなかにあっても、僕らの正義を「悪」のほうから見ようとする少数意見は大事なんだろう。たぶんいつでも圧倒的な少数派なんだろうけれど。このことを頭の片隅に入れておく。これだけで十分だと思うよ。

これで授業はおしまい。これから場所を変えて、ジャズ研とのセッションをやります。ジャズ研以外のみんなも、時間があったら聴きにきてね。

あとがき

講義から、あとがきを書いている現在まで、2年余を要した。あの子らは、今、何をしているだろう。

本書の企画のための高校探しは難航していた。現代の国際紛争は宗教絡みが多いからミッションスクールはどうかとか、僕の体験と有機的な絡み合いができそうな学校を探していた。そこに降ってわいたように福島県立福島高等学校の名が挙がった。元朝日出版社第二編集部長の赤井茂樹さんの出身校である。ご紹介に感謝したい。

休日が多かった授業日にもかかわらず、あのような子らを集めて頂いた同校の渡邊兼綱先生、斎藤実先生。そのご尽力に深く感謝したい。

大まかな授業のシナリオを用意してはいたが、ジャズでいうアドリブの掛け合いのような進行になっていった。今まで何回も語ってきた僕の経験談のなかに、新たな発見をする場面がいくつも出てきた（結局、僕自身も、人殺しを厭《いと》わない正義の民意をつくる「仕掛け人」をやっていた……とか）。気がついたときには、こちらが丸裸にされていた。理系、新聞部、音楽をやっている子など、バラエティに富んだ生徒と僕のアドリブがグルーヴし、出すものは出し切った感で、この〝セッション〟は終わった。

国際情勢は激変の一途をたどっているが、彼らは、どういう気持ちで見ているだろうか。

NATOが、アメリカ建国史上最長の戦争から、軍事的な勝利のないまま撤退するアフガニスタン。世界は、これから一体どうなるのか。2015年は、これを占う最初の年となる。

軍事的勝利なき撤退を「敗走」に見せないため、散らかし放題の後始末は、「もうお前たちでできる」と、アフガン新国軍の肩に。撤退に合わせて急ごしらえで人数を倍々増したのだ。僕の「武装解除」の当時、財政的な負担とならないよう、吟味した計画兵力の3倍強となる、23万人になる見込みだ。もはや当のアメリカ国務省と国防総省が、アフガニスタンが自前で国軍を維持できると考えていない。兵士の給与が滞ったらどうなるのか。不安定な国際支援に依存しつづける、この国軍に荷を負わせた撤退となる。

隣のパキスタンで、同国初の核実験を敢行した首相が政権に返り咲いたのが2013年。その翌年のインドでは、ヒンドゥー至上主義勢力を支持基盤に、自身が州首相時代に起こったイスラム教徒虐殺に関与した疑いをかけられている人物が政権の座についた。そして、同じパシュトゥン族であるマララさんを銃撃し、彼女がノーベル平和賞を受賞するきっかけをつくったパキスタン・タリバン。もはや「平和」も排他性に一役買うのか。

アルカイダ的なものは、シリアの混乱、そして、隣国イラクでオバマ政権の公約であったアメリカ軍完全撤退後の力の空白に乗じて（撤退自体は喜ぶべきことかもしれないが）、より過激な「イスラム国」の台頭を許すことになった。すでにパキスタン・タリバンは、「イスラム国」との共闘を表明している。

今や、イスラム教徒ではない10代のふつうの子供たちまでが、インターネットで「イスラム国」の戦士とつながり、感化され、ある者は「聖戦」のため、またある者は「戦士の妻」になるために、母国を後にするまでになった。個人レベルの覚醒が国を超えたネットワークを築き、国家を基盤にした我々の安全保障に、捨て身で挑んでくる。

民主主義がやる戦争の性《さが》か。任期を支配する国民の信託に応えるには、首謀者の殺害でしか戦果を示せない。しかし、その死は神聖化され、その空白を埋めるべく新たな命令系統が無秩序に派生する。アルカイダもたじろぐ「イスラム国」の出現は、ビン・ラディン殺害の当然の帰結か。そして、これは、これからも繰り返される。

異文化共存というような生易しい掛け声ではない。我々自身が生き延びるために、異質なものと、融合しなくてもいいから、身近にいても、なんとかやってゆく。こういう胆力《たんりょく》を、集団としての我々がもつ以外にないのだろう。我々が排他する側の視点を、理解しなくてもいいから知る。その必要性を、生存のための条件として認識するしかない。

本書を完成させるまで、たくさんの方々にご尽力頂いた。

上杉勇司さんには、本書全体を見て頂いた。上杉さんは、平和構築論の第一人者で、紛争国の大学間をつなぐ学術交流事業でもご協力頂いている。

赤井茂樹さん、朝日出版社第二編集部の大槻美和さんにも、数々の親切な助言を頂いた。

そして、装丁をしてくれた寄藤文平さん、吉田考宏さん。本書には僕の拙《つたな》い絵が度々登場するが、これは寄藤さんの提案である。最も深刻な人類の課題に、最も素直な感性で向き合った本書にふさわしい装丁で世に送り出せることを感謝している。

ＤＴＰの濱井信作さんには何度も修正をお願いし、その迅速な作業に大変助けられた。最後に、鈴木久仁子さん。本書の企画から何から、書籍化に二年を要したタイムラグを含めて（鈴木さんが粘り過ぎるからです）、すべて、彼女の手の平で転がされた。うれしくも、恐ろしい編集者であった。

今、出し切った後の一抹《いちまつ》の空虚感に浸っているが、本書の最後に言及した軍事境界線で分断されたカシミールの双方をつなぐプロジェクトは、鋭意、やるつもりである。これは、華やかな外交の舞台にはあらわれることのない地味なものだ。

「対立を仕切る」とは、「仕切り屋」になることでも、それを養成することでもない。対立が仕切られる環境を構成する人づくりにあるのだと思う。

そういう人づくりとは、教育論なのか。はたまた、その手法の開発なのか。まだ体系化には程遠いが、その答えを出すために、本書が記録したプロセスを、同じ時間をかけて、カシミールの学生たちとグルーヴしてみたい。

豊下楢彦『集団的自衛権とは何か』岩波新書、2007 年

松竹伸幸『集団的自衛権の深層』平凡社新書、2013 年

高木徹『国際メディア情報戦』講談社現代新書、2014 年

武田徹『私たちはこうして「原発大国」を選んだ —— 増補版「核」論』中公新書ラクレ、2011 年

開沼博『「フクシマ」論 —— 原子力ムラはなぜ生まれたのか』青土社、2011 年

加藤典洋『3. 11 —— 死に神に突き飛ばされる』岩波書店、2011 年

田中利幸、ピーター・カズニック『原発とヒロシマ ——「原子力平和利用」の真相』岩波ブックレット、2011 年

伊勢﨑賢治『武装解除 —— 紛争屋が見た世界』講談社現代新書、2004 年

ロメオ・ダレール、伊勢﨑賢治『NHK 未来への提言 ロメオ・ダレール —— 戦禍なき時代を築く』日本放送出版協会、2007 年

伊勢﨑賢治『自衛隊の国際貢献は憲法九条で —— 国連平和維持軍を統括した男の結論』かもがわ出版、2008 年

伊勢﨑賢治、『マガジン 9 条』編『伊勢﨑賢治の平和構築ゼミ』大月書店、2009 年

伊勢﨑賢治『さよなら紛争 —— 武装解除人が見た世界の現実』河出書房新社、2009 年

伊勢﨑賢治『アフガン戦争を憲法 9 条と非武装自衛隊で終わらせる』かもがわ出版、2010 年

伊勢﨑賢治『国際貢献のウソ』ちくまプリマー新書、2010 年

伊勢﨑賢治『紛争屋の外交論 —— ニッポンの出口戦略』NHK 出版新書、2011 年

「魂の仕事人」第 7 回　人材バンクネット　http://www.jinzai-bank.net/edit/info.cfm/tm/021/

『Actio』No.1303、2010 年 6 月号、一般社団法人アクティオ

マガ 9 学校 第 15 回「世界は FUKUSHIMA から何を学んだか　各国の核政策から考える」

UNAMA（国連アフガニスタン支援ミッション）　http://unama.unmissions.org/

iCasualties.org　http://icasualties.org/oef/

＊本書 2 章の原稿一部を改変して、『マガジン 9』HP「原発で『テロ』が起こったら、あなたは、日本社会はどうしますか？『セキュリタイゼーション』から考える」（2012 年 9 月）に提供。

Steve Coll. *The Bin Ladens: The Story of a Family and its Fortune*. Allen Lane, 2008.

Abdel Bari Atwan. *The Secret History of al-Qa'ida*. Abacus, 2007.

Jeremy Scahill. *Blackwater: The Rise of the World's Most Powerful Mercenary Army*. Nation Books, 2008.

Georg Nolte. *European Military Law Systems*. W. de Gruyter Recht, 2003.

Roméo Dallaire. *Shake Hands with the Devil: The Failure of Humanity in Rwanda*. Da Capo Press, 2004.

Bimal Prasad. *Pathway to India's Partition: Volume 1, the Foundations of Muslim Nationalism*. Rajkamal Electric Press, 1999.

Bimal Prasad. *Pathway to India's Partition: Volume 2, a Nation within a Nation*. Rajkamal Electric Press, 2000.

D. C. Jha. *Mahatma Gandhi, the Congress and the Partition of India*. Alokparva Prakashan, 1995.

Prem Nath Bazaz. *The History of Struggle for Freedom in Kashmir: Cultural and Political, from the Earliest Times to the Present Day*. Sheikh Ajaz Gulshan Publishers & Exporters, 2003.

Fahad Shah. *Of Occupation and Resistance: Writings from Kashmir*. Tranquebar Press, 2013.

United States. Department of the Army and United States. Marine Corps. *The U.S. Army/Marine Corps Counterinsurgency Field Manual: U.S. Army Field Manual No. 3-24, Marine Corps Warfighting Publication No. 3-33.5*. University of Chicago Press, 2007.

Douglas Frantz and Catherine Collins. *The Man from Pakistan: The True Story of the World's Most Dangerous Nuclear Smuggler*. Twelve, 2008.

Ludwig W. Adamec. *Dictionary of Afghan Wars, Revolutions, and Insurgencies*. Scarecrow Press, 1996.

Asia Mukhtar. *Threat Perception: Pakistan's Nuclear Program*. Peace Publication, 2013.

Khadim Hussain. *The Militant Discourse: Religious Militancy in Pakistan*. Narratives, 2013.

Šmit Ganguly and S. Paul Kapur. *India, Pakistan, and the Bomb: Debating Nuclear Stability in South Asia*. Columbia University Press, 2010.

Sohail Abbas. *Probing the Jihadi Mindset*. National Book Foundation, 2007.

本書を刊行するにあたって、
以下のみなさまにお力ぞえ頂きました。
篤く御礼申し上げます。――編集部

福島県立福島高等学校　2年生のみなさん
大原啓さん、島田和弥さん、小熊真帆さん、
宮川将一朗さん、山田有希子さん、芳賀泰平さん、
金成夏海さん、草刈有生さん、茂木颯花さん、
青木佑太さん、小島匠人さん、田中光さん、
渡邊真澄さん、安斎奈緒子さん、斎藤航さん、
齋藤響さん、津幡麻由子さん、遊佐朱音さん
以上18名と、渡邊兼綱先生、斎藤実先生

※学年・肩書は当時のものです。

伊勢﨑賢治　いせざき・けんじ
東京外国語大学大学院総合国際学研究科教授。

1957年東京都生まれ。早稲田大学大学院理工学研究科修士課程修了。

インド留学中、スラム住民の居住権獲得運動を組織。

その後、国際NGOに在籍し、アフリカで開発援助に携わる。

国連PKO幹部として東ティモール暫定政府の知事、シエラレオネで武装解除、
アフガニスタンでは日本政府特別代表として同じく武装解除を指揮する。

著書に『インド・スラム・レポート』(明石書店)、

『東チモール県知事日記』(藤原書店)、『武装解除』(講談社現代新書)、

『アフガン戦争を憲法9条と非武装自衛隊で終わらせる』(かもがわ出版)、

『国際貢献のウソ』(ちくまプリマー新書)、『紛争屋の外交論』(NHK出版新書)、

『日本人は人を殺しに行くのか』(朝日新書)などがある。

アフガニスタンでトランペットを始め、定期的にジャズライブを開催している。

本当の戦争の話をしよう
世界の「対立」を仕切る

2015年1月15日　初版第1刷発行
2022年7月20日　初版第5刷発行

著　　　者　伊勢﨑賢治
ブックデザイン　寄藤文平＋吉田考宏（文平銀座）
D T P 制 作　濱井信作（compose）
企画・編集協力　赤井茂樹
校 正 協 力　大槻美和（朝日出版社第二編集部）
編 集 担 当　鈴木久仁子（朝日出版社第二編集部）

発　行　者　原 雅久
発　行　所　株式会社朝日出版社
〒101-0065 東京都千代田区西神田3-3-5
TEL. 03-3263-3321 ／ FAX. 03-5226-9599
http://www.asahipress.com
印刷・製本　図書印刷株式会社

ISBN978-4-255-00816-5 C0095